도시의 역설,
젠트리피케이션

도시의 역설, 젠트리피케이션

1판1쇄 | 2016년 9월 1일
1판2쇄 | 2016년 10월 21일

지은이 | 정원오

펴낸이 | 정민용
편집장 | 안중철
편집 | 윤상훈, 이진실, 최미정

펴낸 곳 | 후마니타스(주)
등록 | 2002년 2월 19일 제300-2003-108호
주소 | 서울 마포구 양화로 6길 19(서교동) 3층
전화 | 편집_02.739.9929/9930 영업_02.722.9960 팩스_0505.333.9960

홈페이지 | www.humanitasbook.co.kr
페이스북 | facebook.com/humanitasbook
트위터 | @humanitasbook
이메일 | humanitasbooks@gmail.com

인쇄 | 천일_031.955.8083 제본 | 일진_031.908.1407

값 20,000원

ⓒ 정원오, 2016
ISBN 978-89-6437-254-8 03330

이 도서의 국립중앙도서관 출판예정도서목록(CIP)은 서지정보유통지원시스템 홈페이지(seoji.nl.go.kr)와
국가자료공동목록시스템(www.nl.go.kr/kolisnet)에서 이용하실 수 있습니다(CIP제어번호: CIP2016020513).

도시의 역설, 젠트리피케이션

GENTRIFICATION

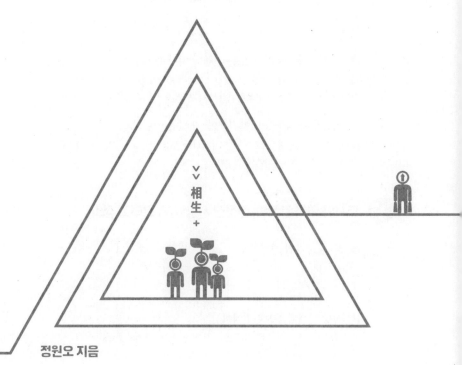

정원오 지음

후마니타스

차례

공멸의 도시를 넘어
상생의 도시로

젠트리피케이션, 생소한 단어다. 50년 전 영국의 사회현상을 설명한 단어가 지난 2년간 우리 사회에 깊숙이 자리 잡았다. 젠트리피케이션은 낙후된 도심이 재생되는 과정에서 지역 주민들이 지역의 상승된 가치를 공유하지 못하고 도심 밖으로 내몰리는 현상을 일컫는 말이다.

사람들의 관심으로부터 멀어져 낙후된 구도심이 있다. 이곳의 임대료는 다른 지역에 비해 싸다. 창의적인 아이디어를 가지고 있지만 돈 없는 사회혁신가, 예술가, 창의적 상인 등이 이 지역에 작업장과 가게를 차린다. 거리의 풍경이 맵시 있고 산뜻하게 바뀐다. 사람들이 몰려온다. 구도심에 활기가 돌고 침체되었던 상권이 살아난다. 여기까지는 행복하다.

그런데 조금씩 부동산 가격이 오른다. 땅값과 건물값, 보증금과 임대료가 높아지기 시작한다. 급기야 낙후한 동네에 활기를 불어넣고 침체된 상권을 띄운 사람들은 더 이상 높아진 부동산 가격을 감당할 수 없다. 그들이 동네를 떠나기 시작한다. 사람들이 떠난 동네는 문화적 특색과 매력을 잃는다.

구도심을 찾는 사람이 줄면서 상권은 다시 침체된다. 공실률이 높아지면서 보증금과 임대료가 내려간다. 더 이상 임대를 원하는 상인이 없어 건물의 가치가 바닥으로 떨어진다. 이처럼 젠트리피케이션 현상이 휩쓸고 지나가면 소상공인, 건물주, 지역 주민 모두가 회복할 수 없는 상처만 입는다.

오직 지역의 건물을 미리 매점해 뒀다가 팔고 나간 부동산 투기 세력만이 큰 이익을 거둔다. 『한겨레』 음성원 기자는 이런 사람들을 일컬어 "상가 사냥꾼"이라 부른다. 젠트리피케이션으로 인해 도시의 재생 노력은 왜곡되고 있으며, '상가 사냥꾼'을 제외한 대부분의 사람들이 큰 피해를 당하고 있다. '상생의 도시'가 '공멸의 도시'로 전락하고 있는 것이다.

서울 청계천과 중랑천이 만나 한강으로 흐르는 곳에 '성수동'이라는 동네가 있다. 낡고 쇠퇴하는 공장 지대였지만 편리한 교통 입지와 천혜의 생태 조건으로 무한한 잠재력을 가진 땅이다.

언제부터인가 이 땅에 사회 혁신가, 예술가, 창의적인 상인들이 몰려오기 시작했다. 이들은 성수동 도시 재생의 소중한 씨앗이었다. 하지만 성수동에도 예외 없이 젠트리피케이션의 어두운 그림자가 드리웠다.

성수동 도시 재생 사업을 추진하려던 찰나에 젠트리피케이션의 불길한 징후와 마주하게 된 것이다. 이를 막지 않으면 성수동의 미래도 암울하다는 생각이 들어 지난 2년간 젠트리피케이션을 방지하기 위한 정책을 추진했다.

그 결과, 언제부터인가 사람들이 나를 '미스터 젠트리', '젠트리피케이션 파이터', '젠트리피케이션 닥터'라 부르기 시작했다. 젠트리피케이션 방지 정책을 추진하면서 얻은 별명이다. 그중 '젠트리피케이션 닥터'라는 표현이 가장 마음에 든다.

젠트리피케이션은 싸움의 대상이 아니라 치유의 대상이다. 젠트리피케이션과 관련해 적지 않게 당혹스러운 것은 이 문제를 우리 사회가 '건물주' 대 '세입자'의 싸움으로 몰아간다는 것이다.

흔히 '조물주 위에 건물주', '건물주가 갑'이라는 말을 한다. 이런 말들에서 그려지는 건물주의 이미지는 찰스 디킨스 소설『크리스마스 트리』에 나오는 수전노 스크루지, 전래 동화『자린고비전』의 지독한 구두쇠다. 그러나 구청장 업무를 수행하면서 만나 본 건물주들은 우리 주변에서 흔히 볼 수 있는 보통 사람들이었다. 그들 대부분은 지극히 검소했고 근면했다. 또한 인정 많은 사람들이기도 했다.

그들을 만나며 라인홀트 니부어Reinhold Niebuhr의『도덕적 인간과 비도덕적 사회』라는 책을 떠올렸다. 1915년 개신교 목사 안수를 받고 목회와 사회운동, 저술 활동을 겸했던 라인홀트 니부어는 1930년대 대공황기 미국에서 한 가지 이상한 사실을 발견하게 된다. 교회에서 만나는 부유층 인사들을 보면 개개인은 분명 더할 나위 없는 인격을 가진 도덕적 개인들인데 사회의 정치인, 기업인으로서 그들의 활동은 너무나도 비도덕적이었던 것이다.

라인홀트 니부어가 내린 결론은 제아무리 도덕적 개인이라 해도

9

비도덕적 사회 속에서는 그 도덕성이 유지되기 힘들다는 것이었다. 일상적 맥락에서의 개인의 도덕성과 사회구성원으로서의 도덕성은 구분되어야 하며, 비도덕적 사회구조를 개혁하지 않고서는 인간 도덕성은 완성되기 힘들다는 주장을 전개한다.

인간은 누구나 잘 살고 싶은 욕망을 가지고 있다. 의식주의 풍요를 바라며 이를 위해 많은 노력을 할뿐더러 동료들과의 경쟁도 마다하지 않는다. 이런 욕망은 결코 나쁜 것이 아니다. 더 잘 살고자 하는 욕망이 없었다면 우리는 결코 문명을 이룰 수 없었을 것이다.

문제는 이런 욕망들이 조화를 이루게 하는 것이다. 이것은 사회의 몫이며 정치의 존재 이유다. 개개인의 욕망이 상대방의 권리와 존엄성을 침해하지 않는 범위에서 사회 전체의 공공복리를 증진시키는 방향으로 발휘되도록 법과 제도를 만들고 시시때때로 개혁해야 한다.

그런데 우리 사회는 어떤가? 법과 제도는 어떤가? 우리나라 헌법 제23조는 국민의 재산권은 보장하되 공공복리에 적합하게 행사되어야 하며 그 한계는 법률로 정한다고 되어 있다. 과연 우리나라의 부동산 관계 법률은 건물주의 재산권 행사를 공공복리에 적합하도록 잘 인도하고 있는가?

2015년 11월 일본의 상가 임대차 제도를 알아보기 위해 출장을 떠났었다. 상인 연합회 사람들을 만났다. 30년 동안 임대료가 안 올랐다는 말을 듣고 무척 놀랐다. 그래서 "물가가 기본적으로 오르는데 물가상승률만큼은 임대료를 올려야 하지 않는가"라고 물었더니 "건물의 가치가 자꾸 떨어지고 있는데 그대로 받는 건 거꾸로 이야기하면 임대료를 올리는 것"이라는 답변이 돌아왔다.

우리와는 사뭇 다른 상가 임대차 문화를 접하고 꽤나 충격을 받았다. 그런데 일본 사람들이 우리나라 사람들보다 특별하게 더 합리적이고 정직해서 그런 것일까? 일본에는 1991년 제정된 〈차지차가법〉借地借家法이 있다. 이 법은 "세입자를 강하게 보호하기 위해 임대인은 '정당사유'가 없는 한 해약통고를 할 수 없으며, 기간이 만료해도 계약 갱신을 거절할 수 없다"는 원칙을 취하고 있다.[1]

일본의 〈차지차가법〉에는 토지와 건축물처럼 공공적 성격이 강한 자산은 그 소유권이 절대적으로 공공복리에 적합하게 행사되어야 한다는 일본 사회의 국민적 합의가 깃들어 있다. 그리고 이와 같은 법 아래에서 상가 임대차 계약이 약 25년간 반복되면서 사람들의 생각과 문화를 바꾼 것이다.

이와 비교해 보면 우리나라의 젠트리피케이션 현상은 잘못된 법과 제도, 관행이 만들어 낸 사회적 병리 현상으로 볼 수 있다. 특정 개인이나 집단의 잘못으로 규정할 수 없는 문제다. 이는 법과 제도를 고치고 새로운 관행을 만들어 가면서 치유되어야 한다. 그리고 이를 통해 우리의 생각과 문화도 바꿔 나가야 할 것이다.

이 책은 지난 2년간 성동구청이 성수동에서 일어나고 있는 젠트리피케이션 현상에 직면해, 성동구 차원에서 새로운 법(지방자치 조례)과 제도, 문화를 만들어 가며 치유하는 과정을 담고 있는 기록이다.

제1부에서는 젠트리피케이션 현상을 이론적·역사적 차원에서 다루었다. 젠트리피케이션에 대한 서구 도시 연구자들의 이론적 연구를 알아본 다음, 이 틀에서 우리가 살고 있는 도시 서울과 성동의 역사를 살펴보았다.

제2부에서는 왜 젠트리피케이션을 막아야 하는지에 대해 도시 경쟁력, 시장경제, 사회정의의 차원에서 성찰해 본다. 젠트리피케이션

은 도시의 경쟁력을 갉아먹으며, 진정한 시장경제 질서의 가치와 철학에 위배되며, 사회정의를 훼손하고 있다는 것이 이 책의 주장이다.

제3부에서는 젠트리피케이션을 막기 위해 성동구가 실제로 어떤 정책을 구상했고 집행했는가를 다룬다. 성동구가 전국 최초로 제정한 젠트리피케이션 방지 조례의 내용, 민관 협치, 자산화 정책, 도시계획을 통한 방지 정책의 내용과 정책 추진 과정을 소개하고 있다.

제4부에서는 젠트리피케이션 현상을 근본적으로 치유하기 위해 어떤 법과 제도가 재정비되고 개혁되어야 하는지에 대해 살펴본다. 젠트리피케이션을 막기 위한 서울시와 전국 지방자치단체의 노력, 중앙 정부의 정책 방향에 대한 제언, 〈상가건물 임대차보호법〉 개정안과 〈지역상권상생발전법〉 제정안의 필요성을 논의한다.

젠트리피케이션을 치유하지 못하면 지속 가능한 상생 도시·공존하는 창조 도시로 나아갈 수 없다. 젠트리피케이션을 치유하기 위해서는 제도를 만들고, 조직을 구성하고, 재정을 투입하는 과정이 무엇보다 중요하다. 그러나 더 중요한 것은 인식의 변화를 통한 '상생 문화'의 형성이다.

지난 2년 동안 성동구 공직자들은 상생 문화를 만들기 위해 열일 마다하지 않고 최선을 다해 주었다. 또한 이런 모든 노력들이 국회에서의 입법으로 결실을 맺기를 간절히 염원하고 있다.

도시의 현대사, 젠트리피케이션

"자, 임대료가 터무니없이 비싸져서

아예 뉴욕을 떠나 버리기 전까지,

예술가들은 얼마나 더 변두리를 전전해야 할까요?

나는 도저히 이해할 수 없어요.

도대체 누구를 위해서

도시에 이렇게 높은 탑을 쌓는 거냐고요."

브루클린으로 가는
마지막 비상구
그리고 멋진 주말

누구를 위해 저렇게 높은 탑을

　브루클린은 뉴욕 시의 자치구 가운데 하나로 이스트 강East River을 사이에 두고 맨해튼과 마주하고 있다. 예로부터 노동자들의 거주 구역이었고 얼마 전까지도 흑인들이 밀집한 슬럼가의 대명사로 알려져 있었다. 브루클린의 이런 모습은 1989년에 만들어진 영화 〈브루클린으로 가는 마지막 비상구〉Last Exit to Brooklyn에 잘 그려져 있다. 영화 속에서 묘사되는 1950년대의 브루클린은 비좁고, 불결하며, 위험하다. 기름때 묻은 셔츠를 입은 노동자들이 거리를 배회하며 어두운 골목 뒤편에서는 흉악한 범죄가 아무렇지도 않게 일어나는 곳, 희망 없는 거리의 전형이다.

그런데 2014년에 만들어진 영화 〈브루클린의 멋진 주말〉Ruth & Alex에서 그려지는 브루클린은 사뭇 다른 느낌이다. 화가 알렉스(모건 프리먼 분)와 은퇴한 교사 루스(다이안 키튼 분)는 브루클린의 40년 묵은 아파트에서 살고 있는 노부부다. 승강기도 없는 낡은 5층 아파트지만 부부에게 이곳은 더할 나위 없이 소중한 추억들로 가득 찬 공간이다.

이스트 강의 풍경을 한눈에 내려다볼 수 있는 넓은 창문이 있는 집, 알렉스의 작업장을 겸한 집안 벽 곳곳에는 그가 그린 그림이 걸려 있다. 흡사 작은 미술관에 온 것 같은 느낌이다. 종종 친구들과 즐거운 파티를 벌이기도 했던 아파트 옥상에는 부부가 함께 일군 텃밭이 있다. 무엇보다 세상의 편견을 딛고 지켜 온 흑백 부부의 40년 사랑과 추억이 고스란히 담겨 있는 집, 알렉스는 이곳을 떠나고 싶지 않다.

예전과 달리 핫 플레이스가 된 브루클린. 부동산 중개업자인 조카 릴리가 시시때때로 지금 팔면 1백만 달러를 벌 수 있다고 부추긴다. 부부가 노후를 편히 보낼 수 있는 돈이다. 아파트를 팔기 위한 조카 릴리의 좌충우돌, 집을 보러 온 매매인들과의 에피소드, 이런 과정을 거치며 루스와 알렉스는 브루클린의 이 낡은 아파트가 자신들의 삶에서 얼마나 중요한 공간인지를 깨닫게 된다. 결국, 부부는 아파트를 팔지 않기로 한다.

이처럼 〈브루클린으로 가는 마지막 비상구〉와 〈브루클린의 멋진 주말〉은 같은 공간을 전혀 다른 시선으로 그리고 있다. 전자와 달리, 후자의 브루클린은 불결하지도 위험하지도 않다. 낡았지만 정감 있고 멋있다. 요새 유행하는 말로 치면 '빈티지'스럽고 '엣지'가 있다. 물론 두 영화는 각각 1950년대와 2010년대의 서로 다른 브루클린을 그리고 있다. 양자 사이에는 약 60년이라는 시간차가 존재한다. 하지만 브루클린의 변화는 비교적 최근 일이다.

〈브루클린으로 가는 마지막 비상구〉가 만들어진 1989년의 브루클린은 영화가 그리고 있는 1950년대의 브루클린과 크게 다르지 않았다. 달라진 것은 단 하나, 거리를 배회하는 사람들의 피부색이었다. 백인 노동자들이 있던 자리를 저소득층 유색인종과 이민자들이 대신했을 뿐이다.

브루클린의 거리 예술

브루클린의 변화가 시작된 것은 지금으로부터 약 30년 전, 1990년대 초반부터였다. 이즈음부터 〈브루클린의 멋진 주말〉의 주인공 알렉스 같은 예술가들이 본격적으로 모여들기 시작했다. 유명 갤러리가 운집한 맨해튼과 강 하나를 사이에 두고 있으면서도 집값은 싼 브루클린의 입지는 가난한 예술가들에게 상당히 매력적이었다. 하나둘씩 모여들어 집과 작업장을 마련한 예술가들로 거리의 분위기가 바뀌기 시작한다. 영화에서처럼 멋진 장소로 거듭난 것이다. 예술가들의 뒤를 이어 부동산 중개업자들과 개발업자들이 이 지역에 진입한다. 예술가들에 의해 재구성된 공간의 시장가치를 발견한 이들 집단은 브루클린의 낡은 건물을 사들여 리모델링을 하거나 철거 후 재건축한다. 그리고 다른 지역의 중·상류층에게 판매한다. 이로 인해 브루클린의 부동산 가격은 하루가 다르게 치솟는다. 가난한 원주민들과 예술가들은 더 이상 버틸 수 없다. 한껏 올라 버린 임대료를 감당할 수 없기 때문이다. 결국 떠난다.

사람들은 이런 현상을 젠트리피케이션이라 부른다. 도시 재활성화로 부동산 가격이 상승하면서 원래 거주하던 저소득층은 떠나가고 그 자리를 고소득층이 대신하는 현상을 일컫는 말이다. 젠트리피케이션을 유발하는 사람들을 젠트리파이어gentrifier라고 한다. 언제나 그런 것은 아니지만, 주로 예술가들이 젠트리파이어가 되는 경우가 많다. 때문에 비안치니와 파킨슨Bianchini and Parikinson은 '예술가들은 젠트리피케이션의 돌격대원'이라고 말하기도 했다.[2]

젠트리피케이션은 무척이나 냉혹한 과정이다. 낙후된 도시를 재생하는 데 앞장선 예술가들이나 원주민들의 노력과 그 결과가 철저한 자본의 논리로 불공정하게 분배되는 과정이기 때문이다. 도시 재활성화의 혜택, 그 몫의 대부분은 부동산 중개업자와 개발업자에게 고스란히 돌아간다. 집주인, 건물주들이야 부동산 매매 과정에서 어느 정도의 금전적 보상을 얻는다지만 세입자들은 빈손으로 떠나야 한다.

DW 깁슨DW Gibson의 책 『뜨는 동네의 딜레마, 젠트리피케이션』은 이런 과정을 인터뷰 형식으로 실감나게 묘사하고 있다. 책 속에 등장하는 브루클린의 미술 중개인은 "이 동네에는 자기 성공의 희생양이 되는 사람이 많아요"라고 말한다. 맨해튼 남동쪽 로어이스트사이드Lower East Side에서 쫓겨난 예술가들이 브루클린 부시윅Bushwick에 둥지를 틀었더니 이번에는 그곳의 임대료가 올라서 예술가들이 또 다른 변두리로 밀려나고 있다는 것이다.[3]

> 이제는 부시윅의 임대료도 오르고 있어요. 예술가들은 중심부에서 더욱더 먼 곳으로 이동하고 있죠. 지금은 고와너스Gowanus가 뜨고 있어요. 자, 임대료가 터무니없이 비싸져서 아예 뉴욕을 떠나 버리기 전까지, 예술가들은 얼마나 더 변두리를 전전해야 할까요? …… 나는 도저히 이해할 수 없어요. 물가가 너무 올라서 아주 소수의 사람들만 감당할 수 있게 되더라도 우리가 이곳에 남아 있을 거라고 생각하는 이유가 뭐래요? 도대체 누구를 위해서 도시에 이렇게 높은 탑을 쌓는 거냐고요.[4]

〈브루클린의 멋진 주말〉, 이 영화는 금전적 수익을 창출하기 위한 수단이 아닌, 어느 노부부의 사랑과 추억이 얽혀 있는 집에 대한 따뜻한 이야기를 담고 있다. 그렇지만 이 영화 속에 표현되지 않은 또 다른 현실이 존재한다. '떠나야 하는 사람들', 좀 더 정확하게 말하자면,

어떤 이유에서건 '떠밀려 나갈 수밖에 없는 사람들'이 바로 그들이다. 이들은 영화에서마저 스크린 밖으로 밀려나 있다.

깁슨의 책에는 브루클린의 낡은 아파트에서 살고 있는 세입자 노이엘라의 이야기가 나온다. 그녀의 가족이 세 든 집의 건물주는 리모델링해서 비싸게 팔려는 심산으로 퇴거를 요구하고 있다. 세입자들이 퇴거 요청을 거부하자 건물주는 보안 요원 한 명을 고용하는데, 그는 밤낮없이 음악을 크게 틀어 놓고 고성방가하는 등 세입자들을 괴롭힌다. 노이엘라는 이웃들과 더불어 건물주를 상대로 소송을 걸었다. 그녀는 브루클린을 떠나고 싶지 않다. 정든 고향이기 때문이다.[5]

> 여기로 이사를 온 건 제가 여덟 살 때부터였어요. 그때가 생생히 기억나는데, 그때 이 동네는 완전히 엉망이었어요. …… 브루클린은 점점 괜찮아졌어요. 마약 하는 사람들도 줄었고요. …… 저는 '마침내 사람들이 브루클린을 손보는구나'하고 생각했어요. 하지만 그 대가로 원래 여기에 살고 있던 사람들이 쫓겨나고 있다는 사실은 몰랐어요. 원래 여기에는 라틴계 미국인하고 흑인들이 엄청 많이 살았어요. 하지만 지금은 대부분 떠나고 없어요. 지금은 백인들이 많아요. 브루클린은 우리를 위해 변한 게 아니었어요.[6]

젠트리피케이션은 단순히 뉴욕 브루클린만의 현상이 아니다. 미국을 넘어 전 세계 글로벌 도시들에서 공통적으로 나타나고 있다. 대한민국의 수도 서울도 마찬가지다. 한때 낙후했던 구도심, 한적한 주택가였던 홍대 앞, 서촌, 경리단길의 풍경이 예술가, 젊고 창의적인 상인들에 의해 산뜻하고 맵시 있게 변하자 많은 사람들이 모여들었고,

이에 따라 땅값, 건물값, 임대료가 폭등하면서 거리에 활력을 불어넣은 변화의 주역들이 도리어 '내몰림'당하는 문제가 발생했다. 그렇다면 이런 문제에 대해 세계의 도시 연구자들은 어떻게 보고 있을까? 그들은 젠트리피케이션을 어떻게 정의하고 그 과정과 결과에 대해 어떤 평가를 내리고 있을까?

젠트리피케이션이란?

젠트리피케이션^{gentrification}은 교양 있는 자산가 계층을 가리키는 젠트리^{gentry; 紳士}에서 파생한 용어로 우리말로 직역하면 신사화^{紳士化}다. 이 개념을 도시 공간 문제에 처음 적용한 사람은 영국 사회학자 루스 글래스^{Ruth Glass}다. 1950~60년대 런던의 많은 저소득층 주거지역에 중·상류층이 들어오기 시작한다. 이들은 자신들의 기호와 취향에 맞게 주택을 개·보수하고 리모델링했다. 필연적으로 임대료 등 부동산 가격이 오르고 이곳에 원래 살고 있던 저소득층은 한껏 올라 버린 임대료를 감당할 수 없어 결국 거주지를 떠난다. 이들의 빈자리를 또 다른 중·상류층이 차지하면서 지역의 공간적 성격이 변하게 된다.

차츰차츰 런던의 많은 노동계급 거주 지역들이 — 상위와 하위 — 중간계급에 의해 침식당해 왔다. 그들은 낡고 허름한 집들 — 위-아래 층에 방이 두 개씩 딸린 — 을 인수했고, 임대계약이 끝나자, [기존 거주자들을 내쫓고] 이 집들을 우아하고 값비싼 저택으로 바꿔 버렸다. …… '젠트리피케이션' 과정이 어떤 지역에서 한번 시작되면, 그 과정은, 기존의 노동계급 거주자들의 전부 혹은 대다수가 다른 지역으로 쫓겨나고, 해당 지구 전체의 사회적 성격이 변화할 때까지, 매우 빠른 속도로 진행된다.[7]

루스 글래스 이후, 많은 도시 연구자들이 젠트리피케이션 현상을 연구하며 이에 대한 정의를 심화시켰다. 사례연구의 범위도 런던·뉴욕·파리 등 서구 대도시에서 베이징·도쿄·하노이 등 비서구 대도시로 확장된다. 그에 따라 젠트리피케이션의 원인과 형태에 대한 논의가 다양한 측면에서 전개되고 있다. 하지만 각기 조금씩 다른 입장과 방법론에도 불구하고 연구자들은 한 가지 일치된 견해를 보인다. 젠트리피케이션으로 이름 붙여진 도시 공간의 재구성이 지역의 인적 구성과 더불어 사회·경제·문화적 성격을 계층적으로 대체하는 현상으로 귀결되고 있다는 점이다.[8] 다시 말해 낡고 남루했던 구도심이 활기차고 세련된 도시로 거듭나는 과정에서 본래 그곳에 살던 사람들, 심지어 도시 재생에 적지 않은 기여를 했던 사람들조차 매우 짧은 시간 동안 한꺼번에 떠나야 한다. 그리고 빈자리를 중·상류층 주민과 그들의 소비 성향에 부합하는 상가 및 시설들이 대신 채우게 된다. 메리 아피사쿨 Mary Apisakkul 등은 젠트리피케이션의 개념 정의에 대한 다양한 논의들을 아래와 같이 정의하고 있다.

이 보고서에서 젠트리피케이션은 인근 지역의 변화를 일으키는 사회적이고 물리적인 과정으로 정의된다.
① 강제 퇴거 명령을 통한 직접적인 축출, 혹은 임대료 상승률을 임금 상승률보다 크게 높이는 방식을 통한 간접적 축출 등으로부터

야기되는 저소득층 거주민의 이주

② 주거 환경 또는 기타 이에 준하는 물리적 특징의 업그레이드

③ 전통적으로 투자가 없던 지역의 인구통계학적 특성, 상업적 구성, 서비스 및 활동의 유형 등을 포함한 '특성'의 전환[9]

　20세기 중반에 이르면 교통·통신수단의 발전, 산업구조의 개편으로 굳이 복잡한 도심에 머물 필요가 없어진 중·상류층은 교외로 삶의 터전을 옮긴다. 도시 연구자들은 이런 현상을 '교외화'라고 이름 붙였는데 1960년대에 접어들어 어떤 이유에서인지 교외로 떠났던 중·상류층이 다시 구도심으로 복귀하는 현상이 일어난다. 상식적으로 생각하면 교외화가 지속되고 더 강화되어야 할 텐데 오히려 정반대의 현상이 일어난 것이다.[10] 이 과정에서 등장한 개념이 젠트리피케이션이다.

　서구와 달리, 비서구 대도시의 젠트리피케이션은 교외화를 거치지 않고 일어나고 있다. 이에 따라 비서구 대도시 연구에 젠트리피케이션 개념이 적용될 수 있는가라는 의문이 일부 연구자들 사이에서 제기되었다. 이와 관련해 우리는 『도시의 탄생』에서 P. D. 스미스[P. D. Smith]가 인용하고 있는 영국 소설가 찰스 디킨스[Charles Dickens] 단편 "스코틀랜드야드"[Scotland-Yard]의 한 구절에 주목할 필요가 있다. "스코틀랜드야드"에서 디킨스는 19세기 "런던이 점점 중산층 지역이 되어 가자 곧 쓰러질 것 같던 허름한 술집이 금박 입힌 간판을 입구에 붙이고 고급 '와인집'으로 바뀌었다"고 쓴다.[11] 아마도 산업혁명으로 런던의 도시화가 진행되어 기존의 변두리가 도심으로 편입되면서 빚어진 현상일 것이다. 도심이 확장되면서 변두리의 저소득층 주거지가 중·상류

층 주거지로 변화하고, 그곳의 저소득층은 더 외곽으로 밀려났다.

　이를 통해 우리는 젠트리피케이션이 꼭 교외화 현상의 반대 흐름에서만 발생하는 게 아니라는 것을 알 수 있다. 도심이 확장되고 변두리 슬럼가가 개발되는 도시화 초기 단계에서도 공간의 인적 구성과 사회·경제·문화적 성격이 계층적 차원에서 일거에 변화하는 현상이 서구와 동아시아 도시 모두에서 공통적으로 발견된다.

　오히려 교외화는 서구 대도시 중에서도 런던이나 뉴욕 등지에서만 발견되는 현상이다.[12] 젠트리피케이션의 원인과 형태는 그것이 발생하는 지역의 특성과 결부되어 매우 다양하게 나타나고 있다. 하지만 도시 공간의 재구성이 인적 구성과 사회·경제·문화적 성격의 계층적 대체로 귀결된다는 것은 전 세계 대도시의 역사 속에서 동일하게 나타나는 현상이다. 그 배경과 원인, 형태는 제각각이지만 현대 도시는 그것의 탄생과 성장, 쇠락과 중흥을 맞을 때마다 자신의 공간을 재구성했고, 그때마다 어김없이 계층적 대체 현상이 동시에 일어났다.

　따라서 젠트리피케이션은 현대 도시의 공간적 재구성이 야기하는 계층적 대체 현상이라고 정의할 수 있다. 그리고 이런 대체 현상은 현대 도시가 탄생한 이래 중요한 분기점을 맞을 때마다 반복된다. 그런 점에서 젠트리피케이션은 그 자체로 현대 도시의 역사라 할 수 있다. 그렇다면 젠트리피케이션은 구체적으로 어떤 이유로 일어나는가? 그리고 어떻게 진행되는가? 세계의 도시 연구자들은 이에 대해 어떻게 이야기하고 있는가?

세련된 여피와 지대 격차

젠트리피케이션의 원인에 대한 도시 연구자들의 논의는 사회문화적 접근과 경제적 접근, 공공 정책적 접근으로 나눠 볼 수 있다. 사회문화적 접근은 젠트리피케이션의 원인을 수요 측면에서 분석한 반면, 경제적·공공 정책적 접근은 공급 측면에서 분석한다. 캐나다 브리티시컬럼비아대학교[UBC] 지리학 교수인 데이비드 레이[David ley]는 "자유 이념과 후기 산업도시"라는 논문에서 젠트리피케이션의 사회문화적 원인을 분석했다.[13] 그는 젠트리파이어라고 불리는 사람들, 1970년대 이후 낙후한 구도심으로 되돌아오고 있는 중·상류층의 사회문화적 특성, 소비성향에 주목한다. 1960년대 후반 후기 산업사회로 접어들면서 서구의 도시 및 산업구조는 과거와 다른 모습으로 재편된다. 제조업이 쇠퇴하고 고부가가치 첨단산업, 서비스업이 부상하면서 도시의 주류 구성원이 산업 노동자에서 고소득 전문 직종에 종사하는 화이트칼라로 교체된 것이다.[14]

베이비부머이며 여피[yuppie]로도 불리는 이들 신흥 중산층은 목가적인 전원생활을 선호하며 근검절약을 강조했던 아버지 세대와 달리, 편리함과 문화적 다양성을 갖춘 도시 생활을 선호하고 여가를 중시하며 각자의 개성을 반영한 감각적이고 심미적인 소비생활을 즐기는 성향을 가지고 있다. 때문에 이들은 교외로 떠난 아버지 세대와는 달리 도심으로 복귀해 그곳의 주거 공간을 자신의 문화적 취향에 맞게 개조한다. 이에 따라 주변 상권은 이들의 소비성향, 곧 수요에 맞게 개편된다. 이처럼 레이는 젠트리피케이션의 원인을 사람에게서 찾았다. 후기 산업사회의 주역으로 떠오른 베이비부머 신흥 중산층이 도심에서 살

기를 원하고 그곳으로 회귀하면서 발생하는 게 젠트리피케이션 현상이란 설명이다.[15]

　반면 미국 콜롬비아대학교의 전 교수이자 진보적 지리학자로 유명한 닐 스미스Neil Smith는 이와 다른 관점에서 젠트리피케이션의 원인을 분석한다. 그는 젠트리피케이션이 "사람들이 도시로 회귀하는 것이 아니라, 자본의 이동을 표현하는 것"이라고 설명한다. 그가 주목한 것은 특정 집단의 사회적 특성이나 문화적 취향이 아니라 "부동산 시장의 본질적 속성, 결정적으로는 자본의 역할"이다.[16] 스미스는 젠트리피케이션은 부동산 가격의 현재 가치와 미래 가치의 차이에서 유발된 것으로 제2차 세계대전 후 영미권 대도시에서 나타난 교외화 현상도 "토지와 주택 시장의 구조", 정확히 말해 현재와 미래의 가격 차이에서 발생한 것으로 설명한다. 도심 개발이 포화 상태에 이르러 더 이상 높은 수익을 기대하기 힘든 조건에서 부동산의 현재 가치가 미래 가치보다 낮은 교외로 자본이 이동한 것이다.[17]

　이와 같은 자본의 논리가 정반대 방향으로 작동해 발생한 것이 20세기 후반의 구도심 재개발과 그로 인한 젠트리피케이션이다. 구도심은 오랫동안 낙후되어 있었음에도 불구하고, 정치·경제·문화적 입지에서 여전히 많은 이점을 가지고 있다. 구도심의 낙후함은 부동산의 현재 가치를 한껏 낮춰 놓았고, 유리한 입지는 높은 미래 가치를 가지고 있다. 따라서 구도심은 언제든 투자가 이뤄지면 건물주와 개발업자, 부동산 중개업자들이 높은 시세 차익을 거둘 수 있게 되어 있다.

　스미스는 구도심이 오랜 시간에 걸쳐 쇠퇴한 이유가 "땅주인과 주택 소유자들이 임대료 수익을 극대화하기 위해 이들 지역이 쇠퇴하도록 내버려 두었기 때문"이라고 분석한다.[18] 이렇게 방치해 부동산의 현재 가치와 미래 가치를 충분히 벌려 놓은 다음에, 땅주인들과 주택 소유자들은 구도심의 노후 건물을 리모델링하거나 지구 단위의 재개발 사업을 추진해 높은 수익을 거두려 한다는 것이다. 스미스의 이런 주장을 '지대 격차 이론'이라 한다. 건물주와 개발업자, 부동산 중개업자 등 공급자들이 높은 수익률을 거두기 위해 벌이는 일련의 활동과 상호작용에서 젠트리피케이션이 유발된다는 입장이다.[19]

젠트리피케이션을 유발하는 공급자로서 정부 또는 지방자치단체를 지목하는 경우도 있다. 핵워스J. Hackworth와 닐 스미스는 2001년 발표한 논문 "젠트리피케이션의 변화하는 상황"에서 공공 부문의 재정 지원이 젠트리피케이션을 유발하는 주요 원인이라고 주장한다.[20] 이들은 미국의 젠트리피케이션 현상을 1~3세대로 나눈 후, 1세대 젠트리피케이션은 "1973년 경기 침체 전, 정부 주도하에 쇠퇴한 도심을 재개발하면서 진행"되었고, 부동산 경기가 되살아나면서 유발된 2세대 젠트리피케이션에서도 미 연방 정부는 민간 시장의 활성화를 위해 "지방정부에 정액 교부금Block Grant을 지급하거나 엔터프라이즈 존 Enterprise Zone[21]을 지정하기도 했다."[22] 이에 대해 브루킹스 연구소의 모린 케네디Maureen Kennedy와 폴 레너드Paul Leonard는 지방정부의 정책 당국자들이 도시의 조세 기반을 확충하고 성장 잠재력을 끌어올리며 도심의 활력을 제고하기 위해 중·상류층의 진입을 촉진하는 방향으로 도시를 개발하고 있다고 지적했다.[23]

지금까지 젠트리피케이션의 원인에 관한 도시 연구자들의 논의를 살펴보았다. 누구의 말이 더 설득력이 있는가? 사회현상에 대한 학문적 접근은 현실을 최대한 단순하게 만들어 근본 원인을 규명하고, 필연적 결과를 예측하는 것이 목표다. 하지만 정책적 접근은 이와 다르다. 실제 현실에서는 근본적이고 유일한 원인을 찾기 힘들다. 각각의 원인이 복합적으로 작용하며 발생하는 것이 사회현상이고, 그것이 전개되는 과정에서도 다양한 변수가 개입한다. 따라서 사회현상을 직접 마주하며 그 양상을 관리하고 문제점을 치유하는 것이 목적인 정책적 접근에서는 '왜'보다 더 중요한 것이 '어떻게'라는 질문이다. 각각의 원인이 어떻게 조합되어 어떤 양상을 빚어내는지를 유형별로 분류하고, 각각의 유형들이 빚어낼 수 있는 다양한 상황들에 관한 시나리오를 상정해 대처 방안을 준비하는 것이 훨씬 더 중요하다. 그렇다면 젠트리피케이션의 유형은 어떻게 나눌 수 있는가? 유형별로 어떤 진행 양상을 보이는가? 이에 대한 도시 연구자들의 논의를 들여다보자.

함부르크 골목길의 이야기

젠트리피케이션의 유형, 진행 양상에 대한 논의는 크게 두 가지로 나눠 볼 수 있다. 첫째, 젠트리피케이션이 일어나는 지역의 특성을 기준으로 구분하는 방식이다. 이에 따르면 젠트리피케이션은 주거·상업·문화예술 젠트리피케이션으로 정의할 수 있다. 둘째, 젠트리피케이션을 일으키는 집단을 기준으로 개척자·개발자·슈퍼 젠트리피케이션으로 분류한다.

주택의 리모델링, 재건축 등이 부동산 가격 상승과 원주민 축출로 이어지는 경우, 주거 젠트리피케이션이라고 한다. 애초에 루스 글래스가 젠트리피케이션이라는 용어를 처음 사용하게 된 것도 런던 햄스테드Hampstead와 첼시Chelsea의 노동자 주거지가 중·상류층 주거지로 변모하는 과정을 관찰하면서였다. 뉴욕과 런던, 시드니나 멜버른 등에서는 오래 전에 지어진 낡은 주택뿐만 아니라, 공장이나 창고가 고급주택으로 개조되는 일이 종종 벌어졌다.[24] 이처럼 옛 건물을 개량하는 서구 대도시들과 달리, 베이징과 서울 등 동아시아 대도시에서는 정부나 대기업이 대규모 투자를 단행해 일정 구획의 슬럼가를 철거하고 고급 주택 단지를 조성하는 방식으로 도시 개발을 추진해 왔다. 이에 따라 젠트리피케이션 역시 훨씬 더 빠른 속도로 광범위하게 진행된다. 이 점에서, 주거 젠트리피케이션을 '주거지 고급화'라 부르기도 한다.

저소득층을 대상으로 한 영세 상권이 중·상류층을 대상으로 한 상권으로 대체되는 것을 '상권 고급화' 현상, 즉 상업 젠트리피케이션이라고 부른다. 젊고 창의적인 상인, 예술가 등이 구도심의 노후 건물을 개량해 고전적이면서 세련된 분위기를 띠는 상점을 낸다. 그 상점을 중심으로 비슷한 상점들이 하나 둘씩 모여들어 인기 상권이 조성된다. 하지만 이로 인해 의도치 않게 부동산 가격이 오르게 되고, 그 결과 오래도록 이곳에서 장사해 온 영세 상인은 물론, 상권 재생에 기여한 예술가들과 젊은 상인들도 임대료를 감당하지 못해 떠나게 된다. 뉴욕 소호 지구, 토론토 중·서부 지구에서 벌어진 일이다.[25] 전통과 역사를 간직하고 있어 여전히 많은 사람이 찾는 골목 상권에 대형 마트, 프랜차이즈 식당, 고급 부티크 등이 침투하면서 기존 상인들을 밖으로 내모는 경우도 있다. 파리에서 벌어진 일이다.[26]

예술가들이 임대료가 싼 지역에 모여 공방, 갤러리 등을 내고 그 지역을 거점으로 공연을 하고, 건물 외벽 등에 스프레이 페인트로 그림을 그리는 그래피티 아트graffiti art 활동을 벌인다. 이로 인해 해당 지역은 독특한 문화적 장소성을 띠게 된다. 그렇게 되면 주거 또는 상업 젠트리피케이션과 유사한 일들이 벌어진다. 이를 일러 문화예술 젠트리피케이션이라고 한다.

문화예술 젠트리피케이션은 주거 또는 상업 젠트리피케이션의 원인이 되기도 한다.[27] 구도심의 낙후 지역 모든 곳에 신흥 중산층이 모이는 것은 아니다. 또한 부동산의 미래 가치가 현재 가치보다 높은 모든 곳에서 젠트리피케이션이 일어나는 것도 아니다. 예술가들이 어떤 지역에 모여들어 거리의 풍경과 분위기를 바꾸면 신흥 중산층이 따라 들어오고 그에 따라 잠재되어 있던 지대격차가 현재화懸在化되는 일이 세계 주요 도시 곳곳에서 발견되고 있다. 예술가들이 의도치 않게 젠트리피케이션을 일으키는 수요와 공급을 매개하는 역할을 수행해 온 것이다.

젠트리피케이션을 일으키는 집단을 기준으로 분류해 살펴보면, 예술가들이 세련된 미감과 개성으로 구도심의 낙후 지역을 재생해 새롭게 변모시키는 것을 '개척자 젠트리피케이션'이라고 한다.[28] 대개의 경우, 예술가들이 개척자의 역할을 담당하지만, 거주지를 새롭게 꾸미고자 한 원주민이나 창의적인 젊은 상인 등이 개척자가 되기도 한다.

이런 과정이 처음에는 자연발생적이지만 높은 수익률을 직감한 개발업자, 부동산 중개업자 등에 의해 인위적으로 조장되거나 심화되기도 한다. 재생되고 있는 구도심 낙후 지역의 노후 건물을 사들여 개량하거나, 예술가 등 개척자들의 움직임을 예의주시하다가 어떤 지역에 변화의 조짐이 보이면 부동산을 매점매석하고 이 지역이 곧 뜰 것이라는 소문을 퍼트린다. 그리고 가격 상승이 시작되면 매점매석해 둔 건물을 리모델링해 판매한다. 이는 '개발자 젠트리피케이션'이라고 부를 수 있다.[29]

더 나아가 젠트리피케이션의 메커니즘을 인지한 중앙정부나 지방정부가 고소득 전문직에 종사하는 중·상류층(창조 계층)과 기업을 유인하기 위해 대규모 건설업자와 협업해 광범위한 지역에 걸쳐 재개발 사업을 시행하는 경우가 있는데, 이를 '슈퍼 젠트리피케이션' 또는 '뉴빌드 젠트리피케이션'이라고 한다.[30] 이런 유형의 젠트리피케이션은 주로 한국, 중국 등 동아시아 국가에서 발견된다. 그 이유는 서구보다 동아시아 국가의 시민사회가 힘이 약해 세입자 및 영세 상인에 대한 법적 보호망도 취약할뿐더러, 내몰리는 과정에서 물리적 폭력이 동원되는 일이 자주 일어남에도 이를 견제할 수 있는 제도적 장치가 별반 갖춰져 있지 않기 때문이다.

슈퍼 젠트리피케이션과 관련해서는, 사스키아 사센Saskia Sassen의 '글로벌 도시론'을 살펴볼 필요가 있다. 사센은 젠트리피케이션이 글로벌한 현상이며, 그 진행 과정에서 정부와 지방정부, 즉 공공 부문의 역할이 매우 크다고 지적한다. 20세기 말, 많은 도시 연구자들은 정보 통신 기술의 발달과 세계화로 도시가 해체될 것이라 전망했지만 사센은 세계화 시대에 도시의 부와 권력은 더욱 증가할 것이라고 예측했다. 그의 개념에 따르면 정보 통신 기술의 발달로 생산 기능은 분산되지만 금융, 법률, R&D 및 기업의 기획 및 관리 부문은 뉴욕·런던·도쿄와 같은 주요 도시에 더 집중될 것이며, 이런 기능을 수행하는 도시들이 글로벌 도시를 형성한다는 것이다.[31] 또한 선진국의 글로벌 도시에는 세계경제를 통제하는 관리 기능이 집중되고, 전통적 산업 기능은 후진국 대도시로 이전되면서 글로벌한 차원에서 도시 간의 분업 구조, 위계적 네트워크가 형성된다. 그리고 글로벌 도시 간에는 좀 더 많은 자본, 세계 경제를 주도한 글로벌 기업을 유치하기 위한 치열한 경쟁

이 벌어진다.[32]

글로벌 기업을 유치하기 위해서는 그들이 선호하는 도시 환경을 조성해야 한다. 이 과정에서 정치·경제·문화적 중심지에 근접해 있으면서도 부동산 가격은 저렴한 구도심의 낙후 지역이 글로벌 기업의 입지로 부각된다. 이에 따라 정부와 지방정부는 대규모 재개발 사업을 시행해 구도심의 낙후 지역을 글로벌하면서도 글로컬glocal한 주거·상업 지역으로 재구성한다.[33] 그리고 기존 주민들은 다양한 방식으로 본래 살던 곳에서 내몰리게 된다.

2004년 독일 함부르크 시장 올레 폰 보이스트Ole von Beust는 "수준 높은 기업과 인재를 유치하기 위해서는 무엇보다 전문 인력이 살고 싶은 도시를 만들어야 한다"면서 "메트로폴리스 함부르크, 성장하는 도시"라는 비전을 선포하고 함부르크 항만에 인접한 '골목 구역'의 철거와 재개발을 추진한다.[34] 골목 구역은 20세기 초반까지 함부르크 항만에서 일하는 노동자들의 집단 거주 구역이었다. 함부르크 판 서민 아파트촌이었는데 이를 철거하고 고급 사무실과 아파트, 이벤트성 문화 행사를 개최할 수 있는 장소로 재개발하겠다는 것이 함부르크 시의 계획이었다. 이에 대해 시민 단체들은 시 정부의 도시 개발계획이 함부르크의 역사성을 파괴하고 사회적 약자를 배제하는 것이라 반대하며 골목 구역을 점거하기에 이른다. 그리고 시민 단체의 행동이 함부르크 시민의 지지를 얻어 결국 골목 구역 옛 건물 열두 채의 보전과 더불어, 시민 단체 '콤 인 디 겡에'Komm in die Gäange가 시민 7천5백 명과 결성한 조합이 이 지역의 재생을 책임지기로 결정된다.[35] 이처럼 시민사회의 반발로 저지되었지만 함부르크 시의 도시 개발 정책은 사센의 논리와 맥을 같이 한다. 골목 구역을 철거하려던 함부르크 시 정부의 계획은 자체적인 도시 재개발 수요에 기초한 것이 아니라 글로벌 기업들에게 매력적인 도시로 함부르크를 탈바꿈하고자 추진된 것이다.

그런데 흥미로운 것은 모든 정부와 지방정부가 함부르크 시처럼 젠트리피케이션을 적극적으로 조장하는 것만은 아니라는 점이다. 특히 서구 선진국 정부와 지방정부들은 한편으로는 젠트리피케이션을 유발할 가능성이 높은 도시 재개발을 추진하면서도 다른 한편으로는 젠트리피케이션을 억제하거나 그 진행 속도를 지연시키는 정책을 추진한다. 이와 같은 모순적 정책 행태는 왜 일어나고 있으며, 우리는 그것을 어떻게 받아들여야 하는가? 그리고 구체적으로 어떤 조치를 취하고 있는가?

파리지앵, 파리를 지키는 방법

서구 선진국 정부와 지방정부들이 젠트리피케이션을 억제 또는 지연시키려는 것은 그것의 부작용으로 도시의 경제적 성장 기반이 파괴될 수 있기 때문이다. 젠트리피케이션이 너무 빠르게 진행되어 짧은 시간에 부동산 가격 상승폭이 지나치게 커지면 대부분의 자영업자들은 임대료 부담을 감당할 수 없어 지역을 떠난다. 더 큰 문제는 새로운 자영업자들도 진입할 수 없게 된다는 점이다.

이런 현상이 지속되면 거리에는 화려하지만 획일적인 느낌을 주는 대기업 프랜차이즈만 남게 되고 지역의 문화적 특색과 다양성은 파괴된다. 도시 연구자들은 이를 '문화 백화 현상'cultural whitening이라고 부른다.

중앙정부와 지방정부가 도시 개발 사업을 추진하는 것은 지역의 경제성장과 발전을 위해서다. 그런데 젠트리피케이션의 부작용으로 문화 백화 현상이 일어나면 기업과 인재 유치에서 중요한 원동력이 되는 도시의 문화적 매력이 사라지는 역설적 결과가 초래된다.

세계경제를 이끌고 있는 글로벌 기업들은 최근 들어 현지 기업의 입지 선정에 있어 문화적 측면을 매우 중요한 요소로 고려하고 있다. 이는 두 가지 이유 때문이다. 첫째, 마케팅 전략이다. 현지에 진출한 글로벌 기업이 성공하려면 그 나라의 문화·관습·풍토에 잘 적응해야 한다. 글로컬라이제이션glocalization이라고 부르는 이런 전략은 공간적 차원에서도 일관되게 적용된다. 기업들의 현지 지사 또는 지역 본부를 신新 시가지보다는 그 나라의 전통적인 문화 중심지에 두고 싶어 한다.[36]

둘째, 글로벌 기업에서 일하는 고소득 전문 직종의 문화적 취향 때문이다. 현지에 파견 온 글로벌 기업의 고위직 또는 전문직 사원들은 화려한 외관이나 편리함보다는 개성과 진정성 있는 문화를 소비하려는 성향이 강하다. 예를 들어, 뉴욕 맨해튼에서 살다 온 글로벌 기업의 간부 사원은 서울의 1백 층짜리 고층 빌딩에 별다른 감흥을 느끼지 않는다. 대형 마트의 편리함이란 익숙하고 당연한 것일 뿐이다. 오히려 이런 사람들에게는 '북촌 한옥 마을'의 정겨움과 '통인시장'의 따뜻함이 더욱 인상적일 수 있다.

이처럼 문화가 경쟁력인 시대이기 때문에 중앙정부와 지방정부들은 젠트리피케이션의 속도를 조절하려 한다. 한편으로는 주거지와 상권을 고급화하면서도 또 다른 한편으로 지역에서 활동하는 예술가와 소상공인을 보호해 지역의 문화적 특색과 다양성, 매력을 보존하고 싶은 것이다.

이와 더불어 서구 선진국 정부와 지방정부들이 젠트리피케이션을 억제·예방하는 또 다른 이유는 민주주의 때문이다. 민주주의는 건물주와 세입자, 대기업 CEO와 영세상인 누구에게나 평등한 한 표를 보장한다. 그리고 바로 이 한 표에 따라 선거의 당락이 좌우된다. 세계 주요 도시의 지방정부 대표들은 시市와 자치구의 살림살이를 챙기는 행정가이면서 유권자의 선택을 받는 정치가이기도 하다. 행정가의 입장에서는 고소득 전문직에 종사하는 중·상류층이 중요해 보인다. 도시의 경제성장을 이끄는 핵심 분야에서 일하고 있으며, 세금도 많이 내기 때문이다. 그럼에도 지방정부의 수장들이 세입자·영세상인 등 사회적 약자들의 목소리에 귀를 기울이는 것은 그들이 평등선거에서 유권자의 선택을 받아야 하는 정치인이기 때문이다.

우리 사회는 정치를 비효율과 특권의 상징으로 폄하하는 경향이 있다. 그러나 정치야말로 사회적 약자들이 자신의 권리를 지키고 보호받을 수 있는 가장 강력한 방도며 최후의 보루다. 민주주의 정치체제에서는 사회적 약자들이 스스로 목소리를 내고 자신의 권리를 주장할 수 있다. 모두가 평등한 한 표를 보장받기 때문에 가능한 일이다. 만약 정치가 없다면, 민주주의 체제가 아니라면, 그 사회는 출자액의 크기에 따라 권리가 불평등하게 부여되고 특권이 합법적으로 용인되는 방향으로 운영될 것이다. 이런 사회에서는 서민과 사회적 약자를 위한 자리는 존재하기 어렵다.

서구 선진국은 동아시아 국가보다 짧게는 1백 년, 길게는 2백 년 앞서 대도시를 형성해 왔다. 서울의 부동산 가격이 높다고 하지만 뉴욕과 런던, 파리에 비할 바는 아니다. 그에 따라 이들 도시의 시민들은 부동산 자가 소유에 대한 꿈을 접고 세입자 권리 확보에 힘을 쏟아 왔다. 부동산을 소유가 아닌 사용의 문제로 접근하면서 마음 편히 살고,

장사할 수 있는 사회 환경을 만들고자 노력했다.

세입자 운동은 가장 오랜 역사를 가진 시민운동 중 하나다. 그 기원은 19세기 후반 파리 세입자 운동에서 시작된다. 집세 폭등으로 주택 위기가 발생하자 파리 노동자들이 집세 거부 운동을 벌였고, 1904년 '세입자 조합' 결성으로 이어진다.[37] 이는 유럽 각지의 도시로 퍼져 나갔고 1926년에는 스위스 취리히에서 '국제세입자협회'가 결성된다.[38]

이는 아마도 현존하는 국제적 비정부기구 중 아마도 가장 오랜 역사를 가진 단체일 것이다. 본래 서구 선진국의 〈주택 및 상가건물 임대차보호법〉도 우리나라처럼 건물주의 소유권을 절대적으로 옹호하는 방향에서 짜여 있었다. 지금처럼 세입자의 사용권을 보호하는 〈주택 및 상가건물 임대차보호법〉은 저절로 생겨난 것이 아니라 1백여 년에 걸친 세입자 운동이 결실을 맺은 결과다. 지금도 서구에서는 세입자 운동이 활발하다. 서구 정부와 지방정부들이 젠트리피케이션 억제와 지연에 힘쓰는 것도 세입자 운동이 만들어 낸 정치사회적 압력과 무관치 않다.

그렇다면 세계 주요 도시들은 젠트리피케이션을 억제·지연하기위해 어떤 정책과 조치를 취하고 있을까? 첫째, 임대차 보호법을 통한 세입자 보호다. 영국·프랑스·일본 등은 법을 통해 '정당한 사유'가 없다면 건물주가 세입자와의 재계약을 거절할 수 없게 규정하고 있다. 영국은 정당한 사유의 요건을 일곱 가지[39]로 제한하고 있고 "건물주의 사정으로 계약을 갱신하지 못하게 되면 세입자에게 고액의 보상금을 줘야 한다." 일본은 계약을 갱신하지 못할 경우에 그 사유를 "서면으로 소명"하고 법원의 심사를 받도록 한다. 프랑스는 "임대차 기간을 최소 9년 동안 보장하며 갱신을 거절하는 대가"로 세입자에게 "고액을 보상"하게 하고 있다. 임대료도 올리기가 쉽지 않다. 일본에서는 건물에 징수하는 세금이 오르거나 주변 토지 및 건물의 가격에 변동이 있을 때만 임대료를 올릴 수 있으며, 프랑스는 "점포의 가치가 올랐다는 증빙 자료를 제출하고 상가 임대차 분쟁 조정 위원회의 조정과 현장 검증"을 거쳐야 한다.[40]

둘째, 도시계획을 통해 규제를 시행하는 방법이 있다. 파리 시는 대기업에 의한 골목 상권 침해로 상업 젠트리피케이션이 일어나자 "2006년 소매업과 수공업 보호를 위해 도시 기본 계획인 파리 도시계획Plan local d'urbanisme을 수립하면서 보호조치가 필요한 특정 가로를 '보호 상업가로'로 지정"했다. 여기에는 "파리시 도로 전체 길이의 16%가 포함"되며 "총 3만여 개에 이르는 상업 시설"이 들어 있다. 주로 "상점들이 하나둘씩 폐점해 지역의 침체가 시작되는 곳을 지정"했다. "'보호 상업가로'로 지정되면, 건물 1층에 입점한 기존 소매 상업과 수공업 시설은 다른 용도로 전환할 수 없다." 절반 이상의 상업 시설이 먹거리 관련 시설인데, "파리 시는 카페나 레스토랑뿐만 아니라 치즈·유제품 가게, 반찬가게, 빵집 등 생활권 내 소매 상업이 가로 활성화에 크게 기여하고, 이는 곧 도시 전체의 경쟁력과 직결된다는 입장에서 정책을 펴고 있다."[41]

셋째, 민관 협치를 통한 규제다. 뉴욕은 세계경제와 문화의 중심지다. 그래서 젠트리피케이션 현상도 매우 격렬하게 진행되는 곳이기도 하다. 뉴욕 시는 시 헌장에 의거해 59개 '커뮤니티 도시 계획 보드' Community Planning Boards를 운영하고 있다. 최대 50명의 인원으로 구성되는 커뮤니티 보드에는 뉴욕 시 공무원과 일반 주민이 함께 참여한다. 커뮤니티 보드는 토지 이용 및 도시계획, 건축물 인·허가, 공공서비스

등 지역 전체나 부분에 영향을 미치는 문제들에 대한 심의권을 가진다. 커뮤니티 보드의 결정 사항은 뉴욕 시 도시 계획 위원회에 권고안으로 전달된다. 이는 법적 구속력은 없지만 주민들의 의사를 수렴해 결정되었다는 점, 즉 민주적 정당성으로 인해 뉴욕 시 도시 정책에 대부분 그대로 반영된다.[42] 뉴욕 시 커뮤니티 보드 사례는 도시계획을 통한 규제란 점에서 파리 시의 '보호 상업가로' 사례와 일맥상통한다. 하지만 정책 결정 과정에 주민 참여가 보장된다는 점에서는 시 정부의 단독 결정으로 추진되는 '보호 상업가로' 정책과 구별되는 특성을 가진다. 젠트리피케이션처럼 이해관계가 선명하게 엇갈리는 문제의 경우, 다양한 이해관계자의 여론을 수렴해야 하며, 이를 통해 도출된 주민 합의에 기초해 정책을 수립하고 추진해야 한다. 건물주나 주거지 및 상권 고급화를 원하는 중·상류층과의 소통과 합의가 없다면 정책은 언제든 뒤집힐 수 있다. 민주주의는 모두에게 평등한 한 표를 보장하면서도, 이와 동시에 이해관계와 견해가 다른 사람들이 서로 끊임없이 소통하고 합의하며 공동체를 이끌어 가는 정치체제다. 민주적 절차를 정당하게 거친 정책과 제도야말로 가장 안정적이고 효율적일 수 있다.

넷째, 자산화 전략이다. 이는 부동산 시장에 정부와 지방정부 또는 지역 주민과 공익을 추구하는 기업 등이 재정을 투입해 주택이나 상가 건물을 직접 매입해 가격 안정화를 이뤄 젠트리피케이션을 억제·지연하는 방식이다. 영국 템즈 강 남쪽 강변에 위치한 코인스트리트 Coin Street 지구는 1970년대까지 낙후 지역으로 방치되어 있었다. 1970년대 후반, 런던 시는 이 지역에 고급 사무실과 호텔을 신축하는 재개발 사업을 추진한다. 지역 주민들은 이에 맞서 시민 주도의 개발을 주장한다. 1980년대 중반 시민 주도 개발안이 정부의 승인을 얻게 되자,

지역 주민들은 코인스트리트 지역공동체Coin Street Community Builders, CSCB
라는 사회적 기업을 설립해 해당 지역의 토지와 건물을 시 정부로부터
저렴한 가격에 매입해 도시 재생 사업을 추진한다. 이곳에 조성된 공
간은 지역에 기반을 둔 중소기업, 공익적 사회단체, 협동조합 등이 저
렴한 비용으로 입주하고 있다.[43] 코인스트리트가 사회적 기업에 의한
자산화였다면 파리 시의 '비탈 카르티에'Vital' Quartier(생기 있는 거리) 사
업은 시 정부의 공공 재원이 투입되어 추진된 자산화 전략이다. 파리
시는 골목 상권 보호와 문화 다양성 유지를 위해 파리 내 11구역을 비
탈 카르티에 지구로 지정하고 2004년부터 2012년까지 총 2단계에 걸
쳐 9,150유로(1,327억 원)를 투입, 건물을 직접 매입해 저렴한 임대료
로 골목 상인이나 예술가들에게 임차했다.[44] 자산화 전략은 시장경제
의 가격 형성에 직접 개입한다는 점에서 젠트리피케이션에 대한 가장
강력한 사회적·행정적 규제로 평가받는다.

　지금까지 젠트리피케이션에 대한 서구권 도시 연구자들의 논의
와 더불어, 선진국 정부와 지방정부가 젠트리피케이션에 대해 어떤 입
장을 가지고 있는지, 그리고 어떻게 대응하고 있는지를 살펴보았다.
이는 한국 대도시의 젠트리피케이션을 이해하기 위한 이론적 기반을
확보하기 위해서였다. 하지만 사회현상은 국가마다 다른 특징과 양상
으로 나타난다. 큰 틀에서는 유사하지만 각 나라의 역사와 문화라는
변수와 만나 다양하게 변주되기 마련이다. 한국의 젠트리피케이션을
이해하기 위해서는 한국 대도시의 역사와 문화를 알아야 한다. 이제
서울과 성동구의 역사, 도시 문화 그리고 이것을 배경으로 진행된 젠
트리피케이션 현상과 함께, 그 속에서 사람들은 어떻게 살아왔고 살아
가고 있는지, 앞으로 어떻게 살아갈 것인지에 대해 논의할 차례다.

서울 7080,
판자촌에서
아파트촌으로

1966년, 서울은 만원

2016년 4월 26일, 이제 곧 서울 인구가 1천만 명 밑으로 떨어질 거라는 언론 보도가 있었다. 1천만 시대의 붕괴는 치솟는 전세 값 때문이라고 한다.[45] 특히 3040세대의 경기도 이주가 두드러진 현상이다. 그러나 외국인 상주인구와 서울에 직장을 두고 수도권에서 출퇴근하는 직장인 유동 인구를 감안하면 서울은 여전히 1천만 도시다. 물론 저출산 추세를 감안하면 서울의 인구는 점점 줄어들 것이 분명하다. 하지만 대한민국의 국가 운영 시스템이 근본적으로 바뀌지 않는 한 서울은 정치·경제·문화의 중심지이자 글로벌 대도시로 남을 것이다. 인구가 줄어든다고 해도 일정한 수준을 유지하며 서울 집중 현상은 지속

	총 인구수(명)	증가 수(명)	증가율(%)	1년 평균 증가 수(명)
1955년	1,586,746	–	–	–
1960년	2,445,402	876,656	55.9	175,331
1966년	3,793,280	1,347,878	55.1	224,646
1970년	5,433,198	1,639,918	43.2	409,980
1975년	6,889,502	1,456,304	26.8	291,261
1980년	8,364,379	1,474,877	21.4	294,975
1985년	9,645,824	1,281,445	15.3	256,289
1990년	10,612,577	966,753	10.0	193,351

출처: 손정목, 『손정목이 쓴 한국 근대화 100년』, 한울, 2015, 113쪽.

될 가능성이 높다.

그런데 서울 인구가 1천만 명은커녕 거기에 훨씬 미치지 못한 때에도 사람들은 서울에 인구가 너무 많다고 걱정했다. 『서울은 만원이다』, 1966년 『동아일보』에 인기리에 연재됐던 이호철의 소설 제목이다. 당시 서울 인구는 379만 명이었다. 경제개발이 한창이던 시절, 서울 인구의 증가세는 무척 빨라서 1년마다 약 30만 명 이상 늘었는데, 1955년 약 159만 명이던 서울 인구는 불과 15년 만에 약 543만 명으로 불어나게 된다.[46]

한국전쟁을 전후로 미국의 막대한 원조 물자가 1970년대 초반까지 계속 유입되었다. 주로 미국의 잉여 농산물이었는데 이로 인해 곡물 가격이 폭락했다. 또한 당시 우리 정부는 저임금 노동력을 유지하기 위해 저곡가 정책을 일관되게 밀어붙이고 있었다. 당연히 농가 소득이 줄어들어 다수의 농민들이 영세농 처지에서 벗어나지 못하게 된다. 게다가 당시 농촌은 낮은 생산력과 소득수준에 비해 너무 많은 노동력을 보유하고 있었다. 애초부터 적은 땅과 소출에 비해 너무 많은 사람들이 살고 있었고 이에 더해 곡물 가격조차 낮아 농촌에 남아 있어서는 먹고 살길이 막막했다. 그래서 조금이라도 일자리가 많아 보이

는 도시, 특히 서울로 '무작정 상경'했다.[47]

『서울은 만원이다』는 이처럼 '무작정 상경'이 유행어였던 시절 서울의 풍경과 사람들의 삶을 다룬 소설이다.[48] 통영에서 중학교를 나온 농촌 처녀 길녀, 삶의 의욕을 상실한 아버지는 술로 세월을 허송하고 있으며, 여수에 있는 공장에 취업한 큰 오빠는 자기 가족 건사하기도 빠듯한 살림이다. 길녀와 남동생, 어머니는 궁핍한 삶을 이어간다. 결국 길녀도 '무작정 상경'을 결행한다. 하지만 실업자가 넘쳐 나던 시절 시골 중학교를 나온 길녀에게 근사한 일자리를 구하기는 어려운 일, 을지로에 있는 일식집 여급으로 취직했다가 다방 종업원으로, 그리고 거리의 여자로 전락한다. 소설은 우여곡절 끝에 서울살이에 진저리를 친 길녀가 다시 고향에 돌아가는 것으로 마무리된다.[49]

길녀처럼 '무작정 상경'했지만 다른 직업을 선택한 사람들도 있었다. 이른바 공돌이, 공순이라 불렸던 공장 노동자들이다. 1967년 구로공단 1단지가 준공된다. 경제개발이 본궤도에 오르기 전에는 '무작정 상경'해도 일자리가 없었다. 『서울은 만원이다』의 주인공들처럼 식당 점원, 외판원, 접대부, 가정부 같은 저임금 서비스직에 종사해야 했다. 그러나 1960년대 중·후반에 이르러 경제개발이 본격화되면서 일자리가 많아진다. 서울이 제조업 도시로 변모해 감에 따라 농촌의 유휴 인력을 수용할 수 있는 흡인력을 가지게 된 것이었다.

만약 우리나라의 경제 발전이 정부 주도로 이뤄지지 않았다면 이촌향도의 행렬이 서울로 집중되지 않고 전국 주요 도시로 분산되었을 수도 있다. 하지만 정부가 외국 차관, 은행 융자 등 돈줄을 꽉 쥐고 국민경제 전반에 깊숙이 개입하던 시절이었기에 기업인들은 정책 결정권자들과 최대한 가까운 곳에 살아야 했다. 이 때문에 대부분의 기업들이 본사와 주요 생산 시설을 일단은 서울에 둔다. 미국처럼 크라이슬러는 디트로이트, GE는 뉴욕, 포드는 디어본에 본사를 두는 식으로 기업을 경영할 수 없었다. 이는 곧 일자리가 가장 많은 곳이 서울이었고, 먹고 살기 위해서는 서울로 올 수밖에 없었다는 것을 의미한다.

문제는 1960년대의 서울이 급속하게 늘어나는 인구를 수용할 수 있는 현대적인 대도시로 성장해 있지 않았다는 데 있었다. 서울 도시 계획에 깊숙이 관여했고 이를 기록으로 남긴 손정목[50] 전 서울시립대학교 교수에 따르면 분단과 전쟁, 정치적 혼란 등으로 서울은 광복 이후 약 20여 년간 새로 지어진 건물이 전혀 없을 정도로 방치되었고, 기존 건물과 시설은 낡고 남루해 곧 부서지고 쓰러질 지경이었다.[51] 새롭게 늘어나고 있는 인구를 수용할 수 있는 주거 단지는커녕 도시 기능 유지에 필수적인 도로·전기·상하수도 같은 기초 인프라도 제대로 갖춰져 있지 않았다. 오직 사람만이 들끓고 있었다.

이런 상황의 부산물이 판자촌, 무허가 건물들이 밀집한 슬럼가였다. 청계천변에는 일제 강점기부터 조성된 판자촌이 있었다. 지금의 세운상가 자리도 무허가 건물 밀집 지대였다. 태평양 전쟁 당시 일제는 폭격으로 인한 화재 확산을 막기 위해 종묘 앞에서 대한극장까지를 소개 공지라 하여 공터로 비워 두고 있었는데, 여기에 판자촌이 형성되었다.[52] 그리고 남산, 금호산, 대현산 등 서울 시내를 감싸고 있는 산림지대에도 달동네가 만들어졌다.[53]

1966년 린든 존슨 Lyndon Johnson 미국 대통령이 방한했다. 성대한 카 퍼레이드가 열렸는데, 이를 중계하던 미국 방송국 카메라에 서울 시내의 낡은 건물과 달동네 풍경이 잡혔다. 당시 위정자들은 이를 나라 망신으로 여겼다.[54] 손정목 교수는 당시 상황을 다음과 같이 회고하고 있다.

한국의 베트남 파병으로 대다수의 보통 미국인과 유럽인들은 한국을 제법 잘 사는 나라로 인식하게 되었다. 그런 인식을 가지고 텔레비전으로 방영되는 존슨 대통령 환영식 광경을 보고 있었는데 어찌된 일인가. 한국은 저렇게도 가난한 나라였던가. …… 한국 정부와 서울 시민이 정성을 다해 치른 존슨 대통령 환영식은, 한국이라는 나라가 정말로 가난한 나라라는 것을 자유 세계인이 실감하게 한 행사가 되고 말았다.[55]

'조국 근대화'라는 구호가 국가적 지상 과제였다. 도시계획에 있어 이는 대한민국의 수도 서울을 서구 선진국 대도시에 버금가는 현대적이고 세련된 고층 빌딩으로 가득 채우고 싶은 열망으로 표출되었다. 그런 점에서 서울의 낡고 초라한 모습이 세계인의 시선에 여과 없이 노출된 이 사건은 서울 도심 재개발을 촉진하는 계기로 작용하기에 충분했다. 이처럼 1960~70년대 서울의 도심 재개발은 자체적인 발전 전망과 계획 속에서 추진되지 않고 외부 세계의 시선에 좌우되었기 때문에 내실보다는 외양, 사람보다는 건물의 변화가 더 중시되었다. 사람과 그들의 삶이 현대화되는 것보다 건물을 현대화하는 것이 더 시급한 과제로 여겨졌다.

1966년을 기점으로 서울 곳곳의 낡은 건물과 판자촌은 재개발 대상 지구로 지정된다. 정부와 서울시는 대기업의 부지 매입 및 재건축을 독려·지원한다. 도심의 낡은 건물들에서 생계를 연명하던 중소 상인들은 본인들의 의사에 상관없이 다른 지역으로 쫓겨난다. 이들은 그나마 부지 및 점포 매매 과정에서 적지 않은 경제적 보상을 받은 편이다.

그러나 도심의 빈 공간에서 판자촌을 이뤄 살아가던 가난한 자들은 하루아침에 살림살이를 싸들고 짐짝처럼 트럭에 실려 서울 외곽으로 강제 이주를 당했다. 청계천변 판자촌 주민들은 광주 대단지,[56] 지금의 성남시로 실려 갔다.[57] 종묘 앞 공터 판자촌의 주민들도 서울 변두리에 조성된 정착지로 떠밀려 갔다. 서울의 대표 달동네였던 봉천동과 신림동, 나중에 목동 아파트촌이 된 안양천변 뚝방 동네 등이 모두 서울 시내 판자촌 주민들을 옮겨 놓기 위해 조성된 '정착지'였다.[58]

우리는 서울을 가득 채우고 있는 높다란 고층 빌딩들이 원래부터 그 자리에 있었던 것이라 생각하는데, 과거를 돌이켜보면 그 자리는 누군가의 일터였고 집터였다. 지금 우리가 바라보는 서울 도심의 모습은 광복 이후 방치되었던 도시 공간을 단기간에 현대적 대도시의 외양을 갖춘 공간으로 바꿔 내고자 했던 권력과 자본의 인위적 개입이 빚어낸 결과다. 베이징, 도쿄와 어깨를 나란히 하는 동아시아의 글로벌 대도시 서울은 정부 주도의 뉴빌드 젠트리피케이션이 만들어 낸 창조물인 것이다.

강남 개발과 말죽거리 신화

1970년대에 이르러 서울의 인구는 마침내 5백만 명을 넘어섰다. 이촌향도의 행렬도 그치지 않았다. 1970년대 후반에는 7백만 명을 넘어서게 된다. 국가적 차원에서 중공업 투자가 다소 무리하게 진행되는 가운데, 1973년 1차 오일쇼크가 닥친다. 10월 유신을 전후로 정치적 혼란도 가중되었다. 하지만 중동 진출을 통해 위기를 극복하면서

1977년에는 수출 1백억 달러 시대를 열기도 했다. 이처럼 고속 성장이 계속되며 서울 도심에는 하루가 다르게 새 건물이 들어섰고 강남, 여의도 등 부도심 개발도 활발하게 진행된다.

오늘날 강남은 최고의 상권이자 고급 주거지로 손꼽힌다. 전 국토의 0.1% 면적인 강남·서초·송파 3구의 땅값 총액은 2011년 365조, 전국 총액의 약 10% 정도를 차지한다.[59] 하지만 개발이 처음 추진되던 1970년대 초반만 해도 영락없는 촌 동네였다. 당시 강남 땅은 평당 약 2백 원에 매매되고 있었다. 담배 한 갑이 40원, 쌀 한 가마니가 4,350원 하던 시절이었다.[60] 그때만 해도 도시 간 연결 축은 경부선 철도망을 따라 서울 도심과 용산을 거쳐 영등포로 이어지고 있었다. 그 시절 강남·서초·송파는 영등포의 동쪽에 있다 하여 '영동 지구'로 불렸다. 그만큼 존재감이 없었다. 이런 곳이 오늘날 최고의 번화가로 거듭난 것은 무엇보다 안보적 이유가 컸다.[61] 한국전쟁 당시 제1한강교가 폭파되고 수십만 서울 시민이 고립됐던 경험, 휴전선과 약 40km 떨어진 서울의 입지조건 등으로 말미암아 한강 이남에 부도심을 형성하고 강북에 집중된 인구를 이곳으로 분산시키려 했던 것이다.[62]

1970년대 강남의 땅은 대부분 논과 밭이었다. 따라서 최근의 재개발 사업처럼 원주민의 거주 공간을 철거해야 하는 문제는 없었다. 토지 구획 정리 사업을 통해 땅 주인들과 개발 이익을 공유하면서 토지를 확보해 갔다. 예를 들어, 1백 평(331m^2)의 땅이 있다고 가정해 보자. 50평(165m^2)을 정부가 무상으로 수용한다. 이 가운데 25평(83m^2)을 체비지[63]로 놔두고 나머지 땅에 관공서나 학교와 같은 공공시설을 짓는다. 그리고 도로, 상·하수도 등 도시 기능 유지에 필수적인 사회 기반 시설을 정비한다. 이렇게 하면 자연스럽게 땅값이 오른다. 땅주

인은 시세 차익을 거둘 수 있고 정부는 체비지를 팔아 개발 비용을 환수할 수 있게 된다.[64]

당시 정부는 강남 땅값을 올리기 위해 별의별 수를 다 썼다. 언론에 강남 땅값이 곧 천정부지로 뛰어오를 것이라고 흘리는 한편, 강북에 몰려 있던 명문 고등학교를 일제히 강남으로 이전시킨다. 교육열이 높은 중·상류층을 유인하기 위한 전략이었다.[65] 크게 보면 '그린벨트'도 강남 땅값을 올리기 위해 펼친 정책으로 볼 수 있다.[66] 정부가 개발하고 있던 경부고속도로 일대의 체비지를 매각하기 위해 종래의 도시 간 연결 축이던 강북과 영등포 일대의 땅값을 억눌러야 했다. 그래서 자연보호를 명분으로 이 지역 땅들을 개발제한구역으로 묶었던 것이다.

이토록 강남 땅값 올리기에 열성을 기울인 것은 일단 당시 정부가 돈이 없었기 때문이었다. 경제개발이 한창 진행 중이었기에 여기저기 쓸 돈은 많았고, 나라 살림과 서울시 살림은 항상 적자를 면치 못하고 있었다. 이런 상황에서 도시 개발 사업의 동력을 유지하기 위해서는 반드시 체비지가 팔려야 했다. 하지만 이것 말고도 또 다른 이유가 있었다. 강남 개발이 개시되던 때, 1970년을 전후로 국회의원 선거와 대통령 선거가 있었다. 당시 서울시 도시계획 과장 윤모 씨는 계발 계획이 발표되기 이전에, 개발 예정 지역 주변 토지를 가명으로 매입해 땅값이 오르면 헐값에 사들인 토지를 고가에 팔아 그 돈을 권력 기관에 상납했다고 한다.[67] 정부가 깃발을 올린 부동산 투기는 곧 민간으로 전염되었다. 때마침 중동 진출 건설 붐으로 경기가 호전되면서 민간에 많은 돈이 풀리게 된다. 복부인 신화, 말죽거리 신화는 이때 만들어진 말이다.

여의도 개발도 이런 방식으로 진행되었다. 여의도는 구획 정리 사업도 필요하지 않은 곳이었다. 개발 이전, 여의도는 사람이 살지 않는 모래섬이었다. 1967년 강물의 침습을 막기 위해 윤중제라는 둑을 쌓는다. 1971년 둑 주변에 벚꽃 나무가 심어지고 여의도 광장이 조성되고 서여의도 강변 가까운 곳에 우리나라 최초의 고층 아파트인 '여의도 시범 아파트'가 세워진다. 그리고 이어서 국회와 KBS, MBC가 이전한다. 마찬가지로 서울시가 조성한 택지와 상업 지구 부지가 민간 건설 회사에 비싼 값으로 팔린다. 적자재정을 면치 못하던 서울시는 이를 통해 시 재정의 구멍을 메운 것으로 알려져 있다.[68]

강남, 여의도 개발에서 알 수 있는 사실은 어딘가에 도로가 닦이고 건물이 들어서면 그것만으로 끝나지 않고 이해관계가 발생한다는 사실이다. 새로운 건물과 그에 부속되는 사회 기반 시설은 땅값을 올린다. 부가가치가 낮은 농지가 펼쳐져 있던 강남, 황무지였던 여의도의 경우 원주민들과 개발 이익을 공유하는 것이 비교적 쉬운 편이었다. 그런데 많은 사람이 사는 땅이라면 이야기는 달라진다. 사람들 사이의 이해관계가 엇갈리게 된다. 지대 격차가 벌어짐에 따라 수익을 거두는 사람이 있는가 하면, 자신의 집과 일터를 버리고 떠나야 하는 사람도 생긴다. 1980년대의 역사에서 우리는 바로 이와 같은 정부 주도 뉴빌드 젠트리피케이션의 어두운 그림자를 마주하게 된다.

〈상계동 올림픽〉, 초대받지 못한 자의 눈물

1980년이 되자 서울 인구는 8백만 명을 넘어선다. 제2차 오일쇼크의 여파가 아직 수습되지 않고 있었고 10·26에서 5·18로 이어지는 정치적 혼란으로 인해 일시적인 경제 침체가 도래했다. 그러나 1970년부터 본격화된 중공업 투자가 그 성과를 가시적으로 드러내고 김재익 등 전문 관료가 주도한 경제 안정책이 실효를 거둔 덕에 한국 경제는 빠르게 안정을 찾아갔다.[69] 그리고 1985년 미국-독일-일본 3자 간에 체결된 '플라자 합의'로 3저 호황 시대가 열리면서 1980년대 한국 경제는 거의 매년 10%대 성장률을 구가하게 된다.[70]

자산을 축적한 중산층이 두텁게 형성되었고 국민 전반의 교육 수준·소비수준도 비약적으로 높아졌다. 다른 한편에서는 여전히 많은 공장 노동자들이 저임금·중노동에 시달리고 있었다. 1960년대 후반 강제 이주 정책으로 서울시 변두리에 형성된 하천변 판자촌과 달동네에서는 도시 빈민의 궁핍한 삶이 여전히 이어지고 있었다. 하지만 이들조차 조금만 노력하면 중산층이 될 수 있다는 꿈을 꾸고 있었다. "1988년 경제기획원의 사회통계 조사 결과를 보면 국민의 60%가 스스로를 중산층이라고 인식"하는 것으로 나타나 있다.[71] 나라 전체가 코리안 드림을 향해 달려가던 시대였다.

코리안 드림의 요체는 바로 집이었다. 서울 하늘 아래에서 가장家長의 문패를 당당히 내건 '내 집'을 가지는 것이 당시 서민과 중산층의 공통된 꿈이었다. 그것은 흡사 1945년 광복 이후 내 땅 갖기를 강렬하게 희구하던 소작농들의 심정과 비슷한 것이었다. 5·18 광주 민주화 운동이라는 비극적 사건을 저지르며 등장했고, 그래서 역사상 정통성이 가장 취약했던 전두환 정권은 '내 집'을 향한 국민의 여망에 적절히 부응해야 할 필요를 절실히 느끼고 있었다. 민주적 정당성의 부재, 이에 대한 국민적 반대 여론을 경제적 보상으로 달래고자 했다(1985년 기준, 수도권 주택 자가 점유율은 약 44%에 불과했다).[72]

1980년 9월 전두환 국보위 상임위원장이 11대 대통령에 취임한 직후, '주택 5백만 호 건설 계획'이 발표된다. 1981~91년 10년 동안 총 14조 원의 재정을 투입해 주택 5백만 호를 지어 주택문제를 일거에 해결하겠다는 계획이다.[73] 이를 뒷받침하는 법인 〈택지개발촉진법〉이 3개월 뒤에 공포된다. "이 법은 특정 지역의 땅을 건설부 장관이 택지 개발 예정 지구로 지정하면 이 땅에 적용되는 〈도시계획법〉 등 19개 법률의 효력을 일시에 정지시킨 뒤"에 전면 매수 또는 수용해 "택지로 개발할 수 있게 허용한 법"이다.[74] 택지 조성과 매매는 토지개발공사의 업무였다. 이 법에 따르면 토지개발공사는 택지를 공급받는 건설사로부터 매각 대금의 전부 또는 일부를 미리 받을 수 있었고 땅 주인에게 주는 매수 대금은 토지개발공사가 발행하는 채권으로 대신할 수 있었다. 한마디로 정부 돈을 적게 쓰고도 대규모 개발 사업을 추진할 수 있게 한 것이다. 한편 정부는 선매청약제도와 선분양제도를 실시한다. 청약 저축 가입자의 예치금을 주택 건설 자금으로 전용하는 대신, 청약자에게는 분양 우선권을 보장해 주는 것이 선매청약제도다. 선분양제도는 아파트 매입자가 완공 이전에 주택 가격의 80%를 납부해 건설사가 그 돈으로 아파트를 짓게 하는 것인데 아무래도 아파트가 완공되면 집값은 더 뛰게 되어 있으니 아파트 매입자들에게도 이익이었다.[75]

　　이는 사실상 정부가 나서서 주택 시장의 수요와 공급을 창출한 것이나 다름없었다. 택지개발촉진법으로 대규모 택지를 조성하는 한편, 선매청약과 선분양을 통해 건설사들에게 선수금을 몰아 줘 정부가 확보한 택지를 즉시 구매할 수 있게 했다. 이와 함께 가계에게는 주택기금으로 청약저축을 지원함으로써 '내 집' 마련을 위한 종잣돈을 만들어 주었으며, 더 나아가 자산 축적의 기회를 가질 수 있게 해줬다. 이로써 정부는 구획정리 사업 때보다 더 넓은 지역에서 빠른 속도로 저렴한 비용을 들여 더 큰 효용을 내면서 재개발 사업을 추진할 수 있게 된다.

이처럼 정부가 다양한 정책 수단을 통해 지대 격차를 발생시켜 수익을 거두는 과정에서 많은 기업과 국민들이 혜택을 받았다. 물론, 아무나 이 잔치에 낄 수 있는 건 아니었다. 중산층 또는 중산층으로의 진입을 앞둔 사람들에게만 초대장이 발부되었다.

강남 개발이 어느 정도 완료될 즈음인 1980년대 중반 서울 안에 더 이상 빈 땅은 없었다. 1990년대 들어 성남, 용인 등 수도권의 농촌 지역과 중소도시들이 재개발되지만, 이때만 해도 이곳은 상당히 멀게 느껴지는 지역이었다. 지금이야 충청도까지 지하철이 놓였지만 당시 서울 지하철의 남쪽 끝은 3호선 양재, 4호선 사당이었다. 사회 기반 시설이 미리 갖춰지지 않은 조건에서 이 지역에 택지를 조성한들 애초에 기대했던 시세 차익을 얻기는 어려웠다. 결국, 개발의 초점은 10여 년 전 강제 이주 정책으로 형성된 서울 변두리의 하천변 판자촌과 달동네들로 맞춰지게 된다.

이 가운데 대표적으로 손꼽히는 곳이 목동의 안양천 뚝방 동네와 상계동 달동네였다. 다른 판자촌도 택지 개발 지구로 지정되었지만, 이 두 지역이 사람들의 기억에 남은 것은 원주민들의 격렬한 저항이 있었기 때문이다. 이때의 일을 다큐멘터리 영화로 담은 것이 1988년 김동원 감독의 〈상계동 올림픽〉이다. 1980년대 후반 대학생이라면 누구나 한 번은 봤던 영화다. 영화를 보는 내내 슬픔과 분노가 뒤섞여 출렁이던 감정으로 힘들었던 그때의 기억이 지금도 선명하다.

10여 년 전 광주 대단지 사건의 기억을 잊은 것일까? 정부와 서울시는 택지개발 대상 지역 주민들의 반발을 전혀 예상하지 못했던 것 같다. 뚜렷한 이주 및 보상 대책도 없었고 주민들의 저항에 기민하게 대처한 것도 아니었다.[76] 목동 뚝방 동네와 상계동 달동네 사람들은 정말로 갈 곳이 없었다. 여기서 더 밀려나면 서울 밖으로 나가야 하는데 그러면 일자리를 잃을 판이었다. 벼랑 끝에 서있다고 느꼈고 주민들의 저항은 격렬했다.[77]

저항 과정에서 우발적으로 불미스러운 사건이 발생하면 정부는 주민들의 배후에 좌경 용공 세력이 있다는 이야기를 흘렸고, 언론도 한편으로 정부의 밀어붙이기식 행정을 비판하면서 다른 한편으로는 주민들의 저항을 집단 이기주의로 몰아붙였다.[78] 최종 결말은 강제 철거. 공권력이 동원되어 주민들을 동네에서 내쫓고 살림살이도 채 빼내지 못한 집을 부쉈다. 이렇게 원주민들은 쫓겨났다.

돌이켜보면, 애초부터 정부와 서울시는 원주민 이주 보상 문제를 진지하게 생각하지 않았던 것 같다. 만약 그랬다면 사업 시행 전에 이와 관련된 구체적인 대책을 마련해 놓았어야 했다. 하지만 목동에서도 상계동에서도 그런 노력의 흔적은 보이지 않았다. 당시의 위정자들 눈에는 뚝방 동네와 달동네 주민들은 불법적으로 무허가 건물을 짓고 살다가 아량과 선처의 차원에서 관용적으로 제시했던 보상책도 거부하고 정부가 벌이는 국책 사업을 훼방 놓으며 사익을 추구하는 난민亂民에 불과해 보였던 것이다.[79] 뚝방 동네와 달동네 주민들은 초대받지 않은 잔치에 끼어들려는 불청객 취급을 받았다.

1980년대 후반, 목동과 상계동의 경험 때문인지 정부와 서울시는 더 이상 대규모 재개발 사업을 추진하지 않게 된다. 대신 등장한 것이 합동 재개발 방식이다. 집주인과 땅주인들이 재개발 조합을 결성해 법적 시행자가 되며, 사업 시행에 필요한 자금과 공사는 조합의 파트너로 선정된 건설사가 맡는 방식이다.[80] 이때의 갈등은 과거와 달리 정부 대 주민이 아닌, 집주인들로 구성된 조합 대 세입자 구도로 전개된다. 철거는 조합이 동원한 철거 용역들에 의해 진행되었고 공권력은 방관자로서 방조했다.

1980년 후반 대학 시절 캠퍼스에는 "속보"라는 글씨가 크게 박힌 대자보가 나붙곤 했다. 어떤 동네에 철거 용역이 투입되어 주민들이 쫓겨나고 있으니 그들을 도우러 가자는 내용이었다. 이런 대자보가 붙고 난 며칠 뒤면 대자보가 또 붙는다. 철거민을 도우러 갔던 모 학생이 철거 용역들에게 폭행을 당해 입원했다는 소식이었다. 강의실과 학생 식당에는 병원비 마련을 위한 모금함이 돌았다. 이런 살풍경은 1990년대까지 계속되었다. 이처럼 20세기의 서울은 끊임없이 정부 주도의 뉴빌드 젠트리피케이션을 반복하면서 메트로폴리스로 성장해 갔다.

글로벌 시대의 서울,
뜨는 건물과
떠나는 사람들

강북 재개발, 글로벌 도시를 향하여

1998년 IMF 외환 위기는 한국인의 삶을 크게 바꿔 놓았다. 세계
화는 더 이상 구호가 아니었다. 우리의 삶을 강력히 규정하는 현실이
되었다. IMF 외환 위기 전까지 환율은 당연히 8백 원대 이하인 줄 알
았다. 그런데 어느 날 갑자기 1천9백 원으로 평가절하되더니 기업들
이 줄도산하고 물가가 올랐다. S&P나 무디스^{Moodys}가 뭐하는 곳인지
도 몰랐던 시절.[81] 국제기구도 아닌 민간 회사에 불과한 이들의 신용
평가가 나라 살림살이를 뒤흔들고 가족을 흩어지게 할 거라고는 꿈에
도 생각하지 못했다.

세계화는 개인의 삶뿐만 아니라 도시계획과 정책에도 영향을 끼

쳤다. 우리나라가 세계경제 구조에 깊숙이 편입된 것처럼, 서울도 사스키아 사센Saskia Sassen이 말한 '글로벌 도시 네트워크'에 포함된 것이다. 50대라면 누구나 학창 시절에 외제 학용품을 소지하고 있는지 검사받던 기억들을 가지고 있다. 그 시절, 외제품 구매는 매국 행위로 치부되었고, 역사상 가장 풍요로운 시대로 기억될 1990년대조차 외제차를 가진 사람은 주변의 따가운 눈총을 각오해야 했다. 외국자본은 우리 경제를 식민지화하려는 점령군으로 배척당하곤 했다.

IMF 외환 위기를 기점으로 이런 인식이 크게 변하기 시작했다. IMF와의 협상 과정에서 외국 기업이 우리 기업을 인수 합병할 수 있는 길이 열리고 그동안 외국자본 진출을 가로막고 있던 장벽들이 허물어졌다. 경제 위기 극복이라는 중책을 떠안고 취임한 김대중 대통령도 외국자본을 경계하는 것은 낡은 시대의 인식이며 활발한 외자 유치를 통해 선진 기술과 경영 기법을 흡수해야 국가와 국내 기업의 경쟁력을 키울 수 있다고 역설했다. 언론과 학계도 글로벌 경쟁 시대에 우리 경제의 살길은 외자 유치이고 이를 위해서 우리의 제도와 문화를 글로벌 스탠더드에 맞게 개혁해야 한다고 주장했다. 도시 공간도 예외는 아니었다. 서울의 공간 구조도 글로벌 스탠더드에 맞게, 외국자본의 선호에 부합하게 개편할 것을 강하게 요구받고 있었다.

2002년 이명박 전 의원이 시장에 당선된다. 그의 핵심 공약은 청계천 복원, 뉴타운 개발 사업, 대중교통 체계 개편이었다. 이는 모두 강북 도시 재활성화를 지향하는 공약들이었다. 비록 수십 년간 개발이 억제되어 낙후됐다고는 하지만 강북, 그중에서도 종로구·중구 일대의 도심 지역은 여전히 매력적인 땅이었다. 청와대, 정부 청사, 경찰청 등 우리나라의 주요 행정 권력 기관 대부분이 이곳에 몰려 있고 재벌 대

기업 및 주요 신문사, 대학, 우방국 대사관 등이 모두 여기에 모여 있다. 그뿐만 아니라 공연장, 박물관, 유명 극단 및 출판사 등 문화예술 관련 시설 및 단체들도 강북에 거점을 두고 있다. 수십 년간 개발 촉진을 위해 노력한 결과, 강남이 우리나라 최고의 고급 주거지·상권이 되었지만, 그럼에도 대한민국의 정치·경제·문화 중심지는 여전히 강북 도심이다. 다음은 서울시가 펴낸 『알기 쉬운 시민 백서 청계천』의 한 구절이다.

> 청계천 주변 지역은 대부분 40~50년 이상 된 건물이 밀집해 있어서 상주인구 감소는 물론 도시환경을 저해하는 요인으로 작용하고 있었다. 더욱이 강남권과 강북권 불균형 해소는 서울시 균형 발전의 과제이기도 하다. 청계천 복원으로 주변 지역을 국제금융, 비즈니스 중심, 첨단 정보와 고부가가치 산업 지구로 재편할 수 있는 여건을 마련하고 국제 경쟁력을 높일 수 있다. 뿐만 아니라 서울시 균형 발전은 물론 고부가가치 산업이 청계천 주변으로 자리 잡게 될 것으로 예상된다.[82]

21세기 글로벌 기업들은 글로컬라이제이션(세계화+현지화) 전략을 구사한다. 현지화 전략을 실현하기 위해서는 기업의 입지를 해당 국가의 전통적인 도시 중심부에 위치시킬 필요가 있다. 서울을 예로 들면, 현대적인 건물들만 늘어서 있는 강남에 입지해서는 기업의 이미지를 한국의 문화적 정체성과 접목시키기 힘들다.[83] 글로벌 기업 유치를 바라는 서울시 입장에서는 강북 도심의 주거 및 상권을 고급화시켜야 한다는 것을 의미한다. 글로벌 기업의 현지화 전략이 그들이 파견

	지구	지구 지정일	면적 (㎡)	인구 (인)	전체 세대 수	세입자 세대	세입자 비율(%)
시범 뉴타운 3개 지구	은평	2002.10.23.	3,492,421	28,604	10,595	4,302	40.6
	길음	2002.10.23.	1,249,793	57,280	20,311	12,949	63.8
	왕십리	2002.10.23.	337,200	11,861	4,572	3,620	79.2
	소계		5,079,414	97,745	35,478	20,871	58.8
2차 뉴타운 12개 지구	돈의문	2003.11.18.	200,297	4,231	1,945	1,559	80.2
	한남	2003.11.18.	1,111,049	37,089	18,616	13,935	74.9
	전농·답십리	2003.11.18.	905,833	34,900	13,900	11,046	79.5
	중화	2003.11.18.	510,517	39,910	18,234	7,982	43.8
	미아	2003.11.18.	606,056	42,831	18,243	8,058	44.2
	가재울	2003.11.18.	1,073,000	55,370	21,662	12,409	57.3
	아현	2003.11.18.	1,088,000	44,787	18,433	14,544	78.9
	신정	2003.11.18.	700,700	37,525	14,190	8,450	59.6
	방화	2003.11.18.	508,914	19,183	7,454	5,804	77.9
	영등포	2003.11.18.	226,006	4,986	2,141	1,860	86.9
	노량진	2003.11.18.	901,383	30,230	12,160	9,985	82.1
	천호	2003.11.18.	412,485	15,885	6,757	5,353	79.2
	소계		8,244,240	366,927	153,735	95,632	65.7
3차 뉴타운 11개 지구	이문·휘경	2006.01.26.	1,013,398	39,910	18,234	14,859	81.5
	장위	2005.12.16.	1,867,851	70,000	26,890	20,973	78.0
	상계	2005.12.16.	647,578	22,691	8,938	6,947	77.7
	수색·증산	2005.12.16.	897,090	31,814	12,383	8,775	70.9
	북아현	2005.12.16.	899,302	33,330	13,982	4,779	34.2
	시흥	2005.12.16.	721,416	25,634	9,691	4,279	44.2
	신길	2005.12.16.	1,469,910	56,730	24,258	21,257	87.6
	흑석	2005.12.29.	894,933	29,222	13,241	10,592	80.0
	신림	2005.12.16.	527,790	20,082	8,478	6,443	76.0
	거여·마천	2005.12.16	738,426	34,090	13,302	10,457	78.6
	창신·숭인	2007.04.30	846,100	26,734	9,083	7,019	77.3
	소계		10,523,794	390,237	158,480	116,380	73.4
계			23,847,448	854,909	347,693	232,883	68.5

출처: 장남종·양재섭, 『서울시 뉴타운사업의 추진실태와 개선과제』, 서울시정개발연구원, 2008, 20쪽.

하는 주재원들, 특히 의사 결정권을 가진 직원들의 생활 편의를 희생
시키면서까지 진행되는 것은 아니기 때문이다.

　청계천 복원은 5대 고궁 재정비 사업,[84] 서울 성곽 복원 사업과 함
께 베이징·도쿄와 구별되는 서울만의 문화적 이미지를 재창조하는 사
업이었다. 복원 이전 서울 중심부를 관통하는 슬럼 지대였던 청계천
지역을 쾌적한 인공 하천으로 탈바꿈함으로써 서울의 이미지를 일신
하겠다는 것이 청계천 복원 사업의 진정한 의도였다.[85] 청계천이 복원

된 지 1년 뒤의 '서울시 대중교통 체계 개편'도 동일한 이유와 목적에서 시행된 것으로 볼 수 있다.[86] 이들 사업은 강북 도심의 상권 고급화를 추구했다고 할 수 있는데, 이와 더불어 주거지 고급화를 지향한 것이 뉴타운 개발 사업이었다.

이와 같은 강북 재개발 사업은 서울의 역사에서 닐 스미스의 지대 격차 이론이 처음으로 온전하게 구현된 사례로 이해할 수 있다. 오랫동안 방치되어 있던 낙후된 구도심의 부동산 가치, 그것의 잠재적 수익성을 일련의 재개발 사업을 통해 현재화懸在化한 것이다. 그리고 여기에는 글로벌 도시로서 서울의 경쟁력을 강화하려던 정부와 서울시의 정책적 의지뿐만 아니라, 부동산을 통해 자신의 재산 가치를 높이고 싶었던 우리 국민 일반의 강렬한 열망이 투영되어 있었다.

세계화는 삶의 불안을 몰고 왔다. 평생 고용 체제가 무너졌지만 이를 보완할 사회 안전망은 아직도 미비한 상태였다. 사람들은 제 살길을 각자 찾아야 했다. 전 국민이 재테크 전문가가 되었다. 특히 부동산은 불패의 투자 수단이었다. 말죽거리 신화로 대변되듯, 주식이나 펀드 등 다양한 금융 투자 수단이 대중적으로 확산되기 이전부터 부동산은 가장 안전하고 수익성 좋은 투자 수단으로 통하고 있었다. 그것은 일종의 신앙과도 같았다. 한국인에게 부동산은 '사는 곳'이 아니라 '사는 것'이었다.

뉴타운 개발 사업은 기존의 공영 재개발[87]과 합동 재개발을 혼합한 방식이다. 우선 서울시가 특정 지역을 광역 재정비 사업 지구, 즉 뉴타운 지구로 선포하고 사회 기반 시설을 정비한다. 그러면 지구 내에 개별 정비 구역을 지정해 그 안에서는 재건축 조합이나 건설사 같은 민간 사업자가 재개발을 추진한다. 이는 사실상 민간 차원에서 소

| 서울, 강남역, 청계천 복원 사업 지역 상가 임대료 동향 |

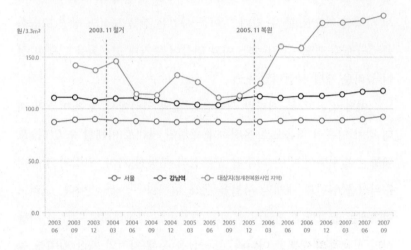

출처: 유오봉, "어메니티와 지역개발에 관한 연구: 청계천 복원 사업 지역 및 용인동백택지 개발지구 중심으로", 「수도권 연구」 5호, 2008, 156쪽.

규모로 진행되던 합동 재개발 사업을 광역 단위에서 대규모로 동시에 진행케 하는 것이었다.

사업 초기, 뉴타운 사업은 헌 집을 내놓으면 새집을 받는 사업인 것처럼 알려졌다. 20여 년 동안 강 건너 동남쪽의 성공 신화를 지켜보기만 했던 강북 지역 주민들은 환호했다. 너도나도 뉴타운 사업 지구에 지정되기 위해 힘을 썼다. 그리하여 무려 26개 지역이 뉴타운 지구로 지정되었다. 그 결과, 시범 사업으로부터 3차 사업으로 진행되는 과정에서 명백하게 수익성을 강화하는 방향으로 움직이게 된다. 전면 철거 재개발 방식이 적용되는 구역과 중·대형 평수, 세입자 수는 늘어나는 반면에 세입자 대비 임대주택 수는 줄어들게 된다.[88]

청계천 복원과 뉴타운으로 대변되는 21세기의 강북 재개발은 사업 내용이나 추진 방법은 달랐지만, 겉모습만 새로 꾸미는 것을 중시하고 사람들의 삶과 성장에는 관심을 가지지 않았던 20세기 재개발의 실수를 똑같이 반복했다. 달라진 것이 있다면 원래 살던 사람들을 내보내는 방식일 뿐이다. 서울시가 청계천을 복원하면서 마주한 가장 중요한 과제 가운데 하나가 기존 상인들에 대한 보상·이주 대책이었다. 서울시는 공사 기간 영업 손실에 대한 보상은 수용하지 않겠다는 원칙을 세우고, 이주를 원하는 상인들을 위해 대체 상가 시설을 마련하겠다는 약속을 했다.

그래서 만들어진 것이 송파구 문정동 장지역 부근에 있는 쇼핑몰 '가든파이브'다. 그런데 원래 25만㎡였던 규모가 강남구 삼성동 코엑스의 일곱 배인 56만㎡로 확장되면서 문제가 발생했다. 공사비 증액에 따라 분양가가 인상된 것이다. 권리금조차 챙기지 못한 채 이주해야 했던 상인들이 감당할 수 없는 수준이었다.[89] 이주 대상자 6,097명 중 5,069명이 입주를 포기했다. 이주한 1,028명은 다수가 매출 부진으로 점포를 팔거나 임대를 주고 청계천으로 돌아갔다. 2011년 말 취임 직후 이곳을 방문한 "박원순 서울시장은 썰렁한 상가 내부를 돌아보고 귀곡 산장 같다"고 말했다.[90] 청계천 인근에 남거나 돌아간 상인들은 어떻게 되었을까? 복원 이후, 청계천 일대의 땅값, 건물값, 임대료가 급격히 올랐다. 제조업·도매업 위주의 상권이 광고업·전문디자인업·금융업 등 고부가가치 서비스업으로 교체되었다. 즉 상권이 고급화되면서 기존 상인들은 밀려난 것이다.

뉴타운 사업도 마찬가지였다. "헌 집 주고 새집 받는" 사업이 결코 아니었다. 2007년 서울시정개발연구원이 조사한 바에 따르면, 뉴타운 4구역(길음 뉴타운)의 경우, 원주민 가운데 소유자와 세입자의 재정착률이 각각 13.2%, 18.8%에 불과했다.[91] 원주민 재정착률은 산정

기준에 따라 그 결과가 천차만별이며 지역 특성에 따른 편차도 큰 편이다. 하지만 뉴타운 사업의 원주민 재정착률이 기존 재개발 사업과 마찬가지로 절반 이하로 낮게 나온다는 점은 시사하는 바가 크다.

원주민 재정착률이 이처럼 낮게 나온 것은 신규로 공급되는 주택이 중·대형 평수였기 때문이다. 수익성 확보를 우선시한 결과다. 이로 인해 주민들이 내야 하는 추가 분담금이 적게는 1억5천만 원에서 많게는 2억 원까지 치솟는다. 원주민들이 이를 감당하기 위해서는 2008년 기준으로 소득이 약 2.5배 상승해야만 했다.[92] 당연히 그런 일은 일어날 리 없었다. 더 큰 문제는 뉴타운 사업 추진 당시 이런 문제를 주민들에게 제대로 알리지 않았다는 것이다. 대부분의 주민들은 자신들이 내야 하는 추가 분담금이 얼마인지 모른 상태에서 막대한 개발 이익을 거둘 수 있다는 재개발 조합과 건설사들의 이야기만 믿고 주민 동의서에 도장을 찍어 줬다.[93] 그리고 절차상 돌이킬 수 없는 단계에 와서야 뉴타운 사업이 '주민 교체 사업'이었음을 알게 되었다.[94]

이처럼 교묘한 방법으로 기존 주민들을 퇴거시키는 데 성공했지만 뉴타운 사업 자체는 실패했다. 이명박 정부 시절인 2011년 4월 11일 국회 대정부 질의에 응한 김황식 총리는 뉴타운 사업에 대해 "실패했다는 평가를 해도 괜찮다"고 말했다.[95] 당시 오세훈 시장도 같은 달 14일 언론과의 인터뷰를 통해 더 이상의 뉴타운 추가 지정은 없다는 입장을 발표했다.[96] 2010년대에 접어들면서 부동산 시장이 침체에 빠졌기 때문이었다.

IMF 외환 위기 이후 심화된 소득 양극화는 가계의 구매력을 지속적으로 약화시켰다. 주택 수요가 점점 움츠러드는 가운데 불어 닥친 2008년 글로벌 금융 위기로 인해 부동산 시장은 불경기를 맞이한다.

최근까지 정부는 갖가지 방법을 동원해 부동산 경기 부양에 힘쓰고 있지만, 역효과만 일으키며 전·월세 대란만 조장했을 뿐이다. 이로 인해 이미 조성된 뉴타운에는 미분양 사태가 일어났다. 2012년 12월 24일 『중앙일보』 보도에 따르면 첫 번째 뉴타운인 은평 뉴타운 지구조차 미분양 사태가 일어나 SH공사가 619가구를 대폭 할인해 팔았다. 삽을 뜨지 못한 뉴타운 사업 지구는 수익성 문제로 사업이 진행되지 않거나 박원순 시장의 '뉴타운·재개발 출구 전략'에 따라 사업 지구 지정 취소 절차를 밟고 있다. "황금알을 낳는 거위"로 취급받던 뉴타운이 어느새 "계륵"으로 전락한 것이다.[97]

뉴타운의 실패는 단지 정책 하나의 실패가 아니다. 이는 1960년대 이후 변함없이 작동해 왔던 서울의 발전 메커니즘이 이제 그 시효가 다했다는 것을 의미한다. 이명박 시정, 오세훈 1기 시정 당시 서울시가 뉴타운 사업을 밀어붙이고 주민들이 이에 환호하며 너도나도 자기 동네를 뉴타운 사업 지구로 선정해 달라고 했던 것은 과거의 경험을 맹신했기 때문이다. 새 건물을 올리면 어떤 식으로든 사람들이 몰려들어 부동산 가격이 올라 '나'의 재산 가치를 증식시켜 주는 것, 이 메커니즘이 영원할 것이라고 굳게 믿었던 결과다. 그러나 세상은 변했다. 무엇이 변한 것일까?

주택에서 상가로, 치킨집 수렴의 법칙

2000년까지 우리나라 부동산 투자 시장의 주 종목은 주택, 그중에서도 특히 아파트였다. 우리 국민들에게 아파트는 '사는 곳'住이 아니라 '사는 것'買이었다. 그러나 이제는 차츰 '사는 곳'住으로 바뀌고 있다. 그 이유는 첫째, 한국 경제가 고도성장 시대를 끝내고 저성장 시대에 접어든 데다가 고실업, 경기 침체의 장기화 등으로 인한 가계소득·소비의 위축으로 주택 경기가 과거와 같은 호황을 재현할 가능성이 거의 사라진 상태이며, 둘째, 주택 보급률은 늘어나는 데 비해 출산율은 갈수록 떨어지는 상황에서 부동산 수요가 공급량에 미치지 못하는 상황이 점점 구조화되고 있기 때문이다.

이 때문에 일부 성급한 경제 평론가들은 우리나라도 일본처럼 부동산 대폭락 사태를 경험할 것이라고 예측하기도 한다. 그러나 일본은 순수 투자용 오피스 매매가 성행한 데 반해, 우리나라의 부동산 시장은 대부분 투자와 주거를 겸하고 있다. 게다가 일부 대도시에 인구가 집중되어 있다는 점을 고려하면 주택 가격이 한 순간에 폭락할 가능성은 적어 보인다.

아마도 서울과 수도권의 핫플레이스 한두 군데를 제외하면 주택 가격은 일정 수준 이상 올라가지 않을 것이며 인구 감소 추세에 따라 서서히 내려앉을 것으로 예상된다. 하지만 한 가지 분명한 점은 더 이상 과거처럼 주택 시장 투자를 통해 큰돈을 벌기는 힘들어 졌다는 것이다. 향후 부동산 시장은 철저히 큰손 위주로 재편될 것이며 투자 대상도 주택에서 상업용 빌딩으로 대체될 것이다.

얼마 전부터 20대 청년들 사이에서 '헬조선'이라는 말이 유행이다. 불평등하고 불공정한 사회 현실을 풍자한 것이다. 신라의 골품제처럼 헬조선에는 '수저제'라는 신분제도가 있다. 온 국민을 금수저, 은수저, 동수저, 흙수저, 똥수저로 나누고 이 중 어떤 수저를 물고 태어났느냐에 따라 인생의 진로가 결정된다. 청년들에 따르면 헬조선에는 금수저 일부만 제외하고 모든 사람에게 적용되는 법칙이 있다. '치킨집 수렴'의 법칙이다. 그리고 여기에 부동산 투기 자본이 찾아낸 틈새가 있다. 그 의미를 제대로 이해하기 위해서는 최근 국내 자영업 현황과 상업용 부동산 시장 구조를 살펴볼 필요가 있다.

우리나라의 자영업자 수는 IMF 외환 위기를 겪고 난 후인 2000년대에 이르러 6백만 명대로 급증했다가, 2008년 글로벌 금융 위기 이후 급감해 1990년대 수준으로 회귀했다. 2015년 현재 자영업자 수는 약 556만 명이다.[98] 우리나라는 OECD 회원국 중 전체 취업자 대비 자영업자의 비율이 높은 편이다. 2000년 기준으로 자영업자 비율이 36.8%로 OECD 3위다. 2013년에는 9.4%p가 떨어진 27.4%로 OECD 4위다. 미국(7.4%→6.6%), 독일(11.0%→11.2%), 일본(16.6%→11.5%), 스웨덴(10.3%→10.6%), 영국(12.8%→14.4%) 등에 비해 적게는 약 두 배, 많게는 약 네 배 정도 많은 수치를 꾸준히 유지하고 있다.[99]

OECD 통계를 살펴보면 제조업 기반이 취약하거나 복지 제도가 빈약한 나라들일수록 전체 취업자 대비 자영업자 비율이 높다는 것을 알 수 있다. 그리스는 주력 산업이 농업과 관광인 나라다. 우리나라에는 그리스가 복지 수준이 높은 나라인 것처럼 알려졌지만, 사실 이 나라의 복지 혜택은 주로 공공 부문 종사자들에게만 집중되어 있을 뿐이다.[100] 터키는 서비스산업 비중이 70%인데다가 복지 여건도 우리나라와 대동소이한 수준이다.[101] 멕시코는 NAFTA 발효 이후 자동차 산업 강국으로 급부상하고 있는 나라다. 하지만 복지 수준은 세계 최하위 수준이다. 2012~13년 멕시코의 GDP 대비 복지 지출 비율은 7.4%로 OECD 34개 회원국 중 꼴찌다. 우리나라는 9.3%로 멕시코의 뒤를 이어 꼴찌에서 두 번째에 랭크되어 있다.[102] 예외적으로 이탈리아는 세

출처: OECD Date, "Self-employment rate"(https://data.oecd.org/emp/self-employment-rate.htm).

계적인 제조업 강국이면서도 복지 제도가 잘 정비된 나라이고, 동시에 세계적인 관광 대국이기도 하다.

 이 부분에서 함께 고려해야 할 것이 우리나라의 불안정한 고용 환경이다. OECD에 따르면 2013년 기준으로 우리나라의 비정규직 비율은 22.4%다. OECD 회원국 중 다섯 번째로 높은 순위이며 평균

| 2012~13년 OECD
주요 회원국 GDP 대비
공공 사회 지출 |

프랑스	32.8
덴마크	30.8
벨기에	30.6
핀란드	30.3
스웨덴	28.4
이탈리아	28.2
오스트리아	28.1
스페인	27.1
독일	26.0
포르투갈	25.7
네덜란드	24.2
슬로베니아	23.8
영국	23.7
룩셈부르크	23.3
그리스	23.1
노르웨이	22.6
일본	22.3
뉴질랜드	22.2
아일랜드	22.0
OECD	21.9
헝가리	21.6
체코	21.4
폴란드	20.8
미국	19.8
오스트레일리아	19.2
스위스	18.9
캐나다	18.3
슬로바키아	18.1
에스토니아	17.7
아이슬란드	17.4
이스라엘	15.8
터키	12.8
칠레	10.2
한국	9.3
멕시코	7.4
러시아(2009)	15.7
브라질(2010)	14.4
중국(2012)	9.0
남아프리카공화국(2007)	8.1
인도(2006/07)	4.6
인도네시아(2009)	2.1

출처: OECD, *Society at a Glance 2014: OECD Social Indicators*, OECD Publishing, 2014, p. 117.

11.8%에 비해 약 두 배가량 많은 수치다.[103] 또한 고용 기업 경영 성과 평가 사이트인 CEO스코어에 따르면 2015년 6월 기준 30대 그룹 남녀 직원의 평균 근속 연수는 10.9년이다.[104] 좁은 문을 뚫고 30세에 입사하면 대략 41세에 회사를 나와야 하는 실정이다.

최근 세계적으로 정규직 위주의 고용 구조를 유지하고 있는 나라는 거의 없다. 복지 천국으로 알려진 스웨덴이나 덴마크도 예상과 달리 노동시장의 유연성이 우리나라와 비슷하거나 더 높은 편이다. 가령 노동자 고용 안정성의 국제적 비교 지표로 널리 활용되는 OECD의 고용보호법규제 Employment Protection Legislation, EPL 지수를 검토하면 2013년 우리나라는 4.71점을 받은 반면, 스웨덴은 3.69, 덴마크는 4.11점을 받았다. 지수가 낮을수록 노동시장이 유연하다는 의미다. 그런데 GDP 대비 노동시장 정책 재정지출 비율, 즉 국내총생산에서 실업자의 생계와 재취업을 지원하는 정부의 재정지출의 비율이 우리나라는 0.62%인 반면, 스웨덴은 2.35%, 덴마크는 3.80%다.[105]

스웨덴이나 덴마크에서 실직하면 정부로부터 실업 보조금과 정

| 실업 급여 대비 소득 대체율(4인 가족, 자녀 2명 외벌이 기준) |

단위: %

국가	비율
폴란드	38
그리스	39
미국	42
한국	43
스웨덴	47
터키	52
일본	56
벨기에	64
체코	64
덴마크	64
아일랜드	66
프랑스	67
노르웨이	69
독일	69
이탈리아	70
포르투갈	76
핀란드	77
네덜란드	79
룩셈부르크	89
이스라엘	92

출처: OECD, "Benefits and Wages: Statistics"(http://www.oecd.org/els/benefits-and-wages-statistics.htm).

책 지원을 받으며 재취업을 준비할 수 있지만, 우리나라는 실업 급여 수급 기간이 상대적으로 짧은데다가 재취업에 대한 지원도 부족하다. 드라마 〈미생〉에 나오는 대사처럼 한국에서 '실직은 곧 지옥으로 떨어지는 것'을 의미한다.

스웨덴·덴마크는 정년퇴직 이후 충분한 연금을 받으며 노후를 즐길 수 있지만 우리나라의 은퇴자들은 국민연금만으로는 생계를 이어가기 곤란하다. 게다가 청년 실업으로 인해 30세가 넘어서도 부모의 경제적 지원을 받아야 하는 자녀들이 많아지고 있다. 그래서 베이비붐 은퇴자들이나 조기 퇴직한 30~40대들이 생계를 이어 가기 위해 어쩔 수 없이 자영업에 뛰어들고 있다.

풍자적으로 이야기하면 한때 잘나가던 대기업 부장 출신 김 씨나 대기업에 입사했다가 조기 퇴직한 청년 이 씨나 중소기업 비정규직으로 취업했던 청년 박 씨 모두 결국 언젠가는 한 동네에서 맥줏집 김 사장, 치킨집 이 사장, PC방 박 사장으로 만나게 되어 있다. '헬조선'의 '치킨집 수렴의 법칙'이란 바로 이런 현실을 직관적으로 파악해 냉소적으로 표현한 말이다.[106]

빈약한 복지 제도·사회안전망이 자영업자의 수를 늘리고 있다는 것이 결코 자의적 분석이 아니란 점은 영국의 경제학자인 파커Simon C. Parker와 롭슨Martin T. Robson이 2004년 발표한 논문을 통해 확인할 수 있다. 그들은 1972~96년 사이 OECD 회원국의 자영업 비율 증감 통계를 분석한 후, '개인소득세율'이 오를수록, '실업 급여 소득 대체율'이 낮아질수록 자영업자 비율이 높아진다는 결론을 내렸다.[107] 『한겨레』에 따르면 우리나라의 개인소득세율은 OECD 31개 회원국 중 가장 낮은 수준이다. "소득 대비 세 부담 수준을 가늠할 수 있는 실효세율"

단위: %p

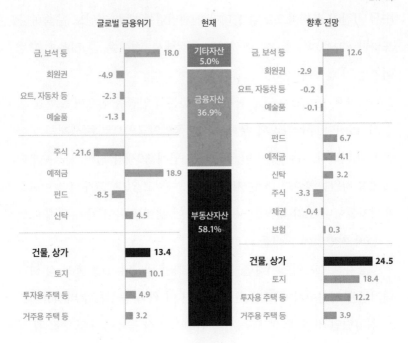

출처: 노현곤·황원경·김희경·김예구, 『한국 富者 연구: 자산 형성과 투자행태, 라이프스타일』, KB금융지주경영연구소, 2011, 24쪽.

을 기준으로 했을 때, "2013년 기준 우리나라의 평균 소득세 실효세율은 5.1%"인 데 반해, "관련 통계가 있는 OECD 31개 회원국 평균은 15.5%"였다.[108] 2014년 OECD에 따르면 우리나라의 실업 급여 소득 대체율은 43%로 33개 회원국 중 꼴찌에서 다섯 번째다.[109]

일반적으로 복지국가는 개인소득세율이 높다. 이런 나라들은 사회 안전망이 잘 갖춰져 있기 때문에 노후나 실업에 대한 걱정 없이 소득의 상당수를 소비생활에 지출할 수 있다. 반면, 개인소득세율이 낮지만 사회 안전망이 빈약한 우리나라는 만약을 대비해 소득의 상당수를 저축한다. 2000년대 들어 약 3~4%였던 우리나라의 가계 저축률은 사상 최저 금리인데도 2014년 갑자기 6.1%로 치솟았다. 불안한 미래를 대비해 허리띠를 졸라맨 결과라는 것이 전문가들의 중론이다.[110]

개인소득세율이 소비 증감에 관련된 지표라면 실업 급여 소득 대체율은 개인별 실업 대책과 관련된 지표다. 복지국가에서 실업을 하게 되면 정부로부터 실업 수당과 취업 지원 정책의 수혜를 받으며 재취업을 준비할 수 있는 반면, 우리나라의 실업자들은 실업수당 수급 기간도 짧을뿐더러 재취업을 한다고 해도 눈높이를 낮춰야 한다. 이 때문에 일단 수중에 있는 자산을 통틀어 자영업에 도전해 본다. 결론적으로 사회 안전망이 취약한 국가일수록 자영업자의 수가 늘어나게 되어 있는 것이다.

자영업자의 수가 10년 전에 비해 상대적으로 줄어들었다고 하지만, 저성장 국면에 접어든 한국 경제의 현실을 고려할 때, 약 556만 명에 달하는 자영업자 수는 우려할 만하다. 특히 대부분의 신규 자영업자들이 별다른 노하우나 기술 없이 뛰어들 수 있는 식음 업종에 몰리고 있다.

2013년 미국의 유명 경제지 『월스트리트저널』WSJ에 따르면 우리나라 인구 1천 명당 음식점 수는 열두 개로, 미국의 여섯 배, 일본의 두 배에 달한다. 이 같은 과포화 상태는 치열한 경쟁을 낳는다.[111] "국세청에 따르면 자영업 폐업 수는 2003~12년 동안 약 794만 건이 발생"했으며 중소기업연구원에 따르면 "생계형 창업자는 창업 5년 후 29.6%만이 생존"하고 있다.[112] 이처럼 불안정한 고용구조와 취약한 사회안전망은 자영업의 과포화 상태와 과당경쟁을 초래하고 있다.

그리고 바로 여기에서 주택 시장 침체로 투자처를 상실한 부동산 투기 자본이 새롭게 이윤을 창출할 수 있는 틈새가 열린다. 2000년대

| 2014년 서울시 매장용 빌딩 임대료·공실률 및 수익률 |

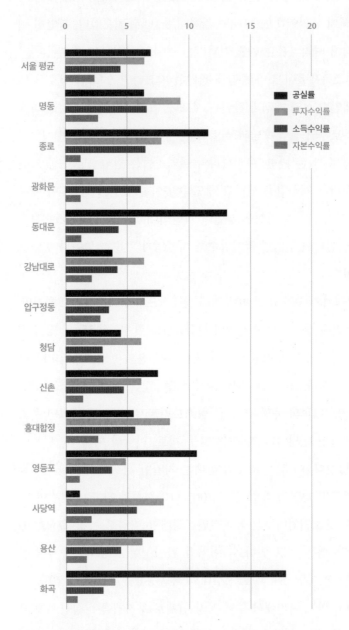

출처: 서울시 통계정보시스템, "매장용 빌딩 임대료·공실률 및 수익률(2013년 이후) 통계"(http://stat.seoul.go.kr/octagonweb/jsp/WW S7/WWSDS7100.jsp).

까지 부동산 시장의 주된 투자처는 주택 시장이었고 큰손들이 분위기를 만들면 개미들이 편승하는 구조였다. 2008년 글로벌 금융 위기 이후, 주택 시장이 침체에 빠지면서 부동산 시장이 큰손 위주로 재편되고 상가 시장이 주목받는다. KB 금융지주 경영연구소에 따르면 글로벌 금융 위기를 전후로 금융자산 10억 원 이상의 부자들이 향후 자산 운용 계획을 세움에 있어 상가 건물의 보유율을 증가시키겠다는 경우가 그렇지 않은 경우보다 24.5% 높게 나왔다.[113]

2010년대에 들어 상가 임대 시장에서 특기할 만한 사실은 공실률이 높은데도 불구하고 투자 수익률은 좀처럼 떨어지지 않는다는 점이다. 2014년 한 해만 놓고 보면 서울의 매장용 빌딩 공실률은 전년 대비 0.1% 오른 6.9%였다. 투자 수익률은 1.31% 오른 6.41%였다. 임대료는 1㎡당 6만4백 원을 기록하고 있고, 지역적 편차가 큰 편이다. 2014년 서울 안에서도 명동은 공실률 6.4%, 투자 수익률 9.35%, 1㎡당 임대료 271,700원인 데 반해, 화곡동은 공실률 17.9%, 투자 수익률 3.95%, 1㎡당 임대료 22,800원이다.[114]

주택 시장과 달리, 상가 시장은 수요자 입장에서 선택의 범위가 좁다. 깨끗하고 안전한 거리, 편리한 교통, 좋은 교육 여건 등이 보장되는 지역에서 살면 좋지만, 형편이 안 되면 차선책을 선택하면 되고, 그렇게 된다고 해도 생활하는 데 큰 지장이 있는 것은 아니다. 반면 상가는 어디에 있느냐에 따라 매출이 달라진다. 유동 인구가 많은 곳, 그 중에서도 돈 쓰는 사람들이 많이 몰리는 곳에 자리 잡아야 하고, 도시 내에서 이런 장소는 몇 군데로 한정되어 있다. 그래서 치명적인 경제 위기가 도래하지 않는 이상, 주요 상권의 상가 건물은 거의 항상 수요가 공급을 웃돌게 되어 있다. 당연히 임대료는 높은 수준에서 형성되

홍대 앞 거리

고 그에 따라 건물주는 안정적인 투자 수익률을 얻는다.

현대 도시의 생태는 본질적으로 유목적 성격을 갖는다. 사람들은 한곳에 오래 머무르지 않고 항상 이동한다. 특히 소비력이 높은 대중일수록 항상 새로운 것, 신선한 것을 추구한다. 이런 성향은 공간에도 적용된다. 그래서 상권도 역동적으로 변화한다. 최근 잘나가는 상권인 홍대·합정과 서촌, 경리단길은 10년 전만 해도 중심 상권에서 한발 비켜선 곳이거나 노후한 주택단지였다. 홍대·합정은 신촌에서 활동하던 예술가들의 주거 공간과 작업장이 있던 곳이며, 서촌은 청와대 주변이라는 특성 때문에 개발이 제한되어 있던 곳이었다. 경리단길은 이태원 상업 가로와 인접해 있었지만 "남산과 미군 부대 등으로 고립"되어 오랫동안 사람들의 관심에서 멀어져 있던 지역이었다.[115] 따라서 이 지역의 건물 매매가와 임대료는 높지 않았다. 중심 상권과 인접해 있지만, 부동산 가격이 상대적으로 낮다는 것은 이 세 지역의 공통된 특성이자 숨은 매력이었다.

여기에 주목한 예술가들, 창의적인 상인들이 이 지역에 몰려든다. 2003년경 홍대 정문 앞 놀이터에 주말마다 예술가들이 모여 예술 시장을 열었다. 한편에서는 수제 공예품 시장이, 또 다른 한편에서는 인디 밴드의 거리 공연이 열렸다. 2008년경 경리단길에 창의적인 상인들이 들어와 기존의 소규모 가게를 리모델링해서 이국적 분위기의 레스토랑, 카페를 창업했다. 2012년경 서촌에도 예술가들이 들어와서 기존 노후 주택을 개량해 갤러리를 만들고 디자인 숍이나 예술적 분위기를 풍기는 카페를 차렸다. 이처럼 옛 거리가 산뜻하고 맵시 있게 변모하면서 젊고 소비력 있는 유동 인구가 몰려든다. 뜨는 상권으로 거듭난 것이다.

부동산 투기 자본에게 이런 모습은 새로운 문화와 도시 생태의 창조라기보다는 지대 격차가 크게 벌어진 상황에서 큰 시세 차익을 거둘 기회로 포착된다. 부동산 매매가 활발해지면서 건물 매매가와 임대료가 폭등한다. 경제 상식으로만 따져도 이런 추세는 건물주에게도 손해가 될 수 있다. 건물 매매가와 임대료가 너무 높아지면 자영업자들이 해당 상권으로의 진입을 포기하게 되고, 이와 같은 수요 감소는 부동산 가격 하락으로 이어질 수 있다. 그런데 한국의 상업용 부동산 시장에서는 이런 상식이 좀처럼 통하지 않는다. 저성장 시대에 자영업자

서촌의 한 카페

수가 556만 명에 달하는 상황에서는 어느 정도 손해를 감수하고서라도 '뜨는 상권'에 진입하고 싶어 하는 상인들이 너무 많다. 게다가 일부 대기업이 소매업까지 진출하면서 뜨는 상권에 진입하고 있다. 건물주 입장에서 대기업이 들어오면 앞으로는 어떻게 될지 몰라도 당장은 건물 매매가가 오르고 높은 임대 수익을 거둘 수 있으므로 반기기 마련이다.

특히 지역에 정주하는 건물주와 달리, 지역 바깥에 거주하는 건물주, 이른바 상가 사냥꾼들은 해당 상권의 미래에 관심이 없다. 2014년 서울 강남 지역 매장용 빌딩의 소득 수익률(임대 수입)[116]은 평균 3.77% 였다. 같은 해 국고채 수익률(3년)은 2.59%, 회사채 수익률(3년)은 2.99%였다.[117] 상가 건물을 관리하는 노력과 비용을 고려할 때, 이 같은 수익률은 결코 높다고 말하기 힘들다. 그럼에도 부동산 투기자본이 상가 건물에 투자하는 것은 매매 과정에서 큰 목돈을 얻을 수 있기 때문이다. 일부 대기업이 진입하면 상권의 문화적 특색이 사라지면서 다른 지역 상권에 대한 경쟁력을 잃지만, 이들은 관심이 없다. 신경 쓰는 것은 오직 '내 건물'의 매매다. 해당 상권의 부동산 가치가 정점에 오르기 전에 보유한 건물을 리모델링하거나 재건축해 시세 차익을 극대화하려 한다.

이 과정에서 상권을 띄운 예술가들과 창의적인 상인들, 이들과 더불어 지역에서 생활 업종 가게를 운영해 왔던 토박이 상인들이 떠난다. 문화·예술 또는 상업 젠트리피케이션이 일어나는 것이다. 쫓겨나는 방식은 대체로 세 가지로 볼 수 있다. ① 무리한 임대료 인상, 계약 갱신 거부로 인한 퇴거, ② 재개발·재건축으로 인한 퇴거, ③ 용도 변경에 의한 퇴거다.

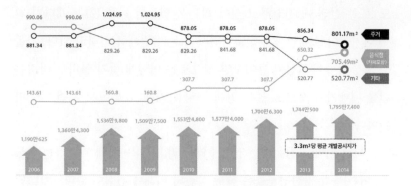

| 자하문로7길 건축물 용도별 면적 변화와 땅값 추이 |

출처: 음성원, "'서촌'에 사람과 돈이 몰려오자 …… 꽃가게 송씨·세탁소 김씨가 사라졌다", 「한겨레」, 2014/11/24.

이때 가장 큰 문제는 권리금이다. 2015년 5월 13일 이전까지 〈상가건물 임대차보호법〉에는 권리금 보호 조항이 없었다. '상가 사냥꾼'들은 임대 수익률을 높이기 위해 신구 세입자 간 권리금 양도 거래를 방해하는 일이 많다. 기존 세입자를 권리금 없이 내보내고 그 금액만큼을 신규 세입자의 임대료에 포함시키는 것이다.

권리금 문제를 반영해 2015년에 개정된 〈상가건물 임대차보호법〉에서도 재개발·재건축 등 다양한 편법을 통해 권리금 양도 의무를 회피할 수 있는 길이 열려 있다.[118] 권리금은 자영업자가 상권을 일구는 과정에서 형성한 무형의 영업 가치를 유형의 화폐가치로 환산한 것이다. 어느 누구도 장사가 안 되는 상권에서 재건축을 추진하지는 않는다. 그리고 장사 잘되는 상권을 만든 것은 열심히 일한 상가 세입자들이다. 그럼에도 재개발·재건축 등의 이유로 상가 세입자를 아무 보상 없이 퇴거할 수 있게 한 현행 〈상가건물 임대차보호법〉은 한편으로는 상가 세입자의 재산권 침해를 야기하고 다른 한편으로는 '상가 사냥꾼'

의 투기 행위를 조장한다는 비판을 면하기 힘들어 보인다.

'용도 변경'에 의한 퇴거는 주택이 상업용 건물로 전환되면서, 해당 건물에 세 들어 살고 있는 거주민이 내몰리는 경우를 가리킨다. 합정, 서촌 그리고 경리단길 일부는 본래 주거지였던 곳이다. 특히 서촌과 경리단길은 저소득층이 주로 거주하는 노후 주택단지다. 상권이 뜨면서 집주인들은 건물주로의 변신을 꾀한다. 또는 지역 바깥의 자산가가 노후 주택을 구매해 상업용 건물로 용도 변경하는 경우도 많다. 문화·예술·상업 젠트리피케이션이 주거 젠트리피케이션을 동반하고 있는 것이다.

『한겨레』음성원 기자는 2014년 11월 23일 기사에서 서울 서촌에서 일어난 상업 젠트리피케이션이 인근 다세대·다가구 주택의 임대료 상승, 상업용 건물로의 용도 변경 현상을 초래해 주거 젠트리피케이션으로까지 이어지고 있다는 것을, 자하문로 7길의 건축물 용도별 면적 변화와 땅값 추이 데이터를 비교 분석해 밝혀낸 바 있다.[119]

이것이 대한민국의 수도이자 글로벌 메트로폴리스인 서울에서 벌어지고 있는 현상이다. 젠트리피케이션은 아직도 진행형이다. 근대 도시 경성이었던 서울은 1945년 이후, 약 70년의 세월이 흐르는 동안 현대 도시로 거듭났으며 가파르게 성장했다. 그리고 그 과정에서 젠트리피케이션이 끊임없이 반복되었다. 사람들은 본래의 삶터에서 지속적으로 떠나도록 강요받았고 그 방식은 날이 갈수록 진화해 갔다. 1980년대까지 공영 개발이라는 미명하에 정부가 앞장서고 일부 대기업 건설 자본이 뒤따르는 가운데 도시 외곽의 판자촌, 달동네 주민들을 폭력적으로 내쫓고 그 자리에 대규모 아파트 단지를 조성했다. 1990년대부터는 합동 재개발 방식이었다. 정부가 짜놓은 제도적 틀 안에서 재개발 조합과 대기업 건설 자본이 합작해 세입자 거주민을 내쫓았다. 철거 과정에서 폭력은 용역이라 불리는 사적 폭력 집단이 집행했고, 공권력은 이를 묵인·방조했다. 이와 같은 정부 주도 뉴빌드 젠트리피케이션의 정점에 서있던 것이 1980년대의 공영 개발과 1990년대의 합동 재개발을 교묘하게 뒤섞어 놓은 2000년대 서울시의 뉴타운 사업이었다.

그런데 최근 서울의 구도심 지역에서 벌어지는 일은 지금까지 우리가 겪어 왔던 정부 주도의 뉴빌드 젠트리피케이션과는 또 다른 유형이다. 주거 젠트리피케이션이 아닌 문화·예술 또는 상업 젠트리피케이션이며, 그 방식도 훨씬 세련되고 교묘해졌다. 이따금 퇴거를 거부하는 자영업자들에 대한 강제 집행 과정에서 소소한 폭력 사태가 일어나긴 하지만 과거의 극단적이고 야만적인 폭력 사태와는 양상이 다르다. 부동산 시장의 가격 변동이라는 구조적 요인, 그리고 이것을 부추기는 비상식적 행위들을 묵인하고 사실상 합법화하는 불공정한 법과 제도에 의해 매우 '젠틀'하게 진행되고 있다.

상업 젠트리피케이션, 왜 분노하는가?

20세기 경제개발 시대 주거 젠트리피케이션과 그것에 따르는 강제 철거에도 꽤 많은 사람들이 분노했다. 하지만 그 범위는 민주화 운동가, 대학생, 비판적 지식인 등 특정 집단에 국한되었다. 다수의 생활인들은 관심을 가지지 않았고, 심지어 그런 일들이 벌어졌는지도 모르는 경우가 많았다. 강제 철거에 대한 저항은 거의 전적으로 철거민들의 몫이었다. 그리고 대개의 경우 이는 고립된 상태에서 치러지는 외로운 싸움이었다.

하지만 최근 벌어지고 있는 상업 젠트리피케이션과 강제 집행에 대한 여론의 반응과 양상은 과거와는 사뭇 다르다. 물론 다른 한 편에서는 부자 세입자의 '을질', '약자 코스프레'라는 비판이 제기되기도 한다. 하지만 홍대 앞 칼국수 집 '두리반'이나 한남동 복합 문화 공간 '테이크아웃 드로잉' 사건에서 볼 수 있듯이, 상대적으로 더 많은 사람들이 공감하고 있으며, 내몰림 당하는 상가 세입자들을 동정하는 데 그치지 않고 다양한 방식으로 그들을 돕기 위해 노력하고 있다. 그리고 이런 도움에 힘입어 건물주와 합의하에 가게를 지켜 내는 사례도 적지 않게 발견되고 있다.

강남구 신사동 가로수길은 홍대·합정, 경리단길, 서촌과 더불어 서울의 대표적인 젠트리피케이션 발생 지역이다. 가로수길 초입에 '우장창창'이라는 곱창집이 있다. 사장은 30대 가장 서 씨. 한때 잘나가는 대기업 사원이었지만 불투명한 미래를 숙명처럼 받아들이기보다 꿈을 갖고 도전하기로 하고 2010년 사표를 낸다. 그리고 퇴직금에 빚을 얻어 권리금 2억7천만 원, 보증금 1억 원을 더해 곱창집을 열었다. 그는 정말로 열심히 일했다. 그런 만큼 장사도 잘 됐다. 노력에 합당한 결과였기에 자긍심과 보람을 느꼈고 이대로 쭉 달리면 가족과 더불어 행복한 미래를 꾸릴 수 있으리라 여겼다.

그런데 1년 반이 지나고 갑자기 건물주가 바뀌었다. 새로운 건물주는 유명 연예인이었다. 그들은 자신들이 직접 장사를 하고 싶다며 서 씨에게 나가라 한다. 아직 초기 투자금조차 회수하지 못했는데, 하루아침에 약 3억 원에 달하는 돈을 날리게 되었다. 서 씨는 절망에 빠졌다.[120]

우장창창

© 맘상모 페이스북 페이지

그는 가게를 지킬 수 있는 방법을 찾기 위해 〈상가건물 임대차보호법〉을 살펴봤다. 법은 그를 보호하지 않았다. 그래서 서 씨는 법을 바꾸기로 했다.[121] 비슷한 처지에 있는 상인들을 찾아다니며 함께 하기로 뜻을 모으고 '맘상모'(맘 편히 장사하고픈 사람들의 모임)를 결성했다. 국회와 서울시를 찾아다녔고 언론과 인터넷·SNS에 자신들이 당한 억울한 사연과 불공평한 법과 제도의 문제점을 호소했다. 외로운

82   제1부 _ 도시의 현대사, 젠트리피케이션

싸움이 될 것이라는 예상과 달리 많은 사람들이 호응하고 지지했다. 그러자 서울시와 국회의원들도 관심을 보이기 시작했다. 그 결과, 2015년 5월 13일 권리금 보호 조항을 신설한 〈상가건물 임대차보호법〉 개정안이 통과되었다.

그러는 사이 서 씨는 보증금과 더불어 별도의 보상금 1억8천만 원을 받고 본래 가게가 있던 건물의 지하 주차장으로 옮겨가게 됐다. 그런데 주차장에서 영업을 하려면 용도 변경이 필요했다. 그래서 서 씨는 "원할 경우 주차장을 일부 용도 변경해서 쓰겠다"고 했고 주인도 이에 동의했다고 한다.[122]

예상대로 구청은 주차장에서의 영업 행위를 문제 삼았고 서 씨는 건물주에게 합의서 이행을 요구했다. 그런데 주인이 용도 변경을 거부하고 주차장에 설치된 "비가림용 천막이 불법"이라고 하면서 퇴거를 위한 명도 소송에 들어갔다. 이에 서 씨도 합의서 이행을 위한 소송을 걸었다.[123] 2009년 항소심 재판부는 양측의 소송을 모두 기각하며, 2013년 재계약 당시 약정한 2년이 지났고 서 씨가 계약 갱신 의사를 밝히지 않아 계약이 만료되었으므로 퇴거하라는 명령을 내린다. 서 씨는 이 부분은 〈상가건물 임대차보호법〉을 제대로 이해하지 못한 자신의 실수라고 인정했다.

그러나 서 씨는 억울했다. 2년 만에 가게를 지하로 옮기면서 받았던 영업상의 손실, 지하 점포로 옮기면서 지출한 시설비, 지루한 소송 과정에서 허비한 시간과 비용. 이것들에 대해 아무런 보상도 받지 못하고 빈손으로 나가야 한다는 사실을 그대로 받아들일 수 없었다. 사람들의 인정과 상식에 호소하며 버텼다.

서 씨의 사정을 모르는 사람들은 그가 건물주가 연예인인 점을

뉴욕 소호 지구의 카페   by PabloEvans, Flickr

이용해 가로수길에서 계속 장사를 하려 한다고 비난했다. 심지어 그가
여태껏 월세도 안 내고 건물을 불법 점거했다든지, 기자들 앞에서는
'약자 코스프레'하면서 정작 아르바이트생들에게는 최저임금도 주지
않을 거라고 모함하는 악성 댓글이 달리기도 했다.[124] 하지만 서 씨는
월세를 단 한 번도 거르지 않았고, '알바'들에게도 최저임금보다 높은
시급 7천~1만 원을 지급하고 있었다.[125]

　　항소심 판결이 나고 10개월이 지난 7월 9일 오전, 법원 집행관과

1백여 명의 철거 용역들이 나타났다. 철거 용역들이 소화기 분말을 뿌리며 서 씨와 맘상모 회원들을 거칠게 끌어냈다. 하지만 SNS를 통해 이 사실이 알려지고 기자들이 달려오자, 여론의 관심이 부담스러웠는지 강제 집행이 잠시 중지된다. 그리고 10여 일이 지난 7월 18일 그들이 다시 나타났다. 서 씨와 맘상모 회원들을 밀어내고 건물을 에워쌌다. 서 씨가 자비를 들여 설치한 영업 시설들이 뜯겨 나갔다. 6년간 지켜 왔던 일터가 무너지는 모습을 보며 서 씨는 아스팔트 바닥에 주저앉아 통곡했다.

우리는 서 씨의 안타까운 사연을 지켜보며 사람들이 왜 문화·예술·상업 젠트리피케이션에 분노하는지 알 수 있다. 첫째, 그것은 일부의 문제가 아니라 우리 모두의 문제로 인식되고 있다. 20세기의 강제 철거는 우리 사회의 일부인 사회적 약자, 가난한 사람들의 일로 받아들여졌다. 사람들은 성장하는 도시에서 초대받지 못한 국외자 취급을 받는 철거민들의 처지를 동정했고, 그들에게 가해지는 폭력에 분노했지만, 그것이 자신의 문제라고는 생각하지 않았다. 하지만 지금은 다르다. 사람들은 자신도 미래의 '치킨집 사장'이 될 수 있다고 생각한다. 서 씨만 해도 남부럽지 않은 대기업 정규직 사원이었다. 그러나 10년을 전후로 퇴직당할 것이 뻔해서 아예 한발 앞서 창업에 나섰다가 이른바 젠트리피케이션 현상에 휩쓸린 것이다. 우리 모두가 어느 순간 또 다른 서 씨가 될 수 있다는 불안감이 대중의 분노를 자극하는 것 같다.

둘째, '사다리 걷어차기'에 따른 상실감 때문이다. 이런 정서는 특히 젊은 층에게서 두드러지게 나타나고 있다. 미래가 불확실한 시대에 용기를 내어 장사에 도전했다. 가진 돈 모두 털고 빚까지 내서 시작한 장사다. 머리를 짜내 아이디어를 냈고 잠을 줄여 가며 열심히 일했다. 조금씩 성과를 내며 자신의 삶을 더 나은 방향으로 이끌어 갈 수 있다는 희망을 품게 되었다. 그렇게 한걸음 한걸음 올라가고 있는데 어느 날 갑자기 누군가 나타나 사다리를 걷어찬다. 불공정한 법과 제도 그리고 투기자본이다. '상가 사냥꾼'들이 조장한 젠트리피케이션 때문에 땀으로 일군 상권에서 보상 없이 내몰리고 심할 경우 큰 빚을 떠안게 된다. 하지만 금전적 손해보다 더 큰 것이 마음의 상처다. 더 나은 삶을 향한 희망이 사라져 버렸다는 상실감, 그것이 가장 큰 고통이다.

셋째, 서 씨와 같은 약자의 억울한 사연이 인터넷·SNS을 통해 빠르게 확산되기 때문이다. 해외 선진국과의 왕래와 정보 교류가 활발해지면서 도시 공간을 바라보는 사람들의 미적 안목이 세계화되었다. 예전 같으면 사람들은 문화·예술 젠트리피케이션의 발상지로 꼽히는 뉴욕 소호Soho 지구가 어떻게 생겼는지는커녕 어디 있는지조차 알지 못했을 것이다. 그러나 이제는 외국을 다녀온 사람들이 많고, 실제 가보지는 않았더라도 다양한 정보 매체를 통해 선진국의 주요 도시들이 구현하고 있는 공간적 맵시를 간접적으로 경험할 수 있다. 일례로 홍대 앞 놀이터의 예술 시장, 거리 공연이 빠르게 인기를 얻을 수 있었던 것은 파리의 몽마르트르를 서울에 재현했기 때문이다.

일군의 예술가들이 어떤 지역에 진입해 그곳의 공간을 매력적으로 바꾼다 치자. 과거 같으면 그 공간의 가치를 알아보는 사람도 적었을 것이고 사람들에게 알려진다고 해도 입소문을 통해 천천히 알려졌을 것이다. 그런데 이제는 어떤 지역이 맵시 있게 변모하면 인터넷·SNS를 통해 빠르게 알려지며 순식간에 사람들이 몰려온다. 이에 따라 공간이 기존 주민들과 상인들이 대처할 수 있는 여유를 주지 않고 급격하게 빠른 속도로 개편되면서 젠트리피케이션 현상이 일어나는 것이다. 그런데 바로 이런 정보 유통 메커니즘 때문에 지역을 바꾼 예술가들과 창의적 상인들이 '건물주의 갑질'로 쫓겨나는 것 또한 빠르게 알려진다. 젠트리피케이션의 속도만큼이나 그것의 폐해에 대한 공분이 확산되고 다시 모여 저항의 힘으로 발동되는 시간 역시 빨라진 것이다.

〈어벤져스 2〉와 서울

지금까지 젠트리피케이션을 화두로 서울의 역사를 살펴보았다. 경제개발이 본격적으로 시동을 건 1960년대 이후 서울은 건물 중심 패러다임으로 성장해 왔다. 경제개발이 정점에 오르면서 서울이 글로벌 도시의 외양을 갖추게 되는 1990년대 초반까지 이 패러다임은 당시 시대적 요구를 반영한 것이었다. 하지만 이런 패러다임은 이제 시효를 다했다. 글로벌 메트로폴리스로 발돋움한 21세기 서울은 패러다임의 전환을 요구받고 있다.

최근 일어나고 있는 한국의 젠트리피케이션 현상은 해외 선진국 주요 도시보다 훨씬 더 큰 해악을 가지고 있다. 뉴욕·런던·파리 등에서 일어나는 젠트리피케이션은 거주민을 저소득층에서 중·상류층으로 대체하는 주거 젠트리피케이션이다. 주거 젠트리피케이션은 주민 구성의 계층적 대체가 주거권을 침해하면서 진행되지만 그 영향력이 지역에 국한되어 나타난다. 그러나 서울을 비롯한 우리나라의 주요 도시에서 일어나는 젠트리피케이션은 주민들의 생존권과 주거권을 침해할 뿐만 아니라 도시의 미래 성장 동력과 지속 가능성을 파괴하고 있다.

한때 신촌과 이대 앞은 젊은이들의 이상과 열정, 패기로 충만한 도시 공간이었다. 신촌은 많은 음악인들과 연극인들, 문인들이 문화·예술 활동을 벌이던 공간이었고, 작은 옷 가게, 액세서리 숍들이 즐비했던 이대 앞은 젊은 패션 디자이너들의 요람으로 최첨단 패션 트렌드를 선도하던 공간이었다. 그런데 2000년대 들어 자영업자 수가 6백만 명에 이르고 상업용 부동산 시장이 뜨거워지면서 건물 매매가와 임대료가 천정부지로 치솟는다. 신촌과 이대 앞을 지켰던 음악인, 연극인, 패션 디자이너들이 하나둘 다른 지역으로 떠났다. 음악인들은 홍대 앞으로, 연극인들은 대학로, 패션 디자이너들은 서촌이나 가로수길로 옮겨 갔다. 그리고 이들을 대신해 대기업 프랜차이즈나 쇼핑몰이 들어왔다. 신촌과 이대 앞의 공간적 정체성과 매력을 구성했던 문화적 특색이 사라지자 유동 인구가 감소하기 시작하며, 상권이 쇠퇴했다.

이 지역을 관통하는 지하철 2호선이 폐쇄된 것도 아니고 시내·외 버스의 운행 빈도가 줄어든 것도 아니다. 연세대, 이대, 서강대가 다른 곳으로 옮겨 간 것도 아니다. 그럼에도 수십 년 세월을 버텨내던 상권이 허망하게 무너졌다. 그제야 사람들은 이곳 상권을 번영하게 했던 원동력이 교통편이나 상업용 빌딩, 교육기관이 아니라 사람과 문화였음을 깨닫게 되었다. 이와 유사한 징후가 최근 홍대·합정, 서촌, 경리단길, 가로수길에서 포착되고 있다. 이처럼 투기적 수요가 개입되어 빠른 속도로 진행되고 있는 최근 한국의 젠트리피케이션 현상은 도시의 정체성과 매력을 구성하는 사람과 문화를 축출함으로써 도시 전체를 망가뜨리고 있다.

2014년 3~4월 미국 영화 〈어벤져스 2〉의 촬영 팀이 한국에 왔다. 영화의 몇 장면을 서울에서 찍기 위해서였다. 이 영화의 감독은 서울을 촬영지로 선택한 이유가 IT 산업이 발전한 최첨단 도시이기 때문이라고 했다. 한국관광공사는 〈어벤져스〉의 한국 촬영이 4천억 원의 직접 홍보 효과, 22조 원의 국가 브랜드 가치 상승효과가 있을 거라고 홍보했다. 2015년 4월 마침내 영화가 개봉됐다. 사람들은 영화 속에서 서울이 어떻게 표현됐나 궁금해 하며 극장으로 달려갔다. 하지만 사람들은 크게 실망한다. 서울이 지나치게 삭막한 회색 도시로 그려져 있었기 때문이다.[126] 어떤 이는 베이징이나 상하이, 도쿄를 그린 다른 미국 영화들과 달리, 〈어벤져스 2〉가 그린 서울은 서울만의 문화적 특색이 전혀 드러나 있지 않다는 불만을 토로하기도 했다.

그런데 바로 그 이유 때문에 서울이 촬영지로 선택되었던 것은 아닐까? 〈어벤져스〉 시리즈는 SF적 요소가 가미된 판타지 히어로물이다. 사람과 문화를 내몰고 도시 공간을 네모반듯한 고층 빌딩으로 빼곡히 채우며 성장해 온 서울의 모습이야말로 지구를 파괴하는 악당들에 맞서 전쟁을 벌이는 영화적 스토리에 완벽히 부합하는 공간이라는 것이 영화감독과 촬영 팀의 판단은 아니었을까? 문화적 특색이 거세된 서울의 공간 구조, 무매력의 공간이라는 바로 그 특징이 역설적으로 〈어벤져스 2〉 촬영 팀에게는 매력적으로 다가왔던 게 아닐까?

이제 사람과 문화를 배제하고 건물 중심 패러다임으로 성장해 온 서울의 과거사와 아직도 그 관성에서 벗어나지 못한 서울의 현재를 성찰하고, 서울의 성장과 발전의 방향성을 사람 중심의 패러다임으로 전환할 시점이 된 것은 아닐까? 이를 위해서 첫 번째 고민할 것이 젠트리피케이션을 막는 것, 그것이 힘들다면 최소한 제어할 수 있는 방법을 찾는 것이다. 젠트리피케이션 현상은 서울의 미래를 파괴하고 있다. 이대로 내버려 둔다면 서울은 사람이 떠나고, 텅 빈 건물만 가득한 삭막한 회색 도시로 남게 될 것이다.

04

성동구와
성수동 이야기,
서울의 달은 어디로

〈꼬방동네 사람들〉과 〈서울의 달〉

왕십리. 성동구 하면 제일 먼저 떠오르는 지명이다. 왕십리라는
지명의 유래로 가장 유명한 것이 무학 대사 설화다. 무학 대사가 왕십
리 일대를 조선의 수도로 정하려 하자, 소를 몰던 노인이 십리만 더 가
보라고 한다. 그 말을 따라 십리를 더 가서 경복궁 터를 발견했다는 것
이다. 그리고 무학 대사가 본래 수도로 삼으려 했던 땅은 '갈 왕往자에
십리十里를 붙여 왕십리'라는 이름으로 불리게 된다.

왕십리 지명의 유래는 성저십리城底十里에서도 찾을 수 있다. 성저
십리는 서울 성곽을 기점으로 십리 이내 지역을 가리키는 명칭이다.
여기까지가 한성부의 경계였다. 조선 시대 성동구의 공식 지명은 한성

부 두모방이었다. 성의 동쪽에 있다는 의미에서 성동구라는 이름을 얻은 것은 1943년 조선 총독부가 경성부에 구제區制를 실시하면서부터였다. 하지만 조선 시대에도 동교東郊란 이름으로 불리고 있었다. 두 이름 다 서울의 동쪽 변경, 끝동네란 뜻을 내포하고 있다.[127]

성동구와 같은 도시의 끝동네들은 도심에 집을 살 형편이 안 되는 저소득층의 영세 주거지면서 도심의 중·상류층에 물자를 공급하는 생산 기지로 활용되기 마련이다. 왕십리 일대에 사람이 많아진 것은 조선 후기 때로 추정된다. 빈번한 가뭄·흉년, 탐관오리의 학정 때문에 고향을 등진 유랑민들이 한양으로 올라와 동쪽 끝동네에 자리를 잡는다. 이곳에는 조선 전기부터 말을 사육하던 양마장養馬場이 있었고 도심에 공급하는 무·배추·미나리를 재배하던 채소밭이 있었다. 그리고 나중에는 우시장이 들어서 도심 지역에 쇠고기를 공급하기도 했다.[128]

서울이 현대 도시로 거듭나는 과정에서도 성동구는 도심에서 필요로 하는 소비재·부자재를 공급하는 임무를 수행했다. 일제 강점기에 이르러 전차와 기동차 노선이 개통되고 기와 공장, 석탄 공장, 방직 공장, 금형 공장이 들어선다. 종래의 원예 농업지, 축산물 가공지에서 주거와 상업, 경공업이 동반된 준공업지대로 탈바꿈했다. 광복을 맞고 대한민국 정부가 수립된 이후에도 준공업지대로서 성동구의 지역적 기능은 더욱 강화된다. 특히 1950년대 들어 성수동 일대에 봉제 공장, 섬유 공장, 가발 공장, 금속·기계공장이 들어서며 자연스럽게 공장 지대가 형성됐다. 구로공단이 1967년부터 가동되었다는 점을 생각하면, 비록 규모에서 큰 차이가 있지만, 성수동 공장 지대야말로 서울 최초의 산업 단지였다고 해도 과언이 아니다.[129]

경제개발이 본격화된 이후에도 한동안 성동구는 서울의 끝동네로 남아 있었다. 도심 개발의 연결 축은 처음에는 철도 노선을 따라 서울 도심에서 여의도, 영등포로 이어졌고, 경부고속도로가 뚫리고 나서는 성동구를 비켜서 한강 건너 강남으로 연결됐다. 남북 분단이라는 변수도 성동구를 상대적인 개발 소외 지역으로 남겨 놓는 데 일조를 했다. 의정부-동대문 축이 남북 분단으로 군사 지대화되어 개발이 억제되면서 교통 요지로서 성동구의 장점이 반감되었다.

이로 인해 성동구는 가난한 사람들이 모여 사는 동네로 남아 있게 된다. 땅값·집값이 싸면서도 일자리가 풍부한 곳이었기 때문이다. '왕십리'라는 말 그대로 걸어서도 한 시간 안에 서울 도심으로 출퇴근이 가능했고, 성동구 안에도 많은 공장이 모여 있었다. 그래서 한국전쟁이 끝나고 농촌의 유휴 인력이 서울로 올라왔을 때, 많은 사람들이 성동구에 자리를 잡았다. 복개되지 않았던 마장동 청계천변에 뚝방 동네가 형성되었고, 금호산과 대현산 일대는 산꼭대기까지 슬레이트 지붕이 첩첩이 늘어선 달동네가 되었다.

이철용의 동명 소설을 원작으로 한 배창호 감독의 1982년작 〈꼬방동네 사람들〉. 영화는 파란색 국철이 달리는 철도변을 걷고 있는 가난한 사람들의 모습으로 시작한다. 그들은 뚝방을 가로지르는 작은 터널을 지나 다리를 건너 집으로 간다. 이 소설과 영화의 배경인 마장동 청계천변 뚝방 동네.

1994년 인기리에 방영된 〈서울의 달〉. 달동네 사람들의 애환을 진솔하게 다뤘던 이 드라마의 배경은 지금은 재개발되어 아파트촌으로 변모한 옥수동 달동네였다. 성동구는 1980~90년대 서민들의 이야기를 다룬 소설, 영화, 드라마의 단골 무대가 될 만큼, 화려한 도시 한켠에 가난한 사람들의 집과 일터가 모여 있던 동네였다.

본래 강남·서초·송파·강동구·광진구 일대는 성동구에 속해 있었다. 1963년 경기도였던 영동 지구가 서울로 편입되면서 성동구에 포함된 것이다. 이 지역들은 영동 지구 개발 사업이 진척되면서 하나씩 독립해 갔다. 1975년 강남구, 1979년에는 강동구가 분리된다. 이후 1988년 강남구와 강동구에서 각각 서초구와 송파구가 분리·신설된다. 그리고 1995년 마지막으로 광진구가 성동구에서 분리된다.

이제 더 이상 성동구는 서울의 끝동네, 가난한 사람들의 동네라고 할 수 없다. 그 옛날 뚝방 동네와 달동네의 허름한 판잣집은 찾아보기 힘들어졌고 1년 365일 힘차게 돌아가던 성수동 공장들의 기계 소리는 점점 잦아들고 있다. 그동안 성동구에는 대체 무슨 일이 있었던 것일까?

무한한 가능성의 젊은 도시, 성수동

〈상계동 올림픽〉을 만든 김동원 감독의 1994년작 〈행당동 사람들〉은 도시 철거민들의 이야기를 다룬 독립 영화다. 오늘날의 행당동은 성동구에서 가장 번화한 곳이며 살기 좋은 주거지다. 성동구 내 다른 동네에 비해 비교적 이른 시점에 아파트가 들어섰고 재개발도 제일 먼저 진행된 곳이다.

이 영화가 만들어진 1994년은 서울 변두리의 재개발 사업이 거의 마무리되어 가던 시점이었다. 목동과 상계동은 이미 옛 흔적을 찾을 수 없을 만큼 변해 있었고 논과 밭, 과수원으로 가득 차 있던 분당에도 아파트 단지가 빼곡히 들어서고 있었다. 그런데 바로 이 시점에 이르러 성동구에 재개발 바람이 분다. 주거 젠트리피케이션이 시작된 것이다.

성동구가 서울의 끝동네면서 도심에 물자를 대는 공급지로서 기능할 수 있었던 것은 이 땅이 그만큼 좋은 입지 조건을 갖췄기 때문이다. 서울 도심에 가까우면서도 하천을 끼고 있는 사통팔달의 교통 요지였던 성동구는 연안 해운이 활발했던 시절에 한강 물길을 통해 들어오던 전국의 물자들이 일차적으로 기착했던 곳이다.[130]

20세기 들어 물길을 대신해 철길이 들어섰다. 왕십리와 옥수동을 관통하는 중앙선은 분단 이전에는 서울의 동북권 외곽 도시를 거쳐 원산까지 뻗어 나갔던 경원선 철길이었다. 이런 땅이 그동안 방치되어 있었던 것은 남북 분단으로 수도권 동북 지역의 물류 흐름이 침체한데다가 정부와 서울시가 강북 개발을 억제하고 강남 개발에 주력했기 때문이다.

역설적이지만 강남 개발은 성동구의 입지적 매력을 훨씬 더 강화한 측면이 있다. 성동구가 강북 도심과 강남을 잇는 교두보가 된 것이다. 특히 지하철 2호선이 뚝섬역과 성수역, 왕십리역을 관통하면서 성동구 일대는 강남과 강북의 중심가에서 모두 30~40분이면 접근할 수 있는 교통 입지를 갖게 되었다. 게다가 오랫동안 영세하고 노후화된 주거지로 방치되어 있었기 때문에 서울의 다른 지역보다 땅값이 저렴하고 집값도 쌌다.

도심과 강남에 있는 주요 기업에서 일하는 젊은 중산층에게 성동구는 매력적인 주거지였다. 대기업 건설 자본은 이런 수요에 부응해 왕십리 역세권과 금호-옥수동에서 재개발 사업을 추진한다. 〈행당동 사람들〉이 제작된 1990년대 초반부터 시작된 흐름이다. 2000년대로 접어들면서 행당동, 금호-옥수동 일대를 뒤덮었던 달동네 영세 주택이 고층 아파트촌으로 바뀐다. 성동구 주거지 재개발의 정점은 왕십리 뉴타운이었다. 2002년 이명박 서울 시정이 출범하면서 왕십리 일대가 시범 뉴타운으로 지정됐다.

청계천을 기준으로 서남쪽이 왕십리, 행당동, 금호-옥수동, 마장동이고 동남쪽이 용답동, 송정동, 성수동이다. 2000년대까지 진행된 주거지 재개발사업은 주로 서쪽 지역에서 추진되었다. 반면, 동쪽 지역은 상대적으로 조용한 편이었다. 그런데 단 한 지역은 예외였다. 눈에 띄는 변화는 없었지만, 항상 재개발 소문이 끊이지 않았고 그때마다 어김없이 땅값이 요동치던 곳, 다름 아닌 성수동이다.

성수동은 성동구 안에서도 가장 매력적인 땅이다. 성덕정聖德亭이라는 큰 정자의 성聖자와 한양 인근 지역 주민들의 식수원이던 뚝도 수원지의 수水자를 합쳐 동네 지명으로 삼았다고 할 정도로 물과 인연이 깊은 곳이다. 청계천과 중랑천이 만나서 흐르는 하천과 한강으로 둘러싸인 땅, 그래서 성동구 사람들은 성수동을 물의 도시, 서울의 베네치아라 부른다.

그런데 고즈넉이 떠가는 곤돌라를 떠올리게 하는 베네치아의 물과 달리, 얼마 전까지도 성수동의 물은 그다지 낭만적이지 않았다. 준공업지대였던 지역 특성상 주변 하천의 물은 성수동 공장 지대의 공업용수로 활용되고 있었고, 이에 더해 도심의 생활하수가 청계천을 통해 성수동으로 흘러들어 오면서 고약한 악취를 풍기고 있었다. 주거와 공업이 혼재된 준공업지대라고 하지만, 경제개발 시대에 성수동의 도시 기능은 공업 쪽으로 특화될 수밖에 없었고 주거 기능은 우선순위에서 밀려 사람이 살기 좋은 땅은 아니었다.

1990년대 후반부터 성수동 준공업지대는 침체 일로를 걷게 된다. 교통망이 편리해지자 서울 안에 공장을 유지할 필요가 없어졌기 때문이다. 성수동에 입주해 있던 제조업체 상당수가 서울 밖으로 공장을 이전해 간다. 이에 더해 중국, 베트남 등 개발도상국의 저가 제품이 국내 시장을 잠식하면서 성수동 공장들은 경쟁력을 상실한다. 그리고 청계천 서북쪽 지역이 젊은 중산층의 주거지로 변모하면서 성수동 공장들은 혐오 시설로 간주되었고 거센 이전 압력을 받게 된다.

2005년 한 해, 성수동의 운명을 바꾸는 두 가지 큰 사건이 동시에 일어난다. 6월에 기존의 뚝섬 체육공원을 생태숲으로 바꾼 서울숲이 개장했고, 9월에 청계천이 복원된다. 서울의 센트럴파크로 불리는 서울숲의 연평균 방문객 수는 약 750만 명이다. 이는 약 665만 명이 방문하는 서울대공원보다 약 1백만 명 많은 숫자다. 청계천 복원으로 성수동을 싸고도는 물길은 악취를 풍기는 오염 지역에서 쾌적한 생태 문화 지대로 변화한다. 비슷한 시기에 중랑천도 복원되는데, 이런 일들은 무엇보다도 낙후되고 열악한 성수동의 부정적 이미지를 개선하는 데 크게 기여했다.

마지막으로 성수동의 운명을 바꾼 또 다른 중대 사건은 분당선 개통이다. 본래는 2002년 개통될 예정이었지만 예산 문제 등으로 10년 늦은 2012년 10월에야 개통됐다. 성수동에는 이미 지하철 2호선 성수역과 뚝섬역이 있었다. 그런데 분당선 개통으로 성수동은 압구정동, 테헤란로 등 강남권과의 이동 시간이 10~20분으로 단축됐다. 비록 개통이 10여 년 늦어졌지만 계획만으로도 성수동 땅값을 들썩이도록 하기에 충분한 사안이었다.

그런데 성수동의 이 모든 입지 조건은 성수동이 낡고 쇠락한 공장 지대란 사실과 함께 고려될 때, 비로소 그 진정한 의미가 드러난다. 지금까지 젠트리피케이션이 일어난 서울의 다른 지역들은 대부분 주택가였다. 이런 곳이 재개발되거나 용도 변경 등을 통해 상업 지대로 변모해 갈 때 가장 큰 문제는 철거에 따른 경제적·사회적 거래 비용Transaction Cost이다. 주택가에 대형 상가 건물을 지으려면 주택 하나만 철거해서는 안 되는 경우가 많다. 그래서 사업자는 두세 명의 집주인과 협상한다. 최근에 단독 주택 대부분이 다가구 주택임을 고려하면 세입자들과도 협상해야 하며, 아무리 적게 지출해도 최소한 이사 비용은 지급해 줘야 한다.

그런데 공장 지대인 성수동은 이런 비용이 상대적으로 적게 드는 편이다. 애초에 공장 부지는 주택 부지에 비해 넓은 편이다. 세입자도 없다. 협상 대상은 오로지 공장주뿐이다. 상업용 건물을 매입해서 리모델링한다고 해도 애초에 부동산 가격이 낮은 지역이고 어떤 점포들의 경우에는 권리금조차 없다. 이런 특성들이 성수동의 입지적 장점과 연동될 경우 높은 수익이 기대되는 부동산 투자처로 보이기 충분하다.

이런 가능성을 제일 먼저 알아본 곳은 기업이었던 것 같다. 2006년 현대자동차그룹이 성수동 뚝섬의 삼표레미콘 부지를 매입해 글로벌 비즈니스 센터를 건립하겠다는 계획을 발표한다. 지상 110층, 540m 높이의 고층 빌딩을 2011년에 착공해 2016년에 준공하겠다는 계획이었다. 계획이 발표되자 성수동뿐만 아니라 성동구 전체가 술렁였다. 부동산 불패 신화가 마지막 기염을 토하던 2000년대 중반이었다. 많은 사람들이 자신들도 부동산 대박의 주인공이 될지도 모른다는 기대감에 한껏 부풀었다.

그러나 계획은 실현되지 못했다. 110층 마천루의 건설이 초래할 서울숲, 한강, 청계천의 환경 파괴 가능성에 대한 문제 제기가 있었고, 상습 정체 구간인 성수대교 일대의 교통 체증을 심화시킬 것이라는 비판도 있었다. 결국 논란 끝에 2012년 서울시가 최종적으로 불허 방침을 확정하면서 이는 백지화됐다. 많은 사람이 아쉬워했다.

그러나 돌이켜 보면 글로벌 비즈니스 센터 건설 계획의 무산이 성동구의 새로운 발전 모델을 고민하게 할 계기를 마련해 주었다. 글로벌 비즈니스 센터 건설 계획이 원안 그대로 추진되었다면 지금처럼 사회적 기업, 예술가들이 들어올 엄두조차 못 냈을 정도로 성수동의 부동산 가격이 빠른 속도로 상승하고, 행정기관이 어떤 노력을 해도 그로 인한 젠트리피케이션을 막기 어려웠을 것이다.

성동구가 빅데이터 분석 기관인 ㈜GIS United에 의뢰해 조사한 바에 따르면 2005~10년 사이에 성수동의 표준지 공시지가는 74.3%가 상승했다. 같은 시기 젠트리피케이션 현상이 한참 진행되고 있던 홍대 앞, 경리단길, 가로수길은 각각 57.4%, 53.9%, 47.1% 상승하고 있었다. 이 당시 분당선은 아직 공사 중이었고, 글로벌 비즈니스 센터 건설 계획도 논란에 휩싸여 지지부진하던 때였다. 그럼에도 이처럼 높은 상승률을 기록한 것이다. 그만큼 성수동의 부동산 시장은 엄청난 잠재력과 높은 휘발성을 갖춘 곳이다.

서울이 현대 도시로 성장해 온 지는 50년 정도 되었다. 이제 서울은 청년을 지나 장년을 넘어 중년의 나이에 접어들고 있다. 하지만 서울 속의 성수동은 이제 막 성장기에 접어든 청소년에 비유할 수 있다. 오랫동안 방치되어 있다가 2000년대 들어서야 본격적으로 정비된 도시이기 때문이다.

서울 도심과 강남권에 인접해 있는 젊은 중산층들의 도시 성동구.

물의 도시, 숲이 있는 도시, 쇠락한 공업지대지만 바로 그 때문에 앞으로 다양한 모습으로 성장해나갈 수 있는 성수동. 젊다는 것은 무한한 가능성이다.

글로벌 비즈니스 센터를 둘러싼 논란은 성장하고 있는 도시 성동구와 성수동이 가진 그 무한한 가능성 중 하나가 잠시 모습을 드러냈다가 사라진 에피소드에 불과하다. 그리고 현시점에서 우리는 다시 생각해야 한다. 앞으로 성수동을 어떻게 성장시켜야 할 것인가? 어떤 도시로 만들 것인가?

지속 가능한 상생 도시를 향하여

분단과 전쟁이 몰고 온 격변, 그것이 불러온 파장이 잦아들던 1960년대부터 서울은 마치 브레이크가 파열된 폭주 기관차처럼 쉼 없이 달려오기만 했다. 서울은 배고픈 도시였다. 그리고 꿈꾸는 도시였다. 오늘의 절망을 딛고 일어서 더 나은 내일을 자신의 손으로 만들어 낼 수 있다는 불확실한 소망을 열망으로 실현해 갔던 시간들이었다.

또한 이때의 서울은 경쟁하는 도시였다. 더불어 살아가고자 하는 마음이 없었던 것은 아니다. 하지만 분단과 전쟁의 상처, 그것이 남긴 가난은 한국인들에게 그런 생각을 실천할 여유를 허용하지 않았다. 그리고 마침내 4천만의 폭주 기관차가 기적을 일궈 냈다. 빠른 속도로 글로벌 현대 도시로 성장한 21세기의 서울은 그 자체가 기적의 소산물이다.

그러나 기적을 일구는 과정에서 우리는 스스로 묻고 답했어야 할 질문들을 회피해 왔다. 그리고 지금 그 대가를 치르고 있는지도 모른다. 우리의 도시는 지속 가능한가? 그리고 언제까지 이토록 이전투구하며 살아야 하는가? 서울은 분명 풍요로운 도시다. 그러나 과연 살기 좋은 도시, 사람이 사람답게 살 수 있는 도시라고 누가 자신 있게 말할 수 있을까? 이 도시를 자녀들에게 있는 그대로 물려줄 수 있겠는가? 우리의 아이들이 행복할 수 있을까? 혹시 자신만은, 그리고 자신의 아이들만은 예외이기를 바라며 미래가 불확실한 상태에서 의미 없는 노력을 기울이고 있는 것은 아닐까?

이 도시는 우리만 살아갈 땅이 아니다. 우리 아이들이, 그리고 그 아이의 아이들이 살아갈 땅이다. 또한 경쟁은 상생을 위한 수단이지 그 자체가 목표일 수는 없다. 경쟁만이 으뜸의 가치로 군림하는 사회에서는 구성원 간의 협업을 기대할 수 없다. 이런 사회는 결국 제 살 깎아 먹기 경쟁으로 치달아 파멸에 이른다.

20세기 굴뚝 산업 시대에는 한 사람의 천재가 수십만 명을 먹여 살릴 수 있었다. 그러나 21세기 창조 경제 시대에는 한 사람의 천재에만 기대서는 살아가기 힘들다. 과학기술이 첨단화되고 있는 현시점에서 천재가 수행했던 역할, 빠른 계산력과 시대의 흐름을 직관적으로 파악하는 능력은 얼마든지 기계로 대체될 수 있다. 이 시대에 필요한 것은 그런 기계를 제대로 활용할 수 있는 능력, 수많은 데이터를 수집하고 그것을 해석해 낼 수 있는 집단 지성의 힘이다. 나라와 기업이 번성하려면 한두 명의 천재를 키워 내는 것이 아니라 수천수만 명의 준수한 인재를 키워 내고 이들 사이의 협업이 가능한 사회구조를 만들어가야 한다.

그런 점에서 지속 가능성, 상생, 협업은 21세기의 시대정신이다. 그런데 우리 사회, 우리의 도시는 어떠한가? 20세기 굴뚝 산업 시대의 패러다임에 머물러 있다. 도시 구조에서 외양만을 중시하는 건물 중심의 패러다임에 머물러 있다. 마치 한 사람의 국왕, 몇몇 귀족을 위해 수많은 피지배층의 노동력으로 거대 궁전을 세웠던 고대 국가인 양 경쟁에서 이긴 몇몇 사람의 기념물로서의 건물들이 도시 공간을 빽빽하게 채우고, 그 건물에 들어올 수 있는 자들을 제외한 나머지 사람을 밖으로 내모는 것, 이것이 오늘날 서울의 슬픈 자화상이 아닐까?

이런 문제의식에서 성동구는 20세기 굴뚝 산업 시대의 낡은 건물 중심 도시 패러다임에서 벗어나 21세기 창조 경제 시대에 걸맞은 사람 중심 패러다임으로 발전하기 위해 노력하고 있다. 사람이 살고, 사람을 키워 내는 도시, 더불어 살고 더불어 크는 지속 가능한 상생 도시, 이것이 성동구의 미래 비전이다. 그리고 이런 꿈을 무한한 가능성의 도시 성수동에서부터 일궈 가겠다는 생각에서 성수동 도시 재생 사업을 추진했다.

때마침 2010년대에 들어와 성수동에 많은 사회 혁신가, 예술가들이 들어와 둥지를 틀기 시작했다. 이들과 협업해 성수동을 지속 가능한 상생 도시로 만들어 가려던 찰나에 젠트리피케이션이라는 문제와 맞닥뜨렸다. 사회 혁신가, 예술가들에 의해 성수동 거리 분위기가 산뜻하고 맵시 있게 변해 가자 부동산 가격이 이상 조짐을 보이기 시작한 것이다. 더욱이 그 속도가 빨랐다. 홍대 앞, 경리단길, 서촌 등에서 5년 정도 걸리던 일이 이곳에서는 2~3년 만에 일어나고 있었다.

성수동의 부동산 시장이 높은 휘발성을 가졌다는 것은 2000년대 중·후반에 이미 확인된 사실이다. 게다가 한국 경제는 저성장 시대에 진입했고, 부동산 시장도 활기를 잃어가고 있다. 자칫 부동산 투기 자본이 부추긴 투기 열풍에 휩싸일 경우, 성수동에는 공실률만 높은 특색 없는 빌딩들이 들어서고, 그나마도 착공에 들어갔다가 자금 문제로 준공하지 못한 빌딩들이 흉측한 몰골로 방치된, 그야말로 텅 빈 건물들의 유령도시로 전락할 수도 있겠다는 위기감이 들었다. 과장된 상상이겠으나 최근 불안정해지고 있는 한국 경제의 현실을 보고 있노라면 항상 최악의 경우를 염두에 두고 그에 대비해야 하는 도시 행정가로서는 반드시 고려할 수밖에 없는 시나리오였다. 그래서 고민 끝에 성수동 도시 재생과 더불어 젠트리피케이션 방지 정책을 병행해서 추진해야겠다는 결단을 내리게 되었다.

성수동에서 어떤 일이 벌어졌기에 이런 결단을 내리게 되었는지, 그 결과 젠트리피케이션을 막기 위해 성동구가 어떤 일을 해왔는지에 대해서는 제3부에서 자세히 논할 것이다. 그전에 젠트리피케이션이 왜 문제인지, 왜 막아야 하는지를 오늘날 한국 도시의 현실에 비춰, 그리고 올바른 시장질서와 보편적 정의의 측면에서 살펴볼 필요가 있다.

도시와 국가 경쟁력, 진정한 시장질서, 그리고 정의

젠트리피케이션 방지 정책은
지역사회 차원에서 자유롭고 공정한 시장을 유지하고
그 기능을 온전히 발휘할 수 있게 하는 정책이다.
비정상적이고 반시장적인 가격 메커니즘을 보정하고,
창의와 혁신의 기업가 정신으로 도전하고 서로 공정하게
경쟁해, 그 결과로 사회 전체의 부와 복지가
증대하는 방향으로 발전시키려는 정책이다.
젠트리피케이션 방지야말로 친시장적 정책이다.

도시,
국가의 경쟁력

사람과 문화, 도시 경쟁력

젠트리피케이션 문제에 대해 많은 사람과 의견을 나눌 때마다 받게 되는 몇 가지 문제 제기가 있다. 도시 행정을 너무 감성적이고 당위적으로 접근한다는 비판이 있는가 하면, 도시의 성장과 발전의 중요성을 간과한다는 사람도 있고, 시장 질서에 대한 무리한 국가 개입이라는 주장도 있다. 이에 대한 반론의 요지는 젠트리피케이션이 도시의 성장 잠재력을 파괴하고 있으며, 시장 질서를 훼손하는 사회적 병리 현상이기 때문에 정책적 치유가 필요한 사안이라는 것이다. 먼저 젠트리피케이션이 왜 도시의 성장 잠재력을 갉아먹는 현상인지 살펴보자.

'도시의 경쟁력이 곧 국가의 경쟁력'이라는 말이 있다. 인류 역사상 한 국가의 역량은 수도를 비롯한 주요 도시에 집중되어 왔다. 국력이 강한 나라일수록 도시는 번성했다. 17세기 네덜란드가 패권 국가였을 때는 암스테르담, 18~19세기 팍스 브리타니카 시대에는 런던, 20세기 팍스 아메리카나 시대에는 뉴욕이 세계의 인재와 부가 모여드는 도시였다. 그런데 지금 와서 새삼스레 '도시의 경쟁력이 곧 국가의 경쟁력'이라는 말이 부각되는 이유는 무엇일까? 아마도 선후 관계가 바뀌었기 때문일 것이다. 20세기에는 국가가 발전해야 도시가 번영했다면 21세기에는 도시가 발전해야 국가가 번영할 수 있게 됐다.

세계경제는 하나로 통합되고 있다. 정보화 혁명으로 인한 금융 시스템의 혁신적 변화, 과학기술의 발전으로 인한 생산 설비의 경량화·자동화 등은 기업의 생산·투자 활동을 세계화하고 있다. 국적을 초월한 글로벌 기업이 출현해 세계를 활동 무대로 삼고 있으며, 세계 각국의 정부도 자본과 노동, 재화와 서비스의 이동을 일국적 단위에서 통제하던 제도적 장벽을 허물고 있다.

세계화 이전, 국가는 입지 조건이 좋은 주요 도시에 자국의 역량을 집중시켜 발전했다. 이에 반해 세계화 이후의 국가는 자유롭게 이동하고 있는 자본과 노동, 재화와 서비스를 자국의 주요 도시에 성공적으로 유치하는 것을 통해 발전하고 있다. 그리고 이런 주요 도시들이 점과 선으로 연결되어 하나의 네트워크를 구성하고 있다. 도시 연구자들은 이를 가리켜 '글로벌 도시 네트워크'라 부른다.

'글로벌 도시 네트워크'의 주역은 자본과 노동, 재화와 서비스의 이동을 매개하고 있는 글로벌 기업이다. 이들은 세계 각국의 주요 도시에 해외 지사나 자회사를 개설하고 해당 국가의 토착 기업을 인수합병하거나 직접적인 자본 투자를 단행해 경제활동을 전개한다. 이는 일자리 수를 늘리는 등 해당 도시의 경제성장을 견인하며 더 나아가 국가를 발전시키는 요인으로 작용한다.

그래서 세계 각국의 중앙정부 또는 지방정부는 자국에 글로벌 기업의 본사 또는 지역 본부를 끌어들이기 위해 애쓰며 이를 둘러싸고 타국의 주요 도시와 경쟁한다. 예를 들어, 구글이나 애플이 동아시아 지역 본부를 개설한다고 하면 서울과 베이징, 도쿄 사이에 경합이 붙게 된다. 유치에 성공하기 위해 3국의 수도는 도시의 편의 시설과 문화 유적을 재정비하고 자연환경과 교통 시스템을 개선하며 법과 제도적 편의를 제공하기도 한다. 2000년대 서울시의 대중교통 체계 개편과 고궁 재정비, 청계천 복원과 뉴타운 사업 등이 바로 이와 같은 맥락에서 추진된 사업이다.

그런데 미국의 지리학자 리처드 플로리다Richard Florida는 그의 대표 이론인 '창조 도시론'에서 위와 같은 움직임에 대해 독특한 견해를 제시하고 있다. 플로리다는 경제적 측면에서 현대를 '창조 경제 시대'로 보고 있다. 20세기 산업화 시대에 도시와 기업, 국가 경쟁력은 누가 더 큰 공장을 짓고 더 많은 노동자를 끌어들여 규격화된 상품을 더 많이 찍어내 저렴한 가격에 파느냐로 결정됐다. 이른바 규모의 경제다.

그러나 21세기 창조 경제 시대에는 더 이상 이런 방식으로 도시와 국가의 지속 가능한 발전을 기약할 수 없게 됐다. 생산 측면에서 첨단 기술의 발전은 대형 공장이 주도하는 대량생산 체제를 사실상 해체시켰다. 수요 측면에서 소비자들의 요구는 더욱 다양해졌다. 이에 따라 기술혁신을 선도하면서 다양화된 소비 패턴에 빠르게 적응할 수 있는 유연한 사고의 소유자들, 이른바 '창조 인력'이 도시와 기업, 국가의 경쟁력에서 절대적 비중을 차지하게 되었다. 플로리다는 이들을 '창조 계층'이라 부른다.

직업군으로 따지면, '창조 계층'은 IT 전문가, 엔지니어, 과학자, 예술가들 사이에서 주로 분포하고 있다. 이들은 기술적 선진성과 문화적 다양성, 관용적 사회 분위기가 깃든 장소를 선호하며 그런 곳에 모여드는 특성을 가지고 있다. 가령, 어떤 지역이 예술가나 창의적 상인들에 의해 문화적으로 재생될 때, 창조적 인재들은 이곳에 모여들어 상권의 고객이 되며 거주자가 된다. 이처럼 창조적 인재들이 특정 장소에 운집할 때, 기업은 이들을 따라 해당 지역에 입주한다는 것이 플로리다의 견해다. "기업이 있는 곳으로 사람이 이동"People-to-Job하던 전통적 산업 시대와 달리, 창조 경제 시대에는 "사람(창조 인력)이 풍부한 곳으로 기업이 이동"Job-to-People 한다.[131] 플로리다는 『도시와 창조 계급』, 『신창조 계급』을 통해 자신의 주장을 통계적으로 입증하고 있다.

지금껏 중앙정부와 지방정부의 정책 당국자들은 도시의 경제적 성장과 발전을 위해 글로벌 기업의 유치에 힘을 기울였다. 이를 위해 도시의 편의 시설이나 화려한 경관 등 하드웨어를 개선하는 데 주안점을 두었다.

그런데 정작 글로벌 기업의 입지에서 가장 중요하게 고려되는 것은 시설이나 경관이 아니라 창조적 인재들의 장소적 선호였다. 창조적 인재들은 자신들이 거닐고 살아갈 장소를 선택함에 있어 눈에 보이는 요소보다는 보이지 않는 요소를 더 중시한다. 과학기술을 탐구하고 이에 관한 정보를 자유롭게 유통할 수 있는 제도적 인프라(Technology, Talent)와 독창적이면서도 매력적인 문화, 다양한 취향을 존중하는 개방적인 사회 분위기(Tolerance)와 같은 소프트웨어적 측면이 창조적 인재들을 유인하는 요소가 된다.[132]

창조 경제 시대 도시의 경쟁력은 사람과 문화에 달려 있다. 플로리다의 관점에서 글로벌 기업의 유치에만 주목하고 시설이나 경관 같은 물적 인프라의 확충에만 골몰했던 세계 각국의 도시 행정은 20세기 굴뚝 산업 시대의 마인드로 21세기 창조 경제 시대에 대처하려 했다는 점에서 시대착오적이라는 비판을 면하기 힘들다.

도시를 대하는 입장의 차이는 있지만 플로리다의 이런 통찰은 미국의 시민운동가이자 도시계획 이론가였던 제인 제이콥스와 일맥상통한다. 그녀는 화려한 외양만을 추구하는 기존의 획일적이고 규격화된 도시계획을 비판한다. 도시 재개발은 중요한 장소를 파괴하는 것이며 물리적 규정으로만 지역을 판단해선 안 된다. 도시는 사람들의 것이며 도시계획은 그곳에서 살아가는 사람들이 실제 어떻게 살고 있는지를 고려하며 설계해야 한다. 특히 그녀는 도시의 지속 가능성을 위한 처방으로 '다양성'을 제시하며 도시가 소규모 블록으로 구성되어야 하며, 그 블록 내부에 오래된 건물을 비롯해 각기 다른 기능을 가진 여러 건물이 촘촘하게 뒤섞여 있어야 한다고 주장했다. 그녀에 따르면 "새로운 아이디어"는 오래된 도심에서 나온다.[133]

함부르크 골목 구역 철거 문제를 예로 들어 보자. 플로리다와 제이콥스의 관점에서 보면 골목 구역이야말로 함부르크 도시 경쟁력의 원천이다. 그리고 이를 철거하고 고급 사무실과 아파트, 화려한 콘서트홀로 대체하겠다던 함부르크 시정부의 계획이야말로 도시 성장의 원동력인 창조적 인재들을 유인할 수 있는 고유의 문화적 정체성을 파괴해 도시 경쟁력을 떨어뜨리는 어리석은 정책이다. 그렇다면 서울은

어떠한가? 플로리다와 제이콥스의 시각에서 볼 때, 서울의 경쟁력은
어떻게 평가받을 수 있을까?

창조 도시와 서울

과연 서울은 창조적 인재들을 끌어들일 수 있는 창조적 도시인
가? 전 세계 63개 주요 도시의 창조적 경제활동을 평가해 글로벌 도시
종합 점수 순위를 평가하는 MPI^{Martin Prosperity Institute}라는 연구 기관이
있다. 이들이 2013년에 발표한 글로벌 도시 종합 점수 결과는 우리에
게 많은 고민과 시사점을 던져 준다(〈표〉 참조).

MPI 글로벌 도시 종합 점수는 글로벌 기업들이 세계 각지의 주요
도시로 진출할 때 참고하는 자료로 알려져 있다. 이에 따르면 서울의
글로벌 도시 종합 점수는 79.8점, B+ 등급으로 30위에 랭크되었고,
베이징이 80.4점, A- 등급, 25위, 도쿄가 81.4점, A- 등급, 21위에 랭
크되어 있다.[134] 한·중·일 3개국 수도 가운데 서울이 유일하게 B+ 등
급을 받고 가장 낮은 순위에 처져 있다.

다른 주요 도시와 비교해 보면, 싱가포르가 81.4점, A- 등급, 21
위로 도쿄와 더불어 동아시아 도시 중 최상위 점수를 받았고, 오사카-
고베가 80.1점, A-, 27위로 서울보다 높은 점수를 받았다. 중국의 선
전深圳이 75.6점, B 등급, 44위고 상하이가 74.8점, B 등급, 46위에
랭크되어 있다. 그리고 한국의 주요 도시인 수원은 76.5점, B 등급,
37위, 부산이 73.8점, B 등급, 49위다. 서울은 싱가포르나 일본의 주
요 도시보다는 낮은 점수를 받았고, 중국의 주요 도시보다는 높은 점

순위	도시	종합 등급	종합 점수	순위	도시	종합 등급	종합 점수
1	오타와-가티노	A	87.8	31	케이프타운	B+	79.0
2	시애틀	A	87.5	32	마이애미	B+	78.6
3	오슬로	A	86.8	33	마르세유-프로방스	B+	78.1
4	암스테르담	A	85.8	34	헤파	B+	77.6
4	컬럼비아 특별구	A	85.8	35	볼티모어	B+	77.3
6	코펜하겐	A	85.5	35	휴스턴	B+	77.3
6	런던	A	85.5	37	수원	B	76.5
6	텔아비브야파	A	85.5	38	댈러스	B	76.4
9	캘거리	A-	84.8	38	글래스고	B	76.4
9	뉴욕-뉴어크	A-	84.8	38	타이베이	B	76.4
11	멜버른	A-	84.5	41	리옹	B	76.3
11	몬트리올	A-	84.5	41	리우데자네이루	B	76.3
13	샌디에이고	A-	83.3	43	밀라노	B	76.1
13	샌프란시스코-오클랜드	A-	83.3	44	심천(深圳)	B	75.6
15	퀘벡 시티	A-	82.6	45	바르셀로나	B	75.5
16	LA-롱비치-산타아나	A-	82.5	46	상하이	B	74.8
17	시카고	A-	82.3	47	멕시코시티	B	74.6
17	에드먼턴	A-	82.3	48	요하네스버그	B	74.5
17	밴쿠버	A-	82.3	49	부산	B	73.8
20	뮌헨	A-	81.8	49	메데인	B	73.8
21	싱가포르	A-	81.4	51	로마	B	73.5
21	도쿄	A-	81.4	52	예루살렘	B	73.0
23	로테르담	A-	81.3	53	두바이	B-	72.9
24	파리	A-	80.5	53	발렌시아	B-	72.9
25	베이징	A-	80.4	55	앙카라	C+	68.8
25	토론토	A-	80.4	56	상파울루	C+	68.6
27	오사카-고베	A-	80.1	57	이스탄불	C	66.9
27	시드니	A-	80.1	58	모스크바	C	66.3
29	애틀랜타	A-	80.0	58	상트페테르부르크	C	66.3
30	서울	B+	79.8	60	테살로니키	C	66.1
				61	마닐라	C	64.4

출처: 김범식·김묵한, 『서울시 창조계층 특성과 정책방향』, 서울연구원, 2015, 12쪽.

수를 받았다. 그리고 서울 이외 한국의 주요 도시는 중국의 주요 도시와 엇비슷한 수준으로 평가받고 있다.[135]

그렇다면 서울은 어떤 이유에서 베이징이나 도쿄보다 한 단계 낮은 점수를 받았을까? 부문별 점수를 살피면 그 이유를 알 수 있다. 서울은 "어메니티와 삶의 질"Amenities and Quality of life 부문에서 87점, A 등급으로 비교적 높은 점수를 받았다. 이 부문은 문화시설, 여가 시설, 범죄율, 교통망 등 도시 환경의 쾌적성을 유지하기 위한 물적·제도적 인프라가 얼마나 잘 갖춰졌는지를 평가하는 지표다. 인재 부문[136]과 기술 부문[137]에서 서울의 점수는 양자 공히 82점, A- 등급이었다. 관용 부문은 68점, C+ 등급으로 다른 부문에 비해 크게 떨어진 점수를 보이고 있다.[138] 관용 부문은 사회문화적 다양성, 다문화주의, 소수자 인권 보호, 문화예술 활동의 활성화 등을 기준으로 평가하는 지표다. 어떤 지역에 성적 소수자와 예술가들이 많이 모여 있는지를 계량화해서 점수를 매겨 지역의 사회적 개방성·포용성과 문화적 다양성을 평가하는 것인데, 이 지수가 높은 지역일수록 창조적 인재들이 많이 모여들어 지역 경제가 발전한다는 것이 플로리다의 주장이다.

또 하나의 중요한 지표가 '창조 인력'의 비중이다. 서울의 도시 인구 가운데 창조 인력의 비중은 29.0%로 54개 도시 중 36위를 차지했다. 도쿄는 27.8%로 39위, 베이징은 25.9%로 40위를 차지해 서울과 비교했을 때, 창조 인력의 비중이 엇비슷하거나 약간 낮았다.[139] 하지만 상위권 도시들과 큰 격차를 보인다는 점에 유의해야 한다. 창조 인력의 비중이 가장 높은 오슬로는 전 인구의 46.8%가 창조 인력이었다. 시드니, 암스테르담, 로테르담, 컬럼비아 특별구, 오타와-가티노, 텔아비브야파, 파리, 싱가포르가 모두 40%를 넘고 있다.[140]

이와 같은 비교를 통해 우리는 서울의 도시 경쟁력이 서구 주요 도시에 비해 크게 떨어지며 베이징, 도쿄에 비해서도 근소하게 뒤처지는 이유가 관용 부문의 낮은 점수와 창조 인력의 낮은 비중에서 비롯된다는 점을 알 수 있다. 사실 두 지표는 떼려야 뗄 수 없는 관계다. 관용도가 높을수록 창조적 인재들이 많이 모여들기 때문이다.

MPI 창조 도시 종합 평가 상위권 여덟 개 도시와 더불어 굳이 서울의 비교 대상으로 베이징과 도쿄를 꼽은 것은 글로벌 도시 네트워크

도시명	인재		기술		관용		어메니티와 삶의 질		창조 인력(%)
오타와-가티노	95	A+	82	A-	87	A0	87	A0	45.9
시애틀	82	A-	95	A+	78	A+	95	A+	37.6
오슬로	87	A0	95	A+	78	A+	87	A0	46.8
컬럼비아 특별구	82	A-	87	A0	87	A0	87	A0	46.0
암스테르담	82	A-	87	A0	87	A0	87	A0	46.2
텔아비브-야파	82	A-	95	A+	78	B+	87	A0	43.6
코펜하겐	82	A-	95	A+	78	B+	87	A0	31.1
런던	87	A0	82	A-	78	B+	95	A+	37.0
캘거리	87	A0	87	A+	87	A0	78	B+	36.3
뉴욕-뉴어크	87	A0	78	B+	87	A0	87	A0	35.8
도쿄	87	A0	87	A0	66	C0	87	A0	27.8
베이징	87	A0	82	A-	78	B+	75	B0	25.9
서울	82	A-	82	A-	68	C+	87	A0	29.0

출처: Martin Prosperity Institute-Creative and Diverse: Ranking Global Cities-complete table of all 61 cities(http://martinprosp erity.org/global-cities/Global%20Cities_000%20Scorecard%20Grades.pdf).

에서 서울의 실질적 경쟁 대상이 이 두 도시이기 때문이다. 그런데 도시의 배경이 되는 국가 위상과 국력, 도시 자체의 규모와 인력, 경제적 생산력과 가용 자원 등을 고려할 때, 서울이 베이징이나 도쿄보다 객관적 열세에 처해 있다는 것은 부정할 수 없는 사실이다. 즉 서울은 애초부터 근본적 한계를 안고 베이징, 도쿄와 경쟁하고 있다.

'도시의 어메니티와 삶의 질'은 막대한 예산이 투입되어야 성과를 볼 수 있는 평가 부문이다. '인재와 기술' 부문도 마찬가지다. 서울에 우수한 대학이 많이 몰려 있지만, 실제 실력과 무관하게 베이징, 도쿄에 있는 대학들을 압도하기는 힘들다. 이런 대학들에는 중국이나 일본의 국력, 국가 위상을 보고 전 세계에서 몰려오는 인재들이 많다.

그럼에도 이런 부문들에서 서울이 많이 뒤처지지 않고 오히려 대등한 점수를 받고 있다는 것은 분명 우리 정부와 서울시 도시 정책이 거둔 큰 성과라 할 수 있다. 그러나 궁극적으로 글로벌 도시로 평가받기 위해서는 서울만의 비교 우위를 찾아야 한다. 그것은 아마도 관용 부문일 것이다. 우리나라는 동아시아에서 민주주의가 가장 발전한 국가다. 사회적 개방성·포용성과 문화적 다양성이 정치제도에 큰 영향을 받기 때문에 이 부문에서의 경쟁력이 지금보다 얼마든지 높아질 수 있는 정치적 여건을 갖추고 있다. 그러나 현실은 어떠한가? 사회주의 국가인 중국의 수도 베이징보다도 관용 점수가 낮게 나왔다. 이 사실을 우리는 어떻게 받아들여야 하는가?

창덕궁이 자금성보다 아름다운 이유

얼마 전 직원들과의 회식 자리에서 재미난 이야기를 들었다. 한 젊은 직원이 대학 시절 수업을 듣던 철학과 교수님께 들었다는 이야기였다. 세계적인 분석 철학자로 유명한 힐러리 퍼트넘Hilary Putnam 하버드대학교 교수가 서울에 왔을 때, 이 교수님이 퍼트넘 교수와 함께 창덕궁에 갔다. 한참 걷다가 후원 어딘가에서 잠시 앉아 쉬는데 대뜸 퍼트넘 교수가 "제가 예전에 자금성도 가보고 오사카성도 가봤습니다. 오늘 창덕궁에 왔으니 동아시아의 궁전은 다 돌아본 셈이죠. 그런데 창덕궁이 가장 아름다운 것 같아요. 사람의 마음을 너무나도 평화롭게 만들어 주는군요. 자금성이나 오사카성에서는 받지 못한 느낌입니다"라고 말했다고 한다.

우리는 자금성이나 오사카성에 견주어 경복궁이나 창덕궁이 너무 조그맣다고 생각한다. 그런데 퍼트넘 교수는 한국의 창덕궁이 자금성, 오사카성보다 더 아름답다고 말한 것이다. 의아했다. 일종의 '립서비스' 아니었을까? 그 직원이 이야기를 이어 갔다.

퍼트넘 교수의 이야기를 하며 저희 교수님이 말씀하시는 거예요. 퍼트넘의 이야기를 듣고 미학적 충격을 느꼈다며, 창덕궁, 자금성, 오사카성이 전혀 다른 시각에서 보이더란 거죠. 자금성이나 오사카성은 사람 사는 집 같아 보이지 않는다는 거예요. 평원에다가 우뚝한 건물을 올려 세웠는데, 그 목적은 오로지 백성들에게 통치자의 권위를 위압적으로 과시하기 위해 세워진 성채인데, 창덕궁은 궁궐 안에 산과 실개천을 품고 있어요. 건물마다 아기자기한 화원을 꾸며 놓았고 후원으로 가면 언덕과 언덕 사이마다 나무와 정자, 연못이 어우러진 정원이 있죠. 그래서 창덕궁을 걸으면 질리지 않아요. 나무들 사이로 난 길을 걸으면 구간마다 색다른 세계가 펼쳐지거든요. 이거야말로 진정한 권력 미학인 거죠. 사람들을 미학적으로 감화시켜 진심으로 복종하게 만들거든요.

그의 말을 듣고 보니 그제야 창덕궁이 달리 보였다. 홍화문을 지나 인정문 앞마당에 들어서면 그곳을 직사각형으로 조형하라는 태종 이방원의 명을 어기고 사다리꼴로 만들어 버린 조선 전기 최고의 건축가 박자청의 고집과 장인 정신을 떠올릴 수 있다. 낙선재에 가면 경빈 김 씨를 지극히 사랑했던 헌종과 망국의 한을 품고 살았던 영친왕과 덕혜옹주의 이야기가 있다. 후원으로 가면 정조가 규장각 각신閣臣들과 공부했다던 주합루가 보이고 그 가까이에 있는 부용지 연못 옆에는 조선 시대 선비들이 떨리는 손으로 임금님 앞에서 과거 시험을 쳤다는 영화당이 있다. 아마도 다산 정약용이 이곳에서 과거 시험을 치고 규장각 각신이 되어 주합루에서 정조와 함께 학문을 논했으리라. 조금만 가면 정조가 왕도 정치의 이상을 피력했다는 존덕정이 있으며 그의 아

창덕궁 주합루

들 순조가 총명했던 효명세자에게 정치를 맡기고 노후를 보내려 했다
던 연경당이라는 기와집이 있다.

　자금성과 오사카성이라고 해서 그곳에서 살아가던 사람들의 이
야기가 없었겠냐만은 유독 창덕궁이 이야기가 있는 궁궐로 빛나는 것
은 그곳의 공간이 다채로운 건물과 정원으로 꾸며져 있기 때문일 것이

다. 만약 창덕궁이 자금성처럼 특색 없는 거대한 건축물로 채워져 있었다면 이 역시 그곳에서 살던 사람들의 이야기를 담아내지 못했을 것이다. 근대 이전의 국가에서 궁은 하나의 도시였다. 그렇다면 창덕궁의 미학을 오늘날 우리가 살아가는 도시 문제에도 적용해 볼 수 있지 않을까?

앞서 소개한 제인 제이콥스가 천편일률적인 화려한 도시의 외양을 중시하는 현대 미국의 도시계획을 비판하고 도시 공간을 다양한 건물들이 혼용된 보행자 위주의 소규모 블록으로 구성해야 한다고 했던 것도 알고 보면 창덕궁이 구현하고 있는 공간 미학을 현대 도시에서 구현해 보고자 했던 시도로 해석될 수 있다. 네모반듯한 고층 건물들로만 가득 채워져 다양성이 파괴된 도시, 사람들이 자동차에 실려 그 건물들 사이만 오가는 거리에서는 공동체가 형성될 수 없으며 이야기의 산파인 문화도 생성될 수 없다. 미국의 정치학자 로버트 퍼트넘 교수가 『나 홀로 볼링』*Bowling Alone*에서 우려하며 예견했던 사회, 사람과 사람 사이의 신뢰와 유대감이 파괴되고 모든 사람이 고립된 개인으로 살아가는 상태가 도래하는 것이다.

최근 벌어지고 있는 우리나라의 젠트리피케이션은 도시 공간을 이런 상태로 몰아가고 있다. 문화가 살아 숨 쉬는 동네, 이야기가 있고 이야기를 담을 수 있는 거리를 파괴하고 오직 단기적 이익만을 추구하며 수단과 방법을 가리지 않고 고층 빌딩 올리기에 여념이 없다. 홍대 앞은 문화가 있고, 문화가 만들어 내는 이야기가 넘치는 도시였다. 만화가, 화가, 공예가, 음악가들, 플로리다가 말한 바로 그 보헤미안들이 모여들어 문화를 창조하고 이야기를 만들어 갔다. 그런데 그들의 문화와 이야기에 동참하려고 많은 사람이 모여들자 '상가 사냥꾼', '기획 부동산' 등 부동산 투기 세력이 건물 매매가와 임대료 올리기에 나섰고 보헤미안들을 쫓아냈다. 그 결과 홍대 앞은 상업적 이해관계만 남은 속물스런 외양으로 변해 갔다.

서촌은 어떠한가? 그곳에는 서민들의 익살과 삶의 애환이 서린 통인 시장이 있었고 그들이 모여 사는 아담하고 소박한 주택가가 있었다. 어느 날부터인가 이 동네 한쪽에 예술가들이 들어와 특색 있는 아름다움으로 꾸며진 갤러리와 카페를 열었다. 상반되는 두 부류의 사람들이 어우러져 조화를 이루며 제인 제이콥스가 말한 소규모 도시 블록의 모습, 다양한 문화와 이야기가 서려 있는 동네를 만들어 가던 와중에 투기 자본이 밀려들었다. 그들은 이곳에서 구현되고 있던 창덕궁의 미학을 부쉈다. 그리고 탐욕의 성채를 쌓아 가고 있다. 가로수길도, 경리단길도 이런 전철을 밟고 있다.

우리는 지금 낭만이 사라지는 것만을 애석해 하는 것이 아니다. 다양한 문화가 살아 숨 쉬며 그로 인해 만들어지는 이야기가 사람들 사이에서 공유되는 도시 공간은 사람들의 상상력을 자극하고 창의성을 높여 준다. 바로 이런 공간에서 도시의 경제적 성장을 추동하는 창조적 인재가 자란다. 도시의 낭만은 거기에서만 머물지 않고 나아가 도시의 경제적 번영을 가져온다. 이것이 바로 창조 도시다.

이는 결코 윤리적 당위나 이념적 감상이 아니다. 플로리다와 같은 도시 연구자들에 의해 객관적으로 확인된 사실이다. 그럼에도 젠트리피케이션 방지 정책이 윤리와 이념에 치우쳐 도시의 성장과 발전의 중요성을 간과한다고 말할 것인가? 젠트리피케이션 방지이야말로 도시의 성장 잠재력을 지키고 지속 가능한 발전을 가능케 하는 정책이다.

시장 질서와
젠트리피케이션

젠트리피케이션, 애덤 스미스는?

젠트리피케이션 방지 정책에 대해 일각에선 자유 시장의 가격 형성에 지방정부가 부적절하게 개입하는 것이라고 비판한다. 이들은 자본주의 경제 사상의 창시자인 애덤 스미스^{Adam Smith}를 언급하며 '보이지 않는 손'에 의해 조정되는 시장 질서에 '보이는 손'인 정부가 개입하면 아무리 선한 의도라도 상황을 더 악화시킬 거라 경고한다.[141]

금세기와 전세기 사이에 국왕과 대신들의 종잡을 수 없는 야심도 상인과 제조업자들의 가당치 않은 질투심에 비하면 유럽 평화에 치명적이지 않았다. 인류 지배자들의 폭력과 부정은 오래된 악덕이며 성질상 치유될 수 없는 것으로 생각된다. 그러나 인류의 지배자도 아니고 지배자가 될 수도 없는 상인과 제조업자들의 비천한 탐욕과 독점 정신은 고칠 수 없다 하더라도 다른 사람들의 평온을 교란하지 못하도록 저지하는 것은 매우 쉬울 것이다. 이 정책을 고안하고 보급시킨 것도 본디 독점 정신이었다는 것은 의심할 여지가 없다.[142]

"상인과 제조업자들의 비천한 탐욕과 독점 정신" 운운하는 강렬한 표현에 휘말려 건성으로 읽게 되면 시장경제에 반대하는 공상적 사회주의자의 글로 읽힐 수 있다. 하지만 이 글은 자본주의 경제 사상의 창시자, 시장경제의 옹호자로 알려진 애덤 스미스의 『국부론』에 나오는 문장이다. 마지막 문장의 "이 정책"은 절대왕정의 중상주의 정책을 일컫는다. "상인과 제조업자들의 비천한 탐욕과 독점 정신"이 아무리 치명적 위험성을 가지고 있더라도 정치권력에 의해 규제될 수 있는 반면에, 정치권력의 독점 정신은 그것을 제재할 수 있는 권력이 부재하기에 더 위험하다는 말이다. 그런데 이 글을 뒤집어 보면, 시장 원리주의자들이 제시해 왔던 애덤 스미스의 이미지와는 전혀 다른 모습을 발견하게 된다. 위 인용문에서 애덤 스미스는 상인과 제조업자의 경제활동이 공공 이익을 저해하고 이를 독점하려는 데까지 나아간다면 정치권력에 의해 규제되어야 하며, 그것이 당연하다는 전제하에 중상주의를 비판한다.

독점을 강화하는 법안을 지지하는 의원은 상업을 이해하고 있다는 명성을 얻을 뿐 아니라, 그 숫자와 부에 의해 큰 중요성을 갖는 계층의 사람들에게 인기와 영향력을 얻게 된다. 반대로 의원이 독점적 제조업자들을 반대하거나 나아가 그들을 제압할 수 있는 권위를 갖는 다면, 그가 가장 잘 알려진 성실한 인물이고 높은 지위에 있고 가장 큰 사회봉사를 했더라도, 파렴치한 욕설과 비난 그리고 개인적 모욕을 피할 수 없으며, 분노하고 실망한 독점업자의 실질적 위험을 피할 수는 없다.[143]

이 역시 애덤 스미스의 『국부론』에 나오는 문장이다. 이런 모습은 21세기 대한민국에서도 자주 발견되는 모습이다. 대한민국 헌법 제119조 제2항이 밝힌 경제민주화 정신에 입각해 "시장의 지배와 경제력의 남용을 방지"하고 "경제주체 간의 조화"를 꾀하는 입법 활동을 하거나 행정 조치를 내리려 하면, 그런 정치인이나 행정가들은 경제를 모르고 이념에 치우쳐 기업을 규제하고 마침내 경제를 망치려 한다는 비판을 받는다. 시장 원리주의자들은 이럴 때면 어김없이 애덤 스미스를 언급하며 시장의 자유는 신성 불가침하다는 주장을 펼친다. 분명 애덤 스미스는 『국부론』에서 시장은 자유로워야 한다고 말했다. 그런데 우리는 이 말을 좀 더 곰곰이 따져 볼 필요가 있다. 그가 말한 시장의 자유는 구체적으로 누구의 어떤 자유를 말하는가?

모든 언어는 맥락 속에 해석해야 한다. 맥락을 일탈한 언어는 누군가의 편의 때문에 왜곡되기 마련이다. 애덤 스미스의 『국부론』은 절대왕정과 그에 기댄 특권 상인들이 국가의 부를 독점하던 경제체제인 중상주의 체제에 반대하기 위해 쓰인 책이다. 김근배 교수(숭실대 경영학)는 자신의 저서 『애덤 스미스의 따뜻한 손』에서 그가 추구한 시장의 자유는 "정부와 상인이 결탁한 독점 체제에 대한 자유"였고 "갑의 횡포를 없애 을도 자유롭게 참여할 수 있도록 하자고 한 것"으로 "경

제적 약자의 자유를 말한 것이지 경제적 강자를 위한 자유를 말한 것은 아니었다"라고 주장한다.[144]

또한 박홍규 교수(영남대 법학)는 『경향신문』에 기고한 칼럼에서 "스미스는 큰 재산이 있는 곳에는 반드시 커다란 불평등이 생긴다고 보았다"면서 "그는 한 명의 부자가 있으면 수백 명의 빈민이 생기고, 부자의 부는 빈민의 화를 불러 빈민은 결핍의 충동에 의해 부자의 소유물을 침범하는 결과가 생긴다는 사실을 직시"했고 "그러한 결과를 막기 위해 자연의 법칙에 맞는 자유 제도를 창설해야 불로소득이나 투기 소득이 아니라 모든 국민이 근면과 절약에 의해 자본의 축적이 가능해져 나라가 부유하게 된다"라고 쓰고 있다. 애덤 스미스는 "무엇보다 불평등의 양극화 해소를 자유주의의 전제"라고 보았다.[145]

애덤 스미스는 정치권력이 자신을 재정적으로 후원하는 일부 특허 상인과 제조업자들에게 시장에서의 독점적 지위를 부여하고, 다른 경쟁자들의 시장 진입을 차단하는 중상주의 체제가 국부의 증대와 민생의 안정을 해친다고 비판했다. 그는 모든 형태의 정부 개입을 반대했던 것이 아니라 특정 집단으로의 경제력 집중(독점)을 조장하는 정부 개입을 반대했던 것이다. 바꾸어 말하면, 독점을 규제하고 자유롭고 공정한 시장 질서를 유지하기 위한 정부 개입은 지지할 수도 있다는 말이 된다.

애덤 스미스 사후 중상주의는 자본주의 시장경제로 대체된다. 자본주의 시장경제가 발전하며 정치권력과 대등하거나 심지어 정치권력을 압도하기도 하는 경제 권력이 형성된다. 카르텔·트러스트 형태의 대기업 자본이 출현해 국민경제를 좌지우지하게 되면서 독점의 주체가 정치권력에서 경제 권력으로 바뀐다. 정부 정책의 측면에서 20세기 자본주의 시장경제의 역사는 대기업 자본으로의 경제력 집중을 규제하고 이로부터 자유롭고 공정한 시장 질서를 수호하기 위해 노력했던 역사라 할 수 있다.

20세기 세계 최강대국 미국의 기틀을 닦은 26대 대통령 시어도어 루스벨트 시대에 미국 경제는 록펠러, 카네기, JP 모건 등의 대기업 자본에 의해 좌지우지되고 있었다. 미국의 미래를 위해 이런 행태를 좌시할 수 없다고 판단한 시어도어 루스벨트는 반독점법을 제정하고 수십 개의 기업을 고소하며 독점기업을 강력하게 규제하기 시작했다. 이 과정에서 석유왕 록펠러는 반독점법 위반자로 기소되어 졸지에 도피자 신세로 전락하기도 했다.

그런데 지금 누구도 시어도어 루스벨트를 사회주의자나 자유 시장경제의 반대자라고 공격하지 않는다. 오히려 그의 반독점 정책은 미국에서 자유롭고 공정한 시장경제 질서를 확립했고, 이를 통해 창의와 혁신의 기업가 정신을 북돋우고 국민의 노동 의욕을 자극해 미국을 세계에서 가장 부유한 국가로 만드는 데 크게 기여했다고 평가받고 있다.

그럼에도 시장 원리주의자들은 마치 애덤 스미스가 모든 형태의 정부 개입을 반대한 것처럼 곡해하고 시장경제 질서의 공정성을 높이려는 일체의 정책적 시도를 반시장적이라 규탄하고 있다. 경제적 약자가 보호받지 못하고 경제적 강자의 자유가 무한정으로 허용된다면 그것은 시장이 아니라 약육강식의 정글이다. 애덤 스미스가 꿈꾼 시장은 그런 것이 아니었다. 애덤 스미스라면 이와 같은 경제체제를 중상주의의 재현으로 받아들일 것이다. 다만 독점의 주체가 정치권력에서 "상인과 제조업자들의 비천한 탐욕과 독점 정신"에 기초한 경제 권력으로 교체되었을 뿐이다.

　최근 우리나라에서 빈발하고 있는 상업 젠트리피케이션은 토지와 그 위에 세워진 건축물의 가치를 부동산 투기 세력이 독점하는 과정에서 파생적으로 발생하는 현상이다. 예술가와 창의적 상인들이 열심히 일해 상권을 형성하고 키워 토지와 건축물의 가치를 올려놓았더니, 지역의 상승한 가치는 부동산 투기 자본이 독점하고 상권은 일부 대기업이 가져간다. 이것은 자본주의 국가에서 가장 엄중하게 보호받아야 하는 기본권인 재산권에 대한 침해다. 애덤 스미스는 다음과 같이 말했다.

> 자기 자신의 노동에 대한 소유권은 기타 모든 재산권의 토대이며 따라서 가장 신성 불가침한 것이다. 가난한 사람의 세습 재산은 그의 두 손의 힘과 기교에 있는데, 그가 이 힘과 기교를 이웃 사람에게 해를 끼치지 않고 적당하다고 생각하는 어떤 방법으로 사용하는 것을 방해하면, 이것은 가장 신성한 재산권에 대한 분명한 침해다. 이것은 노동자 자신과 그를 고용하려고 하는 사람들의 정당한 자유에 대한 분명한 잠식이다.[146]

　영업권이란 개념이 있다. 상가 건물의 시장가치는 이를 건축하거나 매입한 건물주의 소유권을 통해 최초로 형성된다. 하지만 이것의 가치 보존과 상승은 이 건물을 사용해 영업 행위를 한 상가 세입자에 의해 좌우된다. 상가 세입자가 열심히 일해 장사가 잘되면 건물의 시장가치가 오르고, 그렇지 않으면 떨어진다.

　영업권이란 바로 건물의 시장가치에 대한 상가 세입자의 기여에 대한 보상이자 재산에 대한 권리다. 상가 건물의 시장가격 상승분 가운데 상가 세입자의 근로 행위에 의해 형성된 몫에 대해서는 상가 세입자가 재산권을 주장할 수 있다는 개념이다. 그래서 영국, 일본, 프랑스 등은 건물주가 다양한 이유로 세입자를 퇴거시키려 할 때면 영업권에 대한 보상으로 고액의 보상금을 지급하도록 하고 있다.

그러나 아직도 한국의 〈상가건물 임대차보호법〉에는 영업권 개념이 제대로 확립되어 있지 않다. 최근 젠트리피케이션이 심화되어 이로 인해 발생하는 문제를 치유하고자 개정되었지만 여전히 우리나라의 〈상가건물 임대차보호법〉은 재개발·재건축 등 다양한 단서 조항과 변칙 수단을 통해 상가 세입자를 보상금 없이 내보내는 것이 가능하다. 우리나라의 젠트리피케이션이 다른 나라와 달리, 무척 빠른 속도로 진행되는 것도 알고 보면 현행 임대차 법률 체계가 소유권자의 재산권 보호에만 편중되어 있고 상가 세입자의 영업권을 보호하고 있지 않아 건물주가 언제든지 세입자를 퇴거시킬 수 있기 때문이다. 이는 사실상 '상가 사냥꾼'과 투기 자본이 지역의 상승된 가치를 독점하도록 용인하고 있는 것으로 부동산판 중상주의로 부를 만한 일이다.

애덤 스미스라면 이런 현상을 단호하게 반대했을 것이다. 그리고 젠트리피케이션 방지 정책이야말로 자유롭고 공정한 시장경제 질서를 수호하기 위한 정당한 정책이라고 적극 지지했을 것이다. 이는 단지 『국부론』의 내용에만 기초해서 얻은 결론이 아니다. 한국 부동산시장의 가격 형성 메커니즘이 자연스럽게 형성된 것이 아니라 인위적으로 왜곡·조장되고 있는 현실을 감안한 설명이다.

부동산 투기의 반시장성

시장 원리주의자들이 정부의 시장 개입을 비판하는 근거 가운데 하나가 자본주의 시장의 가격은 수요와 공급 법칙에 따라 정해지며 여기에 인위적으로 개입하면 많은 부작용을 낳을 수 있다는 것이다. 이런 주장에 대해 우리는 두 가지 질문을 던질 수 있다. 첫째, 자본주의 시장의 수요자와 공급자의 상호 교섭 과정에서 형성되는 가격은 언제나 합리적인가? 둘째, 자본주의 시장의 모든 가격 형성은 전적으로 인위적 개입 없이 자연적으로 형성되는가?

17세기 네덜란드는 세계 제일의 경제 대국이었다. 주식회사·증권시장·은행 등 현대자본주의의 근간을 이루는 조직·제도의 상당수가 이 시기 네덜란드에서 만들어진 것이다. 그런데 네덜란드가 현대자본주의에 좋은 유산만 남긴 것은 아니다. 자본주의의 고질병인 버블 경제·투기 열풍도 네덜란드에 기원을 두고 있다.

네덜란드는 튤립의 나라로 알려져 있다. 하지만 네덜란드는 튤립의 원산지가 아니다. 중앙아시아 톈산 산맥이 원산지인 튤립은 16세기경 터키를 통해 유럽에 전파되었다.[147] 당시 튤립은 유럽 시장에서 선풍적 인기를 끌며 비싼 가격으로 매매되었다. 급기야 귀족들과 부유한 상인들이 튤립을 과시재로 활용하면서 튤립 알뿌리 한 개의 가격이 현재 우리 돈으로 환산해 1억6천만 원가량까지 치솟는다.[148]

당시 세계 최고의 통상 국가였던 네덜란드는 튤립 재배와 유통의 중심에 선다. 주식거래소 한편에 거래장이 개설되어 선물先物 형태로 거래가 이뤄진다.[149] 튤립에 투자하면 돈이 된다는 소문이 퍼지자 직조공, 구두 수선공 같은 노동자 계층까지 빚을 내서 튤립 투자에 나서

〈플로라의 짐마차〉

는 일이 벌어진다. 17세기 네덜란드의 튤립 투기 열풍은 헨드릭 포트 Hendrik Gerritsz. Pot란 화가에 의해 그림으로 풍자되기도 했다.

그림의 제목은 〈플로라의 짐마차〉다. 플로라는 꽃의 여신이다. 그녀는 환전상, 술주정꾼과 더불어 튤립 한 다발을 품에 안고 풍력차 위에 타고 있다. 그리고 그 뒤를 소상인, 직조공으로 보이는 이들이 따르고 있다. 바람에 실려 풍력차가 향하는 곳은 바다다. 곧 물에 빠질 처지이건만 아무도 이 사실을 모른 채 광기에 휩싸여 있다. 네덜란드의 튤립 투기 열풍은 1634~37년 사이에 절정으로 치닫는다. 3년 남짓한 기간 동안 튤립 가격이 약 30~50배나 뛰어오른 것이다.[150]

결국 〈플로라의 짐마차〉처럼 파국이 찾아온다. 1637년 들어 과열된 투기 열풍에 위험성을 느낀 자산가들이 일시에 집단 투매에 나서자, 튤립 알뿌리의 가격은 수천 분의 1로 폭락한다. 재빨리 시장에서 빠져나간 자산가들은 피해가 적었지만, 튤립 가격이 절정으로 치닫는 순간에 투자했던 보통 사람들, 요샛말로 하면 '개미 군단'이 큰 피해를 보게 됐다. 수천 명이 일시에 파산해 서민 경제가 파탄할 지경에 이르게 된다.[151]

KB금융지주 경영연구소는 2011년 보고서 『금융 버블의 역사』에서 투기 열풍을 "정부 규제 완화, 민간 대출 증가 등에 의해 시중 통화량이 급속히 늘어나면서 발생"하며, "투자자들의 군중심리와 비이성적 과신 등 비합리적 행동에 기인한 쏠림 현상"으로 규정하고 있다.[152]

시장 원리주의자들은 정부 개입 없는 완전히 자유로운 경쟁 시장에서는 수요와 공급의 법칙이 정상적으로 작동해 균형가격이 형성된다고 주장한다. 그런데 여기에는 두 가지 전제가 필요하다. 첫째, 수요자와 공급자가 모두 자기 이익에 대해 정확히 판단할 수 있는 합리적 존재여야 하며, 둘째, 수요자와 공급자에게 가격 책정에 관련된 정보가 투명하고 정확하게 제공되어야 한다.

그러나 현실에서 이런 전제를 완벽하게 충족하는 시장은 사실상 존재하지 않는다. 도리어 사람들은 자신의 이익을 극대화할 수 있다는 비이성적 과신에 기초해 행동하곤 한다. 더불어 합리적인 분석과 전망에 입각해 투자하기보다는 불확실한 기대와 운에 의존해 일확천금을 노리고 투기하는 경우가 더 많다. 이와 같은 비합리적 시장 행위가 군중심리에 힘입어 집단화될 때, 명목 가격이 실질 가격에 비해 수십, 수백 배 뛰어오르는 가격 버블이 발생한다. 그리고 임계점을 넘는 어느 순간 갑자기 시장에서 해당 재화나 투자 상품의 수요가 실종하면서 가격이 폭락하고 국민경제가 붕괴하는 사태가 벌어진다.

이런 투기 열풍·가격 버블은 자연 발생적으로 일어나기도 하지만 시장의 정보를 독점·왜곡하는 특정 세력에 의해 의도적으로 조장되는 경우도 적지 않다. 군중의 비합리적 기대를 부추겨 해당 재화 또는 투자 상품의 가격을 단기간에 천정부지로 치솟게 하여 가격이 정점에 오르는 시점에 급작스럽게 매도세로 전환해 큰 이익을 거두는 것이다. 이른바 작전 세력이다. 이런 행위는 자본주의 시장경제의 기틀인 가격형성 메커니즘을 교란하므로 명백한 반시장적 행위다.

우리나라 부동산 시장은 어떠한가? 우리나라 부동산 시장에서 가격은 합리적으로 책정되고 있는가? 정보는 투명하게 유통되고 있는가? 행위자들은 합리적으로 판단하며 움직이고 있는 것일까? 2014년 기준 서울의 주택 보급률은 107.5%다.[153] 그럼에도 주택 가격은 좀처럼 내려가지 않고 있다. 상업용 부동산 시장은 어떠한가? 과포화 상태에 이른 자영업자 수, 장사가 잘되는 상권이 몇몇 군데에 불과한 현실을 감안하면 주요 상권의 부동산 가격이 어느 정도 높은 수준에서 형성되는 것은 피할 수 없는 일이다. 하지만 최근 서울 시내 상업 지구의 건물 매매가 및 임대료 수준은 비정상적이라는 의심을 떨치기 힘들다.

수요와 공급의 법칙이 제대로 작동한다면 임대료는 공실률이 오르면 내려가고 공실률이 내려가면 올라가야 한다. 그런데 4/4분기 기준으로 2013~15년 서울 지역 매장용 빌딩의 임대료와 공실률을 정리한 표를 보면 서울의 매장용 빌딩의 임대료는 대체로 공실률과 더불어 임대료도 꾸준히 소폭 상승하고 있다.[154] 예외적으로 2013~14년 사이에 강남의 공실률이 2.2%p 떨어지자 1㎡당 임대료가 2만2천 원 올

단위: 천 원/㎡, %, 4/4분기 기준

	임대료			공실률		
	2013년	2014년	2015년	2013년	2014년	2015년
서울	59.9	60.4	60.7	6.8	6.9	7.5
도심	105.8	106.2	105.6	5.9	8.0	8.0
강남	75.6	77.8	78.0	8.4	6.2	7.6
신촌·마포	49.7	50.2	51.9	4.2	6.4	6.6
기타	43.0	43.0	43.1	6.5	6.5	7.2

출처: 서울시 통계정보시스템, "매장용 빌딩 임대료·공실률 및 수익률(2013년 이후) 통계"(http://stat.seoul.go.kr/octagonweb/jsp/WWS7/WWSDS7100.jsp).

랐지만, 2014~15년 사이에는 공실률이 1.4%p 증가했음에도 임대료는 도리어 2천 원 늘어났다. 만약 같은 기간 자영업자 수가 늘어났다면 이런 현상을 어느 정도 이해할 수 있지만, 2013~15년 사이 자영업자 수는 565만 명에서 556만 명으로 줄어들었다.[155]

이처럼 공실률이 높아지고 자영업자 수도 줄어들고 있음에도 임대료는 도리어 오르고 있는 상황은 우리나라 상업용 부동산 시장 가격에 거품이 끼어 있을 가능성을 시사한다. 우리는 한때 세계 2위 경제 대국으로 성장했던 이웃나라 일본이 1980년대 광풍처럼 몰아닥친 상업용 부동산 투기로 흥청거리다가, 1990년대 가격 거품이 갑자기 꺼지면서 많은 파산자를 낳고 장기 불황에 빠졌던 것을 기억하고 있다.

이와 관련해 『연합뉴스』는 2016년 4월 27일 보도에서 서울 주요 지역 상업용 부동산의 공실이 늘면서 공급 과잉에 대한 우려가 제기되었다고 보도했다. 『연합뉴스』가 인터뷰한 우드맨에셋앤트러스트 노근우 선임연구원은 "빈 사무실과 상가는 늘고 있는데 경기는 회복 조짐을 보이지 않고 있다"며 "이런 가운데서도 임대인들이 높은 임대료만 고수한다면 일본식 부동산 버블 붕괴가 나타날 수 있다"고 진단했다. 그나마 건전 자산이 투입되어 있다면 기우에 그칠지 모르지만, 모든 거품 경제가 그러하듯이 한국의 상업용 부동산 시장 투자액에도 많

은 부채가 끼어 있는 것으로 추정된다.[156]

한국은행이 발표한 『2015년 4분기 중 예금 취급 기관 산업별 대출금』을 보면, 같은 해 12월 말 기준 부동산 및 임대업 대출금 잔액은 153조8천억 원으로 전년 대비 17.9%p가 늘어난 상태다. 이는 도·소매 숙박업(7.4%), 금융·보험업(2.4%), 과학·기술 및 사업 시설 관리(3.2%) 등 다른 업종에 비해 최고 수치를 기록한 것이다.[157]

상업 젠트리피케이션 발생 지역에서 생기는 일만 봐도 우리나라의 상업용 부동산 시장의 가격 메커니즘이 정상적인지 의문스럽다. 젠트리피케이션 발생 지역에서는 임대료, 보증금, 건물 매매가가 2~3년 사이에 소비자물가 상승률을 훨씬 뛰어넘어 두세 배씩 오르는 일이 잦다. 지역 주민들과 자영업자들은 이구동성으로 이런 현상의 이면에 기획 투기 부동산 업자들이 자리 잡고 있다고 말한다. 그들은 건물주들과 외부 지역 자산가들에게 왜곡된 가격 정보를 유통하며 부동산 가격 거품을 조장한다는 것이다.

또한 보이지 않는 작전 세력의 손을 의심하는 목소리도 있다. 어떤 지역의 상권에 새로운 기운이 감돈다 싶으면 어떤 동네가 좋은 투자처라거나, 연예인 모 씨가 이 동네 건물을 샀다는 식의 기사가 집중 보도되면서 부동산 가격 상승을 부추긴다는 것이다. 이 같은 투기 세력의 움직임은 가격 정보의 유통을 왜곡해 수요와 공급의 법칙이 제대로 작동하지 못하게 한다. 사실상 시장경제 질서를 교란하는 명백한 반시장적 행위다.

젠트리피케이션이 정상적이고 자연스러운 부동산 가격 메커니즘 아래에서 벌어진 현상이라면 이는 막을 수도 없으며 막아서도 안 된다. 그러나 우리나라의 부동산 가격 메커니즘은 자유롭고 공정한 시장

경제 질서라는 이상향과는 동떨어져 있다.

부동산 시장에서 투기를 막고 수요와 공급 법칙을 정상적으로 작동시킬 제도적 기틀조차 마련되어 있지 않다. 현재 시중에 유통되는 상업용 부동산 시세는 부동산 중개업자들이 공개한 '매도 호가'다. '실거래가'가 아니다.

지금껏 우리 정부는 상업용 부동산 가격 데이터를 체계적으로 관리해 오지 않았다. 2016년 2월 3일에 와서야 상업용·업무용 부동산 실거래가를 같은 해 하반기부터 공개하기로 한 상태다.[158]

시장 원리주의자들은 정부의 개입만 없다면 시장에서 완벽한 자유경쟁이 이뤄지며 수요와 공급의 법칙도 정상적으로 작동한다는 식으로 호도하고 있다. 하지만 현실에 존재하는 시장은 그렇지 않다. 시장은 서로 이해관계가 다양한 행위자들로 구성되어 있다. 이 중에는 가격 정보를 유통해 짧은 시간에 큰 이익을 거두려는 투기 세력·작전 세력들도 있다.

자유롭고 공정한 시장은 그냥 만들어지지 않는다. 정부는 올바른 가격 정보가 유통되고 공정한 거래 행위가 이뤄질 수 있도록 제도적 기틀을 마련해야 한다. 시장의 경제 행위자와 더불어 시민사회는 정부가 특정한 이해관계에 치우쳐 시장을 왜곡하지 않도록 감시해야 한다. 자유롭고 공정한 시장은 이와 같은 견제와 균형 위에서만 바로 설 수 있다.

젠트리피케이션 방지 정책은 지역사회 차원에서 자유롭고 공정한 시장을 유지하고 그 기능을 온전히 발휘할 수 있게 하는 정책이다. 비정상적이고 반시장적인 가격 메커니즘을 보정하고 시장경제 질서가 애덤 스미스가 꿈꾸었던 방향, 일하는 사람들이 각자의 재능과 노력에 상응하는 성과를 거두는 가운데, 창의와 혁신의 기업가 정신으로 도전하고 서로 공정하게 경쟁해, 그 결과로 사회 전체의 부와 복지가 증대하는 방향으로 발전시키려는 정책이다. 젠트리피케이션 방지야말로 친시장적 정책이다.

상생과 경쟁, 정의와 효율, 민주주의와 시장경제

19세기 영국의 작가이며 지리학자인 이사벨라 버드 비숍Isabella Bird Bishop은 조선을 여행하고 쓴 책『조선과 그 이웃나라들』에서 19세기 한국인의 이상한 특성에 대해 말하고 있다. 비숍 여사가 한반도를 여행하면서 만난 한국인들은 세상에서 가장 게으른 민족이었다. 그런데 만주 지역으로 넘어가서 보니, 그곳에 사는 한국인들은 세상에서 가장 부지런한 민족이었다.

국내 한국인과 국외 한국인들이 보여 준 상반된 모습에 대해 비숍 여사는 탐욕스러운 지배층 때문에 국내의 한국인들이 게으른 것이라 진단했다. 아무리 땀 흘려 일해 재산을 일궈 봤자 양반 지주들과 아전들이 빼앗아 가기 때문에 국내 한국인들은 아예 일할 생각을 안 한다는 것이다.

한국을 방문한 외국 인사들을 만나거나 외국 주요 도시를 다녀온 동료들을 만날 때마다 하나같이 하는 이야기가 있다. 뉴욕이나 런던, 파리에 있든 서울에 있든 큰 차이점을 못 느끼겠다는 것이다. 해외 선진국 주요 도시에 있는 편의 시설이 서울에도 다 있고 오히려 더 편리한 면도 있다고들 한다. 서울은 이제 명실상부하게 현대적인 글로벌 도시다. 그런데 과연 서울의 도시 생태, 문화도 현대적이라고 할 수 있을까? 겉으로는 현대 도시이지만 내면은 여전히 봉건적인 농경 사회의 인식과 습속으로 가득한 것은 아닐까?

농경 사회의 기득권층은 양반 지주였다. 이들은 신분적 특권으로 땅을 소유하고 있는 불로소득자로 땀 흘려 일하는 소작농들에게 기대어 살았다. 열심히 일해도 소출의 태반을 지주가 가져갔기에 소작농들은 열심히 일하지 않았다. 지금 서울을 비롯한 우리나라 주요 도시들은 이런 상태에 처한 것은 아닐까?

토지와 건축물의 소유권을 독단적으로 주장하고 그 가치를 독점하는 것은 비자본주의적이고 반시장적인 행태다. 자본주의는 땀에 대한 정당한 보상을 기초로 성립되고 유지되는 경제체제다. 세계 각국이 헌법에 명시하고 있는 재산권 보장 조항도 재산 자체가 신성한 것이라기보다는 개인의 땀으로 일군 재산이 부당한 권력에 의해 손쉽게 침해될 때 자본주의사회의 기틀이 근본적으로 흔들릴 수 있기 때문에 도입된 것이다.

장사가 잘되는 상권은 그냥 만들어지지 않는다. 요즘처럼 경제가 장기 불황에 빠진 시대일수록 더욱 그러하다. 예술가들과 상인들이 창의와 혁신의 기업가 정신으로 도전하며 끊임없이 노력한 끝에 만들어낸 것이다. 그런데 부동산 투기 세력의 독점욕과 탐욕 탓에 부동산 가격이 폭등한 결과, 땀 흘려 상권을 만들어 낸 예술가와 상인 들이 자신들의 일터에서 쫓겨나고 있다. 심지어 국제적 표준으로 세입자들에게 인정되고 있는 '영업권'에 대한 보상도 이뤄지지 않고 있다. 땀에 대한 배신이라 할 만하다.

우리 사회에는 상생과 경쟁, 정의와 효율, 민주주의와 시장경제를 대립적 가치로 보고 양자택일해야 하는 것으로 여기는 고정관념이 널리 퍼져 있다. 이는 우리가 아직 저개발 국가의 문화적 관성에서 벗어나 있지 못해 나타나는 인식의 오류다. 상대방과 공존하지 않는다면 그것은 경쟁이 아니라 전쟁이다. 게임의 룰이 공정하지 않고 기회가 평등하지 않은 사회에서는 많은 사람이 애초부터 근면하게 일하기를 포기한다.

민주주의와 시장경제는 항상 어깨를 나란히 하고 발전해 왔다. 물론 민주주의 없이 경제적으로 성장했던 몇몇 나라들의 선례가 있기는 하지만, 이들은 거의 예외 없이 중진국에 머물다가 후진국으로 전락해 갔다. 한때 우리보다 잘살았던 필리핀과 미얀마, 남미의 여러 국가가 그랬다.

상생하지 않으며 정의롭지 못하고 민주주의가 완성되지 않은 나라에서는 특권과 반칙에 기대어 법과 제도를 자신에게 유리한 방향으로 왜곡하고, 이에 힘입어 사회의 특정 생산 요소를 독점해 불로소득을 거두는 기득권 세력이 출현하기 쉽다. 이들은 시장경제 질서마저도 자기 이익에 맞게 왜곡하고 변질시키곤 한다.

이런 사회에서는 창의와 혁신의 기업가 정신이 발붙일 자리가 없다. 노동에 대한 합당한 보상이 주어지지 않기 때문에 누구도 땀 흘려 일하려고 하지 않는다. 창의적이고 혁신적인 아이디어를 내놓고 이를 실현하고자 애쓰지도 않는다. 수단과 방법을 가리지 않고 기득권에 편입되거나 편승해 안정을 누릴 생각만 한다.

명문 대학을 나와서 외국 유학까지 갔다 온 인재들이 9급 공무원 시험을 보고 있다. 청소년들이 장래 희망을 '건물주'라고 적어 내고 있다. 이 나라가 원래부터 이랬던 것은 아니다. 불과 10여 년 전 IMF 외환 위기를 맞이했을 때, 창의와 혁신의 기업가 정신으로 무장한 젊은 인재들이 벤처 스타트업 열풍을 일으켰고, 이에 힘입어 단군 이래 최대의 경제 위기를 극복하고 다시 일어섰던 나라가 아니었던가?

젠트리피케이션 방지 정책은 상권을 일구기 위해 예술가들과 창의적 상인들이 흘린 땀에 대한 정당한 보상을 되찾아 주고자 추진되는 정책이다. 이는 결코 사회적 약자에 대한 온정적 동기에서 추진되는 정책도 아니며 자본주의를 넘어서려는 정책도 아니다. 일부 투기 세력의 독점욕과 탐욕 때문에 왜곡되어 있는 경제와 사회를 치유하고 그 역동성을 회복해 진정한 자본주의 시장경제를 실현해 보자는 취지에서 추진되는 정책이다.

정의란
무엇인가?

마이클 샌델로 보는 젠트리피케이션

정의라는 말처럼 다양하게 쓰이는 단어도 드물다. 그 뜻에 대해 사람마다 다르게 이야기한다. 이처럼 정의正義에 대한 다양한 정의定意를 거칠게나마 요약하면, '한 사회의 구성원들이 합의하고 있는 올바름의 기준'이라고 말할 수 있다.

사람 사는 세상은 때로 무엇이 옳고 그른지를 명확하게 구분하기가 쉽지 않다. 예를 들어, 강물에 열 살짜리 아들과 칠순 노모가 빠져 있다고 가정해 보자. 구할 수 있는 사람은 오직 한 명. 누구를 구해야 할까? 매우 극단적으로 설정된 상황이다. 하지만 사회 속에서 일어난 일들의 옳고 그름을 판단하고 적절하게 처분하는 일은 이보다 더 복잡하고 어렵다. 이처럼 양자택일이 쉽지 않은 딜레마적 상황에서 무엇이 옳고 그른지를 일관되게 판별할 수 있게 하는 기준점, 그것이 바로 정의다.

다산 정약용은 지방관으로 고을에 부임할 때마다 관청에서 보관 중인 저울과 자를 검사했다고 한다. 세금 거두는 아전들이 저울의 눈금과 자의 치수를 조작해 부정부패를 저질렀기 때문이다. 『목민심서』에서도 다산은 고을에 새로 부임한 목민관은 아전들이 각자 사용하는 저울과 자를 거둬들이고 통일된 규격으로 다시 제작해 쓰게 해야 한다고 적고 있다.[159]

정의란 사회문제를 판별하는, 눈에 보이지 않는 저울이다. 저울과 자의 치수가 수학적으로 측정되는 것이라면, 사회문제의 옳고 그름을 판별하는 정의의 기준점은 사회 구성원들 사이에서 오랜 시간 숙고를 거쳐 합의된다. 정의가 바로 선 사회는 모든 사람이 이해할 수 있는 방향에서 이런 기준점이 설정되어 일관되게 적용되는 사회다. 정의가 바로 서지 않은 사회는 옳고 그름을 판별하는 기준이 힘 있는 특정 세력에 편향되어 있고, 그 적용도 사회 세력 간의 힘의 우열, 여론의 흐름에 따라 그때그때 달라진다.

정의는 사회를 지속 가능하게 한다. 정의가 바로 선 사회에서 사람들은 법과 제도를 신뢰하고 질서를 지킨다. 사회 갈등이 발생해도 모두가 합의한 정의의 잣대에 비추어 토론하면서 타협을 통해 해결 방안을 모색한다. 이런 사회에서 갈등은 사회를 더 나은 방향으로 발전시키는 긍정적 에너지로 작용한다. 반면 정의가 바로 서지 않은 사회에서는 기준점이 부재해 건설적 토론이 불가능하므로, 갈등은 사회를 분열시키고 활력을 갉아먹는 부정적 에너지로 작용한다.

이렇게 중요한 개념이기에 세계의 많은 사상가들이 '정의란 무엇인가'라는 화두를 붙들고 연구를 거듭해 왔다. 이와 관련해 가장 널리 알려진 책이, 마이클 샌델Michael Sandel의 『정의란 무엇인가』다. 이 책은 2000년대 후반 우리 사회에서 선풍적인 인기를 끌었다. 이에 대해 어떤 이는 정의가 부재한 사회 현실에서 정의에 대해 사람들이 느끼는 갈증을 반영한 현상이라고 진단하기도 했다.

샌델은 "어떤 사회가 정의로운지 알려면 우리가 소중히 여기는 것들(소득과 부, 의무와 권리, 권력과 기회, 공직과 명예)을 어떻게 배분하고 있는지 살펴보아야 한다"고 말한다. 그에 따르면 "정의로운 사회는 이런 것들을 각각 자격 있는 사람에게 배분한다." 샌델은 이와 같은 재화 배분 문제에 접근하는 방식을 크게 세 가지로 나눌 수 있다고 주장한다. 복지의 극대화, 자유의 존중, 좋은 삶을 가능케 하는 미덕이다.[160] 이 가운데 샌델은 복지의 극대화나 자유의 존중보다는 미덕을 중시하는 입장에 서있다.

젠트리피케이션도 정의의 잣대로 재야 하는 사회문제다. 여기에는 건물주와 세입자 간의 상충되는 이해관계, 권리의 충돌 탓에 발생하는 딜레마와 토지·건축물의 가치를 배분하는 원칙과 방법을 둘러싼 쟁점이 응축되어 있다. 이 문제들을 정의의 관점에서 어떻게 판별할 수 있을 것인가? 각각 샌델이 제시한 세 가지 접근법에 비추어 생각해 보자.

최소 소수의 최대 행복

샌델이 말한 정의에 대한 세 가지 접근법 가운데 하나인 복지의 극대화 이면에는 공리주의가 자리 잡고 있다. 영국의 도덕 철학자이자 법 개혁가인 제러미 벤담Jeremy Bentham은 "도덕의 최고 원칙은 행복의 극대화, 즉 쾌락의 총량이 고통의 총량보다 많게 하는 데 있다"고 주장했다. 이를 '공리'utility의 원칙이라 하는데, 개인적 차원뿐만 아니라 입법적 차원에서도 적용된다. "어떤 법이나 정책을 집행할 것인지 결정할 때, 정부는 공동체 전체의 행복을 극대화하는 일은 무엇이든 해야 한다." 벤담은 "시민과 입법자"들이 항상 "이렇게 물어야 한다"고 주장한다. "우리가 이 정책에서 얻는 이익을 모두 더하고 모든 비용을 빼면, 다른 정책을 펼 때보다 더 많은 행복을 얻게 되는가?"[161]

벤담의 공리주의는 "최대 다수의 최대 행복"이라는 말로 요약된다. '최대'라는 수식어에 주의해야 한다. 이 말은 '모두'를 가리키지 않는다. 벤담의 공리주의와 관련해 샌델은 1884년 작은 구명정 한 척에 의지해 남태평양을 표류하던 네 명의 영국 선원 이야기를 소개하고 있다. 표류한 지 19일째가 되자 선장은 굶주림에 시달리는 선원들에게 제비뽑기해 한 명을 희생시키자고 제안한다. 선원 가운데 한 명이 반대해 이는 무산된다. 하지만 바로 다음 날, 선장은 기어코 선원 가운데 가장 어린 17세 소년을 살해한다. 그는 고아였다. 24일째 되는 날, 아침 식사 중이던 세 명의 선원 앞에 구조선이 나타났다. 영국에 도착한 세 명의 선원은 즉시 체포됐고 선장은 혐의를 순순히 인정했다. 그리고 '최대'한 많은 사람을 살리기 위해 불가피한 일이었다고 자신을 변호했다. 샌델은 묻는다. "당신이 판사라면 어떤 판결을 내리겠는가?"[162]

만약 판사가 공리주의자라면 선장은 무죄다. 20일 넘게 굶주렸고 조금만 지나면 모두 아사할 상황이다. 네 명 모두가 죽으면서 발생하는 고통의 비용보다는 소년 한 명의 죽음으로 발생하는 고통의 비용이 훨씬 적다. 게다가 소년은 유가족이 없는 고아였다. 유가족이 있는 다른 세 명의 선원들이 함께 죽는 것보다는 소년 혼자만 희생되는 편이 사회 전체적으로 발생하는 고통의 비용을 더 줄여 준다. 세 명의 선원이 생환함으로써 본인들이 가지는 안도감과 더불어 가족의 기쁨, 그리고 여기에서 산출되는 편익이 있다. 이렇게 보면 소년 한 명의 희생에 따라 발생하는 편익이 비용을 초과한다.[163]

빠른 이해를 위해 다소 극단적인 예를 들었지만, 이는 우리 사회의 갈등 현안에서도 자주 등장하는 논리다. 특정 지역에 원자력발전소가 들어오고 이에 대해 주민들이 반발하면 언론은 이를 집단 이기주의로 몰아간다. 여기에는 앞서 살펴본 공리주의 논리가 깃들어 있다. 원자력발전소가 들어와 지역 주민들이 손해를 보더라도, 그로 인해 더 많은 국민이 전기를 싼값에 이용할 수 있으니 쾌락의 총량이 고통의 총량을 초과하므로 정의로운 결정이라는 것이다.

샌델은 공리주의에 대해 두 가지 이유로 반박한다. 첫째, 공리주의는 만족의 총합에만 관심을 두기에 개인의 권리를 짓밟을 수 있다.[164] 둘째, 공리주의는 행복의 측정·합산·계산을 기초로 도덕과학을 제공한다고 주장하지만, 과연 인간 행위의 도덕성을 물건 값 매기듯이 공통된 하나의 단위로 계량화해서 평가할 수 있는지 의문이다.[165]

젠트리피케이션을 둘러싼 논쟁에서도 공리주의 논리가 등장한다. 젠트리피케이션을 오로지 주거지 및 상권 고급화로 받아들이는 사람들은 상권을 일군 자영업자들이 쫓겨나는 것은 안타깝지만, 그로 인해 발생하는 사회적 편익이 더 크니 어쩔 수 없다고 주장한다.

젠트리피케이션을 긍정하는 사람들의 논거를 들어보면 다음과 같다. 첫째, 주거지 및 상권의 고급화로 토지·건축물의 가격이 오르면 지역 주민들의 재산 가치가 상승한다. 둘째, 그 부대 효과로 발생하는 지역 경제 활성화, 문화 및 치안 수준 향상은 해당 지역뿐만 아니라 인접 지역 주민들의 삶의 질도 높인다. 셋째, 대형 마트나 대기업 프랜차이즈가 입주해 지역 내 소비자들에게 더욱 싼 값으로 질 좋은 재화·서비스를 공급할 수 있게 된다. 즉 젠트리피케이션에 따른 만족의 총합이 불만족의 총합보다 크다는 것이다.

먼저 벤담의 논리에 기대어 이를 반박하면, 첫째, 토지 및 건축물 가격 상승으로 말미암아 발생하는 사회적 비용이 편익보다 더 클 수도 있다. 토지 및 건축물의 가격이 상승하면 주거 세입자, 영세 자영업자들을 생활 터전에서 떠나게 할 뿐만 아니라 임대료 상승에 따른 실질 임금 하락 현상을 낳는다. 임대료 상승분을 메우기 위해 물건 값을 올리고 임금을 낮게 책정하는 것이다. 이때 발생하는 비용은 해당 지역 및 인접 지역의 범위를 뛰어넘는다. 국민경제 전반에 악영향을 끼칠 수 있다.

둘째, 젠트리피케이션이 지역 경제 활성화에 기여하는지 의문이다. 그리고 젠트리피케이션으로 지역에 진입한 대형 업체가 공급하는 염가의 재화 및 서비스가 실제로 지역 소비자의 복리 후생에 도움을 주는지도 검증할 필요가 있다. 하라다 히데오 교수(일본 유통경제대, 경제학)는 자신의 저서 『지역 경제와 대형 마트』에서 미국 사례를 들며, 월마트가 진출한 지역마다 지역 상권이 붕괴하고 저임금 비정규직이 양산되어 지역 주민의 삶의 질이 하락했다고 주장한다.[166] 그에 따르면 대형 유통 업체의 저가 판매 전략은, 그에 따라 발생하는 리스크를 사회로 전가하며 유지된다. 우리나라에서도 이런 주장이 많이 제기되고 있다. 부경대학교 산학협력단이 연구한 바에 따르면 "대형 마트 면적이 약 10%(306,630㎡) 증가한다면 중소 유통의 시장점유율은 약 1.754% 감소"한다. 이를 매출액으로 환산하면 "감소액은 약 18,135억 원"으로 추정되는데, 이는 전통 시장 약 92개의 매출에 해당한다.[167] 또한 지역 내 소득이 역내에서 순환하지 않고 역외로 유출되는 것도 문제점으로 지적되고 있다.

셋째, 문화 및 치안 수준이 향상된다는 것은 섣부른 판단이다. 젠트리피케이션은 문화 백화 현상을 일으키는데, 다양성이 문화적 수준을 가늠하는 주요 척도 가운데 하나임을 고려하면, 젠트리피케이션은 도리어 지역의 문화적 수준을 퇴화시키는 계기가 된다. 또한 서울의 자치구별 범죄율을 살펴보면, 주민의 소득수준과 지역의 치안은 별다른 상관관계가 없다.[168] 설령 상권 및 주거지의 고급화가 해당 지역의 문화 및 치안 수준 등을 향상한다고 해도, 이는 지역의 불안 요소를 외부로 이전시켰기 때문이지 문제를 해결해 나타난 현상은 아니다. 즉 사회 전체의 효용 총량과 비용 총량에는 변화가 없다. 편익과 비용을 발생시키는 요인의 지역적 분포가 달라졌을 뿐이다.

다음으로 공리주의에 대한 샌델의 반박 논리에 기대어서 생각해보면, 첫째, 모든 인간은 인간다운 생활을 할 수 있는 권리와 행복을 추구할 권리를 천부적으로 부여받았다. 젠트리피케이션 때문에 주민 다수의 복리가 증대되는 것이 확실한 사실이라 해도, 이로 말미암아 생존권적 기본권을 침해받는 사람이 한 명이라도 있다면, 이는 결코 묵과할 수 있는 문제가 아니다.

둘째, 공리주의적 관점에서 젠트리피케이션을 긍정하는 사람들은 모든 문제를 시장가격으로 환원해 판단하려는 경향이 있다. 비록 경제가 인간의 삶을 구성하는 필수 불가결한 요소이긴 하지만, 인간은 그것만으로 행복해지지 않는다. 젠트리피케이션은 공동체와 문화를 파괴한다. 그 가치를 과연 시장 가격으로 환원할 수 있을까? 토지·건축물의 가격 상승, 대형 유통 업체가 공급하는 저가 제품에 의한 경제적 효용이 주는 만족과 공동체·문화의 파괴가 발생시키는 불만족을 객관적으로 수량화해서 비교하는 일이 과연 가능한 일이긴 한 것일까?

벤담의 공리주의 원칙에 따르든 샌델의 반박 논리에 비추어 보든 모든 젠트리피케이션을 정의로운 사회현상이라 말하기는 힘들어 보인다. 공리주의적 관점에서 젠트리피케이션이 가져오는 사회적 만족의 총합이 불만족의 총합을 능가한다고 확정적으로 판단할 수 있는 근거가 부족하다. 보기에 따라서는 불만족의 총합이 더 크게 느껴지기도 한다. 설령 만족의 총합이 더 크다 해도, 민주주의 사회에서 모든 개인에게 보장하기로 약속한 생존권적 기본권이 침해되는 문제와 더불어, 과연 시장가격을 행복의 척도로 삼을 수 있느냐는 문제가 제기된다.

그나마 우리가 확실히 알 수 있는 것은 젠트리피케이션이 일부 대기업과 부동산 투기 세력 그리고 '상가 사냥꾼' 들에게는 이익이 된다는 점이다. 그런데 이들은 우리 사회에서 지극히 적은 수를 차지한다. 이들보다 훨씬 많은 사람들이 집과 일터에서 쫓겨나며, 지역 상권과 공동체·문화의 붕괴로 피해를 입고 있다.

지역에 거주하는 건물주들도 상권 황폐화로 공실률이 늘어나고 건물 매매가가 떨어지면서 재산상의 큰 피해를 당한다. '효용'은 젠트리피케이션을 조장하고 떠나 버린 부동산 투기 세력에게만 집중될 뿐이다. 젠트리피케이션은 결코 최대 다수의 최대 행복을 가져오는 사회현상일 수 없다. 차라리 최소 소수의 최대 행복일 뿐이다.

자유와 방종

샌델에 따르면 "정의를 자유와 연관시키는 일련의 이론들"은 "공통적으로 개인의 권리 존중을 강조"한다. "자유와 개인의 권리를 존중하는 것이 곧 정의라는 생각은 복지 극대화를 강조하는 공리주의 사고만큼이나 오늘날 정치에 익숙"하다.[169] "자유를 근간으로 정의를 규정하는 접근법은 여러 유파를 형성"하고 있다. "실제로 우리 시대에 가장 치열한 논쟁은 이런 접근법을 취하는 경쟁적인 두 진영 사이에서 일어나는데, 이 두 진영이란 자유방임 진영과 공정성 진영"이다.[170]

"자유방임주의 진영을 이끄는 자들은 자유시장주의자", 즉 앞에서 말한 시장 원리주의자들이다. "이들은 정의란 성인들의 합의에 따른 자발적 선택을 존중하고 지지하는 데 달렸다고 믿는다."[171] 자유 지상주의자들이 말하는 자유의 핵심은 다른 사람의 권리를 침해하지 않는 한도에서 저마다의 능력으로 소유물을 취득하고 사용하며 처분할 수 있는 자유다. 그들은 이를 "기본권"이라고 부른다.[172] 따라서 자유지상주의자들은 재분배에 반대하고 이를 명분으로 진행되는 정부의 시장 개입에 반대하며, 최소 국가를 지향한다. 이들은 복지를 표방하는 현대 국가가 개인의 권리를 과도하게 침해하며 자유를 위협한다고 비판한다.[173]

이런 문제의식에서 정의正義 개념을 정의定意한 사람이 미국의 철학자 로버트 노직Robert Nozick이다. 그는 『아나키, 국가 그리고 유토피아』에서 "워낙 강력하고 광범위한 권리가 있어서, 국가가 할 일이 조금이라도 있다면 그게 무엇인지 의문이다"라며 "오직 계약의 이행을 강제하고, 사람들을 폭력과 절도와 사기에서 보호하는 제한적 기능만

수행하는 최소 국가만이 정당화될 수 있다"라고 주장한다.[174]

노직은 "돈을 벌 때 사용한 자원이 우선 합법적으로 당신의 것"이었고, "당신이 돈을 번 것이 시장에서 자유로운 교환에 의한 것이거나 다른 사람이 자발적으로 건네준 선물에 의한 것"이었다면 "당신은 현재의 소유물을 가질 자격이 있으며, 국가는 당신의 동의 없이 그것을 뺏을 수 없다"라고 주장한다. "부당하게 얻은 자원으로 시작하지 않는 한 자유 시장을 통한 분배의 결과는 평등과 상관없이 정당하다"는 것이다.[175]

자유 지상주의자라면 젠트리피케이션에 반대하지 않을 것이다. 건물주가 자신의 소유인 토지와 건축물을 "폭력과 절도, 사기"가 아닌 정당한 계약에 따라 취득했다면, 그는 이것들을 마음대로 사용하고 처분할 수 있는 권리를 지닌다. 젠트리피케이션을 막겠다고 정부가 개입하는 것은 아무리 좋은 명분을 앞세운다고 해도 개인의 자유와 권리를 침해하기에 정당하지 않은 행위다. 이런 입장은 두 가지로 반박할 수 있다. 자유와 정의를 공정성의 관점에서 접근하는 입장과 자유 지상주의자들의 입장 그 자체다.

공정성 진영에는 평등을 옹호하는 이론가들이 있다. "이들은 규제 없는 시장은 공정하지도 자유롭지도 않다고 주장"하며 "모든 이에게 성공할 기회를 공정하게 나눠주는 정책을 펴야 한다고 주장"한다. 또한 "정의를 구현하기 위해서는 사회적·경제적 불이익을 바로잡아야 한다"라고 본다.[176] 이런 입장에서 정의 개념을 규정한 것이 존 롤스John Rawls였다.

롤스는 『정의론』에서 정의의 두 가지 원칙을 제시한다. 첫째, 모든 사람은 양심의 자유, 사상의 자유와 같은 정치적 기본권을 공평하게 보장받아야 한다. 이런 권리는 절대로 침해될 수 없으며 어느 누구에게도 양도될 수 없다. 이에 관한 한 다수를 위해 소수를 희생해도 좋다는 식의 공리주의적 논변은 절대 허용되지 않는다.[177]

둘째, 차등의 원칙. 사회경제적 불평등은 그것이 사회적 약자들에게 혜택을 줄 때만 정당한 것으로 인정된다. 예를 들어, 애플사의 CEO 스티브 잡스가 노동자 평균임금의 수천 배를 번다고 해도, 그의 소득에 누진세율이 적용되고, 그가 납세의 의무를 성실히 이행하며, 정부가 그렇게 거둬들인 세금을 사회적 약자의 권익과 복지 향상에 지출한다면, 그와 같은 소득 불평등은 어느 정도 용인될 수 있다는 것이다.[178]

샌델은 롤스의 입장이 자본주의사회의 소득과 기회의 불평등에 대한 그의 도덕적 문제의식에 기초한다고 분석한다. 자본주의사회는 "재능 있는 사람에게 일할 기회를 주고 법 앞의 평등을 보장"한다.[179] 즉 과거처럼 출생이라는 임의적 요소로 자신의 삶을 더 나은 방향으로 발전시킬 기회를 제도적으로 막지는 않는다. 그러나 롤스가 보기에 자본주의사회에서는 이런 기회가 소득과 부의 불평등으로 제약당하고 있다. 소득과 부에서 우위를 차지하고 있는 사람, 또는 그런 사람을 부모로 두고 있는 사람에게는 자신의 재능을 발견하고 계발해 능력을 함양할 기회가 다른 사람보다 더 많다.

그런데 롤스는 비록 어느 정도 임의적 요소에 기대었다고 해도, 이런 사람들의 능력을 사회적 약자들의 교육 기회를 확대하는 방향으로 쓰이게 함으로써 불평등 문제를 바로잡을 수 있다고 보았다. 이는 최근 우리 사회에서 많이 거론되고 있는 상생의 정신이다. 어떤 사람이 남들보다 더 많은 소득과 부, 기회를 가진다고 해도 그의 재산과 능력이 사회적 약자들과의 상생을 위해 쓰이고 있다면, 이런 불평등은 정의로운 것으로 인정받을 수 있다.[180]

롤스의 입장에서 보면, 젠트리피케이션은 정의롭지 않은 사회현상이다. 젠트리피케이션으로 형성된 부는 그것을 조장한 '상가 사냥꾼', '기획 부동산' 등 부동산 투기 세력에게만 주로 집중된다. 그리고 사회적 약자, 중소 자영업자들에게는 큰 피해를 주며 불평등을 심화한다. 이것은 차등의 원칙에 위배된다.

그렇다면 노직의 관점에서는 젠트리피케이션을 어떻게 비판할 수 있을까? 노직이라면 서구 사회에서 일어나는 자연 발생적 젠트리피케이션에 대해서는 정당한 소유권 행사로 보고 비판하지 않았을 것이다. 하지만 우리나라의 젠트리피케이션, 특히 상업 젠트리피케이션에 대해서는 롤스보다 더 단호하게 반대했을 가능성이 크다. 앞에서 살펴본 대로, 한국의 〈상가건물 임대차보호법〉은 상가 세입자의 영업권을 실효성 있게 보호하지 않고 있다. 이에 따라 상가 세입자들은 정당하지 못한 관행과 편법에 의해 영업권에 대한 보상 없이 일터에서 쫓겨나고 있다. 토지와 건물처럼 눈에 보이지 않지만, 영업권도 엄연한 재산의 일종이다. 보상 없는 퇴거, 즉 권리금을 지급하지 않고 상가 세입자를 쫓아내는 것은 그의 소유를 부당하게 침해한 것과 다름없다. 이는 노직이 말한 정의의 첫 번째 조건, 다시 말해 "부당하게 얻은 자원으로 돈을 벌면 안 된다"는 조건에 어긋나게 된다. 노직의 관점에서도 이는 정의롭지 못하며, 방종에 가까운 행위다.

부동산업의 미덕에 관하여

샌델은 정의에 대한 공리주의나 자유주의적 접근법, 즉 근대사상에 기초한 정의론을 비판적으로 바라본다. 그의 관점에서 이런 접근법들은 도덕적 가치에 대한 고민을 최대한 배제하고 형식논리에만 치중하고 있다. 인간과 사회는 공동선, 미덕, 좋은 삶과 같은 도덕적 화두와 결코 분리될 수 없다. 이를 배제하려 했다고 간주되는 공리주의나 자유 지상주의도 그 이면에는 도덕적 화두에 대한 자기 나름의 견해를 형성하고 있다는 것이 샌델의 판단이다.

그런 점에서 샌델은 정의에 대한 세 번째 접근법, "정의가 미덕, 좋은 삶과 연관되어 있다는 이론"을 지지하는 편이다.[181] 이는 아리스토텔레스의 도덕·정치철학에 기초하고 있다. "아리스토텔레스 정치철학의 핵심은 두 가지"인데, 첫째, "정의는 목적론에 근거"한다. "권리를 정의하려면 '텔로스'telos(목적, 목표, 혹은 핵심 본질)를 이해"해야 한다. 둘째, "정의는 영예를 안겨 주는 것"이다. "어떤 행위의 텔로스를 추론하거나 주장한다는 것은, 적어도 어느 정도는 그 행위가 어떤 미덕에 영예와 포상을 안겨 줄 것인가를 추론하는 것"이다.[182]

아리스토텔레스는 이 세상에 존재하는 모든 사람, 모든 사물에는 본연의 목적성이 내재되어 있다고 본다. 그리고 이런 목적성이 잘 발현될 때, 이를 가리켜 '좋다'[善]고 표현한다. 미덕은 사람과 사물이 본연의 목적성을 실현할 수 있게 하는 능력과 기능을 의미한다. 예를 들어, 자동차는 사람과 사물을 한 장소에서 다른 장소로 이동시키는 목적을 위해 만들어졌다. 좋은 자동차는 빠르고 안전하게 사람과 사물을 이동시키는 차일 것이다. 자동차의 미덕은 이런 기능을 수행할 수 있게 하는 기계적 성능을 가리킨다.

아리스토텔레스는 인간 삶의 목적이 행복에 있고 이는 좋은 삶을 통해 실현된다고 본다. 그런데 우리가 이 부분에서 생각해 봐야 할 것은 공리주의자나 자유주의자들과 달리, 아리스토텔레스는 개인주의자가 아니었다는 것이다. 그는 인간이 폴리스적 존재라고 말했다. 즉 인간은 사회와 국가의 일원으로서만 삶의 의미를 부여받는다. 개별적 인간은 정치 공동체의 목적인 공동선에 참여함으로써만 행복해질 수 있다. 다시 말해 정치 공동체의 구성원으로서 각자에게 부여된 의무와 역할에 충실한 것이 좋은 삶이며, 그랬을 때 개인도 행복해지고 정치 공동체의 공동선도 구현될 수 있다.

이와 관련해 샌델은 정치 공동체가 추구해야 하는 공동선이 무엇인지, 어떤 것이 좋은 삶인지에 대해 구체적으로 이야기하지는 않는다. 그는 정의로운 사회를 만들어 가기 위해서는 앞으로 정치가 도덕 정치적 의제들을 회피하지 말고, 이에 대해 시민들과 적극적으로 토론하며 합의를 창출해야 한다고 주장한다. 이를 통해 시민들이 공동선에 헌신하는 태도를 키울 방법을 모색하고, 시장의 도덕적 한계를 인식함과 동시에 "시장 논리 및 시장 친화적 사고"가 사회를 지배하지 않게 해야 한다.[183]

젠트리피케이션에 대한 우리 사회의 토론은 대부분 경제적 관점에서만 이뤄지고 있다. 젠트리피케이션이 지역 경제 발전에 도움이 되는지 아니면 악영향을 끼치는지, 누구에게 이익이고 누구에게 손해인지 등이다. 하지만 우리가 정치 공동체를 공유하고, 그 안에서 지역공동체를 이루어 살아가는 사람들이란 점을 고려해야 한다. 따라서 건물주로서, 세입자로서, 부동산 중개업자로서 해야 할 처신과 행동이 우리 사회가 지향하는 공동선, 좋은 삶의 지향, 시민적 미덕에 부합하는지에 대해 생각하지 않을 수 없다. 물론 무엇이 공동선인지, 어떤 것이 좋은 삶인지, 시민적 미덕을 판가름하는 기준은 무엇인지를 누군가가 일방적으로 정할 수는 없다. 건물주로서, 상가 세입자로서, 부동산 중개업자로서 구현해야 할 시민적 미덕이 무엇인지에 대해서도 이해 당사자 상호 간의 숙의가 필요하다.

그러나 최소한 우리 모두 더불어 상생하며 살아가기를 원하고 있다는 점, 그것이 좋은 삶이며 공동선이라는 점은 대부분의 사람이 어렵지 않게 동의할 수 있을 것이다. 그랬을 때 건물주의 미덕은 토지와 건축물을 잘 관리하고 이를 이용하고자 하는 사람들에게 합리적 가격으로 제공하는 것이고, 상가 세입자의 미덕은 자신의 이익만 추구하는 것이 아니라 정직한 상행위로 지역사회 발전에 기여하는 것이며, 부동산 중개업자의 미덕은 토지와 건축물의 소유자와 사용자를 공정하게 연결해 주는 것이라는 데도 많은 사람들이 공감할 것이다.

그런데 젠트리피케이션을 통해 드러나는 우리 사회의 모습은 이와 전혀 다르다. 공동선이 아닌 개인의 이익만을 추구하고 있다. 물질적으로 풍요로운 것만이 좋은 삶인 줄 안다. 미덕은 순진하고 어리석은 것, 심지어 실속 없는 위선으로 치부되고 있다. 이런 사회가 과연 지속 가능할 수 있을까?

젠트리피케이션은 단순히 법·제도적 처방으로서만 치유될 수 있는 문제가 아니다. 공공적 성격이 강한 자산인 부동산(토지와 건축물)을 바라보는 우리의 인식과 태도의 전환, 나라와 지역사회의 구성원이기도 한 우리 자신의 미덕에 관한 성찰, 우리 모두가 추구해야 할 공동선에 대한 깨달음 등이 전제되었을 때 근본적으로 해결될 수 있는 문제다. 정의로운 사회만이 지속 가능하게 성장하고 발전한다.

GENTRIFICATION

3

상생 도시와
젠트리피케이션의 갈림길에서

"도시의 품격은 건물이 아니라
사람이 결정하는 것입니다.
어떤 건물이 있느냐가 아니라 그곳에서
어떤 사람들이 어떤 활동을 하고 있는가,
그들이 어떤 삶을 살고 있는가에 따라
도시의 품격이 결정됩니다."

성수동,
도시 재생의
바로미터

성수동에서 피어난 상생 도시의 씨앗

공직에서 일하면서 부족한 부분도 많았겠지만 열심히 일했다. 다행히 주민들이 많은 칭찬과 격려를 보내 주신다. 가끔은 애정 어린 핀잔을 듣기도 한다. "너무 성수동만 신경 쓴다", "성수동 구청장이냐?" 등의 말이다. 심지어 "구청장 고향이 성수동이냐"고 묻는 분도 있다. 그러면 웃으며 "태어난 고향은 여수, 살아온 고향은 성동"이라고 답한다. 그리고 왜 성수동에 관심을 쏟는지 차근차근 설명한다.

쇠퇴해 가는 낡은 공장 지대가 있고, 무한한 잠재력을 지녔지만 아직 그 싹을 틔우지 못한 곳으로 알려진 성수동. 그럼에도 성수동은 지금껏 성동구 살림살이의 근간이었다. 국내 최대 유통 업체인 이마트

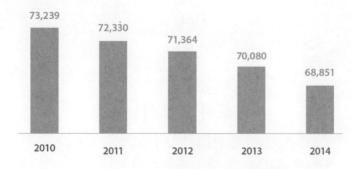

73,239

72,330

71,364

70,080

68,851

2010   2011   2012   2013   2014

출처: 서울시 통계정보시스템, "인구-주민등록인구"(http://stat.seoul.go.kr/octagonweb/jsp/WWS7/WWSDS7100.jsp).

와 패션 기업 K2 본사가 있고, 수제화 특화 산업 단지가 조성되어 있으며, 그 밖에도 3,124개의 다양한 제조업체가 입주해 있다. 2013년 기준 성동구 전체 법인세 부과액(140억 원)의 약 70%가 성수동에서 걷히고 있다. 특히 성수 2가 제3동은 서울시 450여 개 동洞 가운데 제조업체 6위, 종사자 수 2위(1위 가산동)다.

　이처럼 중요한 지역임에도 2000년대 들어 성수동은 계속 쇠퇴하고 있었다. 교통망이 고도화되면서 굳이 땅값 비싸고 규제가 많은 서울에 공장을 유지할 이유가 없어졌고, 성동구가 아파트 중심의 고급 주거지로 변모하면서 공장을 혐오 시설로 여기는 주민들이 제기하는 이전 압박도 거세다. 그래서 성수동의 많은 공장들이 부지를 팔고 서울 밖으로 이전하고 있다.

　이와 더불어 중국이나 동남아 등지에서 수입된 저가 공산품이 대거 늘어나면서 성수동 입주 기업 가운데 82.2%를 차지하고 있는 영세 기업체들이 가격 경쟁력을 상실하고 경영난을 겪고 있다. 이런 요인들로 말미암아 성수동의 인구는 지난 5년간 지속해서 감소하고 있다. 성

	노후(30년 이상)		전체	
성수1가 제1동	580	43.6%	1,330	100.0%
성수1가 제2동	660	43.3%	1,523	100.0%
성수2가 제1동	1,046	52.4%	1,997	100.0%
성수2가 제3동	985	63.4%	1,554	100.0%
합계	3,271	51.1%	6,404	100.0%

출처: 서울시립대학교 산학협력단, "성수지역 실태조사 및 발전계획 연구", 2015년 성동구 학술연구용역 최종보고회 발표 자료.

수동 인구는 2010년 73,239명에서 2014년 68,851명으로 감소해 왔다. 5년간 약 6% 줄었다.

이와 같은 인구 감소와 더불어 심각한 것이 낡은 건물의 증가다. 2014년 건축물 대장을 살펴보면 성수동 건축물 수는 총 6,404개다. 건축물 유형은 단독주택이 3,036개(47.4%)로 가장 많고, 근린생활시설이 1,537개(24%), 공장이 795개(14.4%), 아파트와 연립주택 등을 포함한 공동주택이 452개(7.1%), 창고가 154개(2.4%) 등으로 구성되어 있다. 이 가운데 30년 이상 낡은 건물이 3,771개로 51.1%를 차지한다.

젠트리피케이션 현상이 일어나고 있는 지역만 따로 추려 보면, 서울숲에 가까운 성수 1가 제2동의 1,532개 건물 가운데 43.3%에 해당하는 660개 건물이 30년 이상 낡은 건물이며 대림창고, 자그마치, 사진창고 등 최근 성수동에 입주한 문화예술 시설 및 카페 등이 있는 성수 2가 제1동의 건물 1,997개 중 1,046개(52.4%)가 낡은 건물로 분류된다.

이처럼 쇠퇴하고 있는 성수동을 가만두고는 성동구 발전을 기대할 수 없었다. 2015년 현재 성동구의 재정 자립도는 34.5%로 서울시 25개 자치구 중 여덟 번째로 높은 순위다. 50% 이상의 재정 자립도를 보이는 자치구는 종로구·중구·강남구·서초구뿐이다. 대부분의 자치구 재정 자립도는 15~27% 선이다. 타 자치구에 비하면 성동구의 재정 자립도는 양호하지만, 어디까지나 상대적인 기준이다. 34.5%의 재정 자립도로 자치구의 지속 가능한 성장과 발전을 모색하기는 힘들다.

성동구의 지속 가능한 성장을 위해 성수동에 역량을 집중하기로 했다. 서울숲이 있는 생태 친화 도시, 한강과 청계천이 휘감아 도는 물의 도시, 한강 남북을 잇는 교통 요지 등 탁월한 입지조건을 활용해 성수동을 지식 기반 산업과 전통적 토착 산업이 공존하는 21세기형 창조 경제 도시로 만드는 것이 내게 주어진 가장 중요한 임무라 생각했다.

그리고 이 노력의 결실을 성동구 교육, 일자리, 복지 예산으로 활용하는 것이 궁극적인 목표다. 성수동에서 일군 혁신과 발전의 성과를 토대로 성동의 도약을 일굴 계획이다.

그런데 다행스럽게도 성수동에는 도시 재생의 건강한 씨앗이 자생적으로 뿌려지고 있었다. 사회적 기업을 경영하는 사회 혁신가, 문화예술인, 스타트업에 나선 청년 사업가 등이 성수동에 작업장과 생활 공간을 마련해 활동하면서 거리의 분위기가 산뜻하고 맵시 있게 변해 갔고, 활력이 감돌았다.

2012년 6월 아시아공정무역네트워크를 시작으로 서울그린트러스트, 더 나은 미래, 문화예술사회공헌네트워크 등 시민 단체, 문화예술인 그룹, 소셜 벤처 등 다양한 사회 혁신가들이 성수동에 모여들기 시작했다. '사단법인 서울그린트러스트'는 2013년 성동구 서울숲길의 단독주택을 개조하고 '녹색공유센터'라는 간판을 내걸고, 시민들과 서울숲 가꾸기와 동네 숲 만들기 운동을 전개했다.

이후 더 나은 미래와 문화예술사회공헌네트워크는 공익 활동과 사회적 경제를 아우르는 인적 네트워크를 기반으로 여러 소셜 기업들을 초청했다. 이 초청에 소셜 임팩트 투자 법인인 '루트임팩트'가 응했다. '체인지 메이커를 돕는 체인지 메이커'를 표방한 루트임팩트는 사회문제 해결에 앞장서고 있는 사회 혁신가들을 지원하고, 그들 사이의 협업을 촉진하며, 새로운 사회 공익사업 아이템을 발굴하는 컨설팅 그룹이다. 이들은 서울숲길에 사회 혁신가들이 모여 함께 소통하고 협업할 수 있는 공간인 '디웰살롱'을 만들었다. 이 공간의 지하에는 소셜 벤처들이 만든 제품이 전시되어 있다. 1층은 각자의 작업 공간에서 소화하기 어려운 모임이나 행사를 치를 수 있는 공용 공간으로 꾸며져 있고. 2, 3층은 청년 혁신가들의 주거 공간으로 쓰인다.

'디웰살롱'이 만들어지면서 성수동에 더 많은 소셜 벤처기업들이 모여들기 시작했다. 청년들에게 사회적 일자리를 제공하는 '두손 컴퍼니', '일본군 성노예 제도' 피해자 할머니들과 힘을 합쳐 디자인 제품을 만드는 '마리몬드', 사회적 책임과 도덕성을 갖춘 실천형 비즈니스 리더를 양성하는 글로벌 대학 연합 단체인 '인액터스 코리아', 청년 비영리단체 '아프리카 인사이트', 교육 재능 기부 단체 '공신닷컴', '부모학교 자람패밀리', 저소득층 교육·멘토링 비영리법인 '점프' 그리고 사회적 기업 '위누' 등이 서울숲길에 자리 잡으며 자연스럽게 소셜 벤처 클러스터가 형성되었다.

이렇게 한데 모이니 서로의 경험과 지식이 공유되면서 새로운 아이템을 발굴하고 이를 실현하기 위한 협업 작업이 늘어났다. "루트임팩트와 공신닷컴, 그리고 밥집인 소녀방앗간은 멀리 떨어진 경북 청송군"과 협업해 "청송군 내 농산물 수급과 유통에 대한 협조, 농촌 지역을 근거로 하는 소셜 벤처인 지원"에 나서고 있다. "그 일환으로 소녀 방앗간은 성수동에 터를 잡고 '청정 재료 한식 밥집'을 테마로, 청송 지역 할머니들이 직접 캔 산나물을 주재료로 매일 밥과 반찬을 선보이고 있다."[184] 또한 성수동에 모인 소셜 벤처들은 지역사회와의 협업에도 적극적이다. 다음은 이에 관한 『한경비즈니스』의 기사 중 일부 내용이다.

> 소셜 벤처가 모이며 동네엔 재미난 일이 늘었다. '서울숲 동네 꽃축제'가 열리는가 하면 동네 길목에 화분을 놓는 '화목한 수레 동네한 바퀴'가 열려 동네 분위기가 밝아졌다. 매달 마지막 목요일에 주민들을 초대해 함께 차를 마시며 대화를 나누는 '열린 정원' 프로그램도 있다. 자전거 관리 매점인 바이키는 '자전거 잘 사고 잘 관리하기'라는 주제로 행사를 벌였고 핑크빛으로 물든 카페 그랜드 마고는 앞마당에서 재즈 콘서트를 종종 연다. 공정 무역 제품을 판매하는 더페어스토리는 성동구 주민들을 모아 공정 무역 취지와 제품을 소개하는 '공정 무역 산책' 프로그램을 진행했다.[185]

사회 혁신가들에 이어 예술가들도 성수동에 모여들었다. 빛바랜 벽돌 건물, 곧 허물어질 낡은 공장과 창고들이 예술가들의 남다른 미학적 감수성을 자극했던 것일까? 성수동에 들어온 예술가들은 아무도 관심 갖지 않던 낡은 건물에 입주해 갤러리·작업장·카페로 리모델링했다. 신기로운 일이었다. 크게 바뀐 것 없이 예술가들의 손을 살짝 거쳤을 뿐인데 건물과 거리의 풍경은 사뭇 달라졌다.

'대림창고'는 1970년에 정미소로 지어졌고, 1990년대부터 약 20

년간 공장 부자재 창고로 쓰였던 건물이다. 2011년부터 대림창고는 이름만 창고일 뿐, 전혀 다른 용도로 쓰이고 있다. 높은 천장에 넓은 내부 공간을 활용해 패션쇼, 오케스트라 공연, 록 콘서트가 열리는 문화 공간으로 탈바꿈한 것이다. 최근에는 일부 공간을 시민들과 공유하기 위해 카페를 겸한 설치 미술 전시장으로 재창조했다.

'자그마치'는 원래 인쇄 공장이었던 곳을 2014년 2월 조명 디자이너 정강하 교수(건국대, 산업미술학)가 리모델링해 조명이 깃든 카페로 만든 곳이다. 정 교수는 자그마치가 커피와 음료를 즐기며 LED(발광다이오드) 조명에 관한 지식을 나누는 세미나 공간이자 조명 업체들이 소비자들에게 자사 제품을 홍보·체험하게 할 수 있는 전시장으로 쓰이기를 바라고 있다.[186]

그는 더 나아가 이 공간이 성수동에 새로 진입한 패션 디자이너, 산업 디자이너, 가죽공예가 등 창조 산업 종사자들이 지역의 도·소매업자, 숙련 장인 등 전통 산업 종사자들과 만나 소통하며 성수동 발전을 위해 협업하는 마을 회관이 되길 바란다.[187]

'수피'는 대림창고 맞은편 빨간 색 낡은 벽돌 건물 2층에 들어선 디자이너 셀렉트 숍이다. 1층은 인쇄 공장 '현대제책사'가 지금도 영업 중이며, 2층은 신발 봉제 공장이었다. 미국에서 각각 시각 디자이너와 패션 디자이너로 활동했던 이계창, 황희영 씨 부부는 2014년 9월 자체 브랜드인 'su:py'를 만들고 신생 디자이너들이 만든 패션 상품과 더불어 국내에서는 찾기 힘든 해외 브랜드 제품을 팔 수 있는 가게를 내고자 서울 곳곳을 돌아다녔다고 한다. 가는 곳마다 높은 임대료, 보증금, 권리금에 질려 돌아서기를 반복하다가 성수동까지 오게 된다.[188]

이계창 씨는 성수동이 "서울 어느 지역보다 낙후된 느낌"이었지만 바로 그렇기 때문에 "오히려 자신이 만들어 갈 수 있는 것도 많다는 생각"이 들었다고 한다. 현대제책사 건물을 처음 봤을 때도 "음습하고 허름"했지만 홍대나 압구정, 청담동에서는 볼 수 없는 "어딘가 예술적 느낌"이 들었고 자신이 지향하는 '수피' 브랜드의 콘셉트와도

베란다 인더스트리얼

© 강민구, 사진집 『성수에서』(2016)

어울린다고 생각했다. 그런 곳에서 장사가 되겠냐는 주변 사람들의 만류에도 불구하고 이계창 씨는 자신의 직감을 믿고 건물 2층을 빌렸고, 결국 성공했다. 많은 사람들의 관심을 받고 해외에서도 주목받고 있다.[189]

'레 필로소피'는 수피에서 몇 걸음 가면 만날 수 있는 카페다. 음악가, 인문학자, 플로리스트 등 다양한 분야의 전문가들이 힘을 합쳐 자동차 정비소를 리모델링해 만든 복합 문화 공간이다.[190] 낮에는 책 다방이고 밤에는 인문학 세미나, 음악 콘서트가 열리는 곳이다. 여기서 골목 안으로 조금 더 들어가면 금속 부품 공장을 리모델링한 스튜디오 '베란다 인더스트리얼'과 청바지 봉제 공장이었던 '사진창고'가 있다. 1층은 사진 갤러리이면서 카페이고, 2층에서는 다양한 예술 강의와 세미나가 열린다.[191]

이처럼 성수동에 모여들고 있는 사회 혁신가, 예술가 들은 쇠락하고 있던 회색 도시 성수동을 맵시 있고 매력적인 동네로 바꿔 가고 있다. 지역 발전을 위해 없애야 한다고 인식되던 낡고 허름한 공간이 이들 덕분에 다른 지역과 구별되는 성수동만의 매력 포인트이자 공간적 경쟁력으로 재전유re-appropriation된 것이다. 특히 이들의 활동이 성수동 준공업지대의 전통 제조업과 상당히 높은 산업 연관성을 가진다는 점도 중요하다.

LED 슈퍼마켓을 자처하는 '자그마치'는 화학 공장, 디자이너 셀렉트 숍인 '수피'는 의류·봉제 공장, 최근 성수동에 모여들고 있는 가죽 공예가들은 수제화 및 가죽 제품 공장에 각각 창조적 가치를 불어넣어 제품의 질과 마케팅 가치를 높일 수 있다. 또한 소셜 벤처에 의해 지역공동체가 활성화되면 창조 산업과 전통 제조업 종사자 사이의 협업을 가능케 하는 문화적 토대를 강화하는 결과로 이어질 수 있다.

성수동에서 불고 있는 새바람을 보며, 이런 흐름을 적절히 지원하면 성수동이 대한민국에서는 전례 없는 창조 도시로 도약할 수 있겠다고 생각했다. 성수동에는 미국의 경제학자인 리처드 플로리다가 말한 창조 도시의 3요소가 모두 나타난다. 창조 인력을 견인할 수 있는 다양하고 개방적인 문화가 생성되고 있었다. 또한 이곳에는 35개 지식산업 센터가 완공되어 2,138개 첨단 산업체, 약 1만 명의 지식 노동자들이 일하고 있다. 인재와 기술의 집적을 의미한다. 그뿐만 아니라 성수동 주변에는 테크놀로지 분야에서 강점을 보이는 대학들이 있다.

한때 성수동과 더불어 서울의 제조업을 이끌던 지역이 있었다. 이곳은 성수동과 달리, 1960년대에 이르러 국가가 나서서 대대적으로 대규모 산업 단지를 조성했다. 국가 산업 단지인 이곳은 성수동 준공업지역보다 규모도 컸으며, 서울을 넘어 우리나라의 경제 발전을 이끈 곳이다. 주로 경공업이 밀집되어 있던 이 지역은 산업이 고도화되면서 점차 사양길에 접어들었다. 2000년대 들어 이 지역을 다시 살리려 국가와 지방정부가 디지털 산업 단지를 조성했다.

얼마 전 이 지역에서 일하는 사회 혁신가를 만나 대화를 나눈 적이 있다. 그에 따르면 이 지역의 디지털 산업 단지에는 많은 IT 관련 첨단 산업체들이 몰려 있고, 이들은 주로 스타트업 업체라고 한다. 이곳에 입주하면 많은 세제 혜택을 받을 수 있다. 그런데 이상하게도 이지역은 노동자 이직률과 산업체 이주율이 높게 나타나고 있다. 어느 정도 경력이 쌓이거나 기업이 안정화되면 테헤란로나 판교로 떠나 버린다는 설명이다.

그는 이런 현상에 대해 디지털 단지를 조성하면서 물리적 인프라 구축에만 신경 쓰고 문화적 장소성 문제를 도외시했기 때문이라 분석했다. 다시 말해 이 지역의 장소성이 첨단 산업체에서 근무하고 있는 창조 인력이 중시하는 문화적 다양성, 관용적 사회 문화, 기술적 선진성을 포괄하지 못하고 있다는 말이다.

이와 비교하면 성수동 도시 재생에서 가장 큰 원동력은 최근 이 지역에 모여들고 있는 사회 혁신가들과 예술가들이라는 결론을 내릴 수 있다. 이들은 그들 자신이 창조 인력이면서 또 다른 창조 인력을 유인하는 문화적 장소성의 창조자 역할을 한다. 더불어 성수동의 전통 제조업을 창조 산업화할 수 있는 원동력이기도 하다.

그런 점에서 사회 혁신가들 및 예술가들과 힘을 합쳐 지역의 문화적 장소성을 재구성하고, 이들을 매개로 지역 주민과 전통 제조업 종사자, 지식 노동자를 포함한 지역 내 '창조 계층'이 상생하는 지역공동체를 만들어 가면 성동구와 성수동이 대한민국 최고의 창조 도시로 성장해 가리라는 확신이 들었다.

이를 위해 자치 구청장이 할 일은 플랫폼 구축이라 생각했다. 사회 혁신가, 문화예술인, 스타트업에 나선 청년 사업가, 창의적인 상인들이 성수동에 쉽게 들어와 자유롭게 활동할 수 있는 지역 분위기와 제도적 기반을 마련해 누구나 와서 사업도 하고 쉴 수도 있고, 다양하게 교류할 수 있는 공간으로 가꿔 가는 것이다.

2014년 10월부터 성동구청장으로 성수동 사람들과 구체적인 접점을 형성하기 시작했다. 담당자를 파견해 서울숲 인근에서 활동하고 있는 사회 혁신가들과 만나 마을 만들기, 청년 지원책 설계, 사회 혁신가 상호 간의 연대와 협력 방안 등 다양한 고민을 나누었다.

이들의 이야기는 '임대료 걱정 없는 안정적인 사업 환경과 생활 공간의 보장'으로 모아졌다. 그들 가운데 상당수가 홍대·합정, 서촌 등에서 사업 근거지와 생활공간을 마련했다가 젠트리피케이션 현상 때문에 쫓겨난 경험이 있었다. 성수동 역시 언제든 홍대·합정, 서촌의 전철을 밟을지 모른다며 걱정했다. 더 나아가 이미 불길한 징후가 성수동 곳곳에서 역력히 드러나고 있다고 말했다. 도대체 성수동에 어떤 일이 벌어지고 있었던 것일까?

상생 도시를 위협하는 불길한 징후들

성수동 사정을 다방면으로 살펴보니 사회 혁신가들과 예술가들의 걱정은 기우가 아니었다. 1년 사이에 건물 매매가가 1천만 원 남짓 올랐고, 임대료가 두세 배씩 뛰었다는 이야기도 들렸다. 현장 조사를 나간 직원 말로는 5평(약 17㎡)짜리 점포인데 월 임대료를 250만 원이나 받고 있어 놀랐다고 한다. 성수동에 소재한 부동산 중개업자들을 만나고 온 직원은 국내 굴지의 대기업들이나 IT 중견 기업들이 성수동에 관심을 가지고 소리 소문 없이 공장부지, 창고 터를 매입하고 있으며, 강남권에서 활동하고 있던 기획 부동산이 들어와 성수동 땅값 올리기를 부채질하고 있다고 전해 주었다.

급기야 성수동을 떠나는 사회 혁신가와 예술가도 생겨났다. 2014년 7월 성수동의 청바지 워싱 공장을 창고형 가게로 개조해, 디자이너들이 제작한 신발, 보석, 목공예품 등 다양한 작품을 중간 유통망 없이 직접 전시·판매했던 곳이 디자인 협동조합 '보부상회'다. 그런데 1년 계약 기간이 만료되기 3주 전 건물주가 월 임대료를 3백만 원에서 10%

성수동 2호선 지하철 고가 하부 공간   © 강민구, 사진집 「성수에서」(2016)

인상해 재계약하자는 의사를 전해 왔다. 보부상회는 성수동을 떠나기로 결정한다.

　　건물주의 10% 인상 요구는 이미 홍대 앞 거리에서 임대료 문제로 가게를 정리해 본 경험이 있는 보부상회 구성원 입장에서 향후 몰려올 젠트리피케이션의 거대한 파도를 예보하는 경계경보처럼 들렸을 것이다. 어차피 2~3년 지나 짐을 싸야 한다면 제 발로 먼저 떠나는 게 낫지 싶었다. 그들이 새로 보금자리를 튼 곳은 합정역 상권에서 한

	2005		2010		2014		2015	
	창업지수	폐업지수	창업지수	폐업지수	창업지수	폐업지수	창업지수	폐업지수
성동_젠트리	1.38	1.69	1.47	0.84	1.83	0.84	1.53	0.37
방송대길	1.67	1.83	1.40	0.53	1.57	1.00	0.95	0.41
상원길	1.33	1.47	1.72	1.09	1.36	0.86	1.22	0.22
서울숲길	0.80	2.00	0.91	0.91	3.25	0.50	2.88	0.58
서울_젠트리	0.93	0.93	1.21	0.58	1.33	0.66	1.05	0.25
가로수길	1.15	3.00	1.44	0.57	1.69	1.08	1.13	0.23
경리단길	0.38	0.47	1.60	0.49	2.84	0.62	2.56	0.18
대학로	0.77	0.63	0.83	0.53	0.62	0.40	0.67	0.18
문래동_예술촌	1.07	0.36	2.38	0.50	1.49	0.64	0.61	0.10
북촌마을	0.72	0.72	1.12	0.56	0.70	0.21	0.56	0.10
삼청동	1.94	0.83	1.73	0.51	1.57	0.82	0.97	0.06
서교_상수	1.21	0.62	1.74	0.46	1.89	0.63	1.32	0.18
서촌	0.88	0.70	1.23	0.43	0.75	0.50	0.87	0.12
성미산마을	0.70	0.00	1.37	0.39	1.31	0.66	0.63	0.16
신촌_연세대	0.77	0.96	0.56	0.43	0.44	0.47	0.60	0.45
연남동	1.07	0.72	1.77	0.88	2.41	0.59	1.87	0.16
이대앞	1.11	1.03	1.51	1.07	0.96	0.96	0.83	0.97
인사동	0.34	0.40	0.59	0.43	0.67	0.20	0.28	0.08
해방촌	1.19	0.48	1.11	0.22	2.41	0.60	2.14	0.19
홍대앞	1.16	0.72	1.41	0.67	1.47	0.88	1.04	0.23
비교	1.03	1.40	1.08	0.58	0.82	0.60	0.81	0.42
방배_카페골목	0.89	0.83	0.93	0.79	1.21	0.55	0.97	0.34
서래마을	1.21	0.55	2.03	0.72	0.73	0.73	0.99	0.31
압구정_로데오	1.35	2.56	1.39	0.80	0.82	0.90	0.96	0.74
왕십리역	0.67	0.71	0.79	0.34	0.85	0.36	0.68	0.21
종로3가	0.80	0.52	0.52	0.26	0.70	0.34	0.56	0.17

출처: GIS United, "성수지역 빅데이터 구축과 GIS 분석을 통한 젠트리피케이션 방지방안 학술연구용역", 2016년 성동구 학술연구용역 최종보고
회 발표 자료, 40쪽.

참 떨어진 조용한 주택가였다. 이처럼 중심 가로에서 비켜선 외딴곳에 있는 게 젠트리피케이션 현상에서 자신을 지키면서도 안정적으로 일할 수 있는 묘수라는 판단이 있었던 것 같다.

'서울의 브루클린', '강북의 가로수길' 등으로 회자되며 서울에 마지막으로 남은 핫 플레이스라는 이야기는 많지만, 아직 성수동의 부동산 가격은 다른 지역에 비해 싼 편이고, 소문에 비하면 눈에 띄는 변화도 많지 않은 편이다. 그럼에도 사회 혁신가들과 예술가들이 성수동

에서 젠트리피케이션이 일어날지 모른다며 예민하게 반응하는 것, 더불어 부동산 투자자들과 언론이 성수동이 뜰 듯하다며 기민한 움직임을 보이는 것 등은 그들이 홍대·합정, 서촌, 경리단길에서 얻은 학습 효과의 산물일 것이다.

성수동의 부동산 가격 상승을 걱정하는 사람들이나, 이를 기대하고 있는 사람들 모두 하나같이 홍대·합정, 서촌, 경리단길 등에서 젠트리피케이션 초기 단계에 일어났던 일들이 성수동에서 재현되고 있고, 그 속도가 무척 빠르다고 입을 모은다. 다른 곳에서 5년 걸려 일어난 일이 성수동에서는 1~2년 사이에 일어나고 있다는 것이다.

이처럼 사람들이 성수동에서 보이는 젠트리피케이션의 징후에 빠르게 반응하면서, 그 진행 속도가 한층 더 빨라지고 있었다. 사건의 지평선event horizon을 넘지는 않았지만, 그 선을 향해 빠르게 돌입하는 형국이었다. 유명 연예인 A와 B가 성수동에 각각 빌딩과 창고 터를 매입했다는 것도 그즈음이었다. 이 역시 주요 젠트리피케이션 발생 지역에서 나타났던 징후 가운데 하나였다.

부동산 시장에 불이 붙어 사건의 지평선을 넘으면 젠트리피케이션을 막기 힘들다. 건물 매매가와 임대료가 한껏 오르고 동네를 띄웠던 사회 혁신가, 예술가, 소상인 들은 이미 다 떠나 버린 마당에 뒤늦게 젠트리피케이션을 막겠다고 뛰어들어 본들 무슨 소용이 있겠는가. 젠트리피케이션을 막으려면 징후가 포착되는 단계, 즉 초기 단계에 개입해야 한다.

그래서 일단 담당 공무원들과 성수동 일대의 임대료 안정화 방안을 모색했다. 전문가들에게 자문하고, 우리보다 앞서 젠트리피케이션 현상을 경험한 해외 사례를 찾아서 우리 실정에 맞게 적용할 방안을

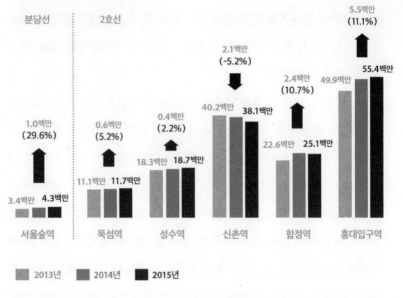

| 젠트리피케이션 주요 지역 지하철 이용객 추이(2013~15년) |

분당선　　　2호선

5.5백만
(11.1%)

2.1백만
(-5.2%)

55.4백만

2.4백만
(10.7%)　49.9백만

40.2백만　38.1백만

1.0백만
(29.6%)

0.6백만
(5.2%)

0.4백만
(2.2%)

22.6백만　25.1백만

18.3백만　18.7백만

11.1백만　11.7백만

3.4백만　4.3백만

서울숲역　　뚝섬역　　　성수역　　　신촌역　　　합정역　　　홍대입구역

　2013년　　　2014년　　　2015년

출처: GIS United, "성수지역 빅데이터 구축과 GIS 분석을 통한 젠트리피케이션 방지방안 학술연구용역", 2016년 성동구 학술연구용역 최종 보고회 발표 자료, 58쪽.

찾았다. 그리고 다른 한편으로 성수동의 젠트리피케이션 진행 실태, 속도, 경과, 향후 전망에 대한 실증 조사의 필요성을 느껴, 지리 정보 체계 빅 데이터 분석 기관인 ㈜GIS United에 연구를 맡겼다.

실증 조사를 통해 먼저 확인해 보고 싶은 것은 정말로 성수동이 젠트리피케이션 초기 단계에 진입했는가였다. 많은 사람들이 그렇다고 이야기했고, 심지어 언론에서도 젠트리피케이션 발생 지역 가운데 하나로 성수동을 꼽고 있었지만, 이는 구체적인 근거에 기반을 두지 않은 직관적 판단이었다. 정확한 실태 파악과 진단을 위해 성수동 일대의 자영업 창·폐업 지수, 식음업종 구성 현황, 교통량 변동 등을 분석했다.

성수동과 서울 다른 지역의 상권에서 열 개 점포당 몇 개의 점포가 창·폐업했는가를 기준으로 창업 지수와 폐업 지수를 비교해 보면, 2005년 성수동은 창업 지수보다 폐업 지수가 높다. 가로수길, 압구정 로데오 지역을 제외하면 서울의 다른 지역에 비해 폐업 지수가 높은 편이었다. 그런데 2010년 들어 창업 지수가 1.5 이상을 기록하며 폐업 지수보다 창업 지수가 높아지는 가운데 그 격차가 점점 더 벌어지고 있다. 성수동 상권이 활성화되고 있다는 증거다.

홍대·합정, 서촌, 경리단길 등 젠트리피케이션이 발생했던 지역은 식음업종에서 한식당이 줄고 카페가 늘어나는 특성을 공유하고 있다. 성수동에도 비슷한 현상이 보인다. 2005년 2.5%의 비중을 차지하던 카페가 2015년에 이르러 7.3%로 늘어났다. 주목할 것은 분식과 기타 음식이다. 최근 성수동에는 젊은 소비자들의 구미에 맞춘 특색 있는 분식점과 퓨전 음식점들이 문을 열고 있다. 분식집은 3.8%에서 7.9%로 늘어났고, 퓨전 음식점이 포함된 기타 음식은 1.9%에서 4.2%로 늘어났다.

식음업종 구성의 변화와 함께, 상권 활성화의 지표로 활용할 수 있는 것이 주변 지하철역의 이용객 변화다. 2013~15년 사이 분당선 서울숲역의 이용객은 29.6%, 2호선 뚝섬역과 성수역은 각각 5.2%, 2.2% 증가했다. 같은 시기 신촌역은 5.2% 감소를 기록해 신촌 상권의 쇠퇴와 더불어 이용객 수가 줄어드는 모습을 보여 주고 있다.

이 같은 상권 활성화가 부동산 가격에는 어떻게 반영되고 있는가? 가장 먼저 임대료 데이터를 수집했다. 그런데 안타깝게도 유의미한 데이터를 구하기가 어려웠다. 건물별 보증금과 임대료 관련 데이터는 국세청에서 관리하고 있고, 개인 정보 보호, 부처 간 칸막이 행정

단위: %

		상승 10_11	상승 11_12	상승 12_13	상승 13_14	상승 14_15	상승 10_15
성수	방송대길	1.4	5.1	1.6	1.6	1.5	11.8
	상원길	1.4	4.8	1.6	2.4	2.7	13.5
	서울숲길	1.3	4.2	1.6	1.9	1.9	11.4
	소계	1.4	4.6	1.6	2.0	2.1	12.3
인접	왕십리역	2.3	6.4	4.0	3.1	5.3	22.9
	성동구	1.2	4.7	2.1	2.1	3.6	14.4
젠트리 진행	가로수길	0.4	3.5	4.6	5.5	6.9	22.6
	경리단길	1.3	10.9	3.9	8.3	7.4	35.8
	대학로	1.3	3.5	3.4	3.9	5.0	18.1
	문래동_예술촌	1.2	5.2	3.9	3.5	4.7	19.9
	북촌마을	1.5	6.4	5.0	3.3	5.6	23.7
	삼청동	1.7	7.3	5.4	4.8	7.0	29.0
	서교_상수	1.1	6.3	11.2	6.2	9.2	38.4
	서촌	1.5	8.4	4.0	3.3	4.1	23.1
	성미산마을	1.2	4.9	3.0	3.0	6.2	19.5
	인사동	0.8	2.6	0.7	1.6	3.9	10.0
	연남동	1.5	4.5	3.2	2.3	5.2	17.7
	홍대앞	1.5	5.5	13.5	4.7	7.0	36.2
	해방촌	0.5	12.1	2.6	5.1	9.3	32.7
	소계	1.1	4.8	4.2	3.6	5.7	21.0
비교	서래마을	-1.0	3.3	2.6	3.2	6.8	15.7
	신촌_연대	0.7	2.1	2.7	2.1	2.3	10.1
	압구정_로데오	0.3	3.6	5.9	4.2	5.1	20.5
	이대앞	0.7	2.1	1.6	0.6	1.4	6.6
	종로3가	0.4	5.2	0.7	0.2	2.4	9.1
	방배_카페골목	0.9	4.1	2.8	3.0	2.5	13.9
	소계	0.5	3.8	2.0	1.3	2.6	10.6
서울시	전체	1.1	4.1	3.0	3.1	3.8	16.0

출처: GIS United, "성수지역 빅데이터 구축과 GIS 분석을 통한 젠트리피케이션 방지방안 학술연구용역", 2016년 성동구 학술연구용역 최종보고
회 발표 자료, 23쪽

등의 이유로 일반 행정기관이 관련 데이터를 제공받기 어려운 실정이다. 그래서 ㈜GIS United가 성수동 일대를 일일이 돌아다니며 탐문 조사에 나섰지만, 건물주에게 불이익을 받을까 두려워한 세입자들이 정보 공개를 꺼렸다. 결국 임대료에 관한 유의미한 데이터를 얻지 못하고, 차선책으로 부동산 가격의 기초가 되는 공시지가 변동률을 분석했다. 공시지가는 현재의 부동산 실거래가를 직접적으로 알기는 어렵지만, 해당 토지와 건물의 시세 추이를 대략적으로 예측할 수 있다.

2010~15년간 성수동과 서울의 젠트리피케이션 발생 지역 및 기

타 주요 상권의 공시지가 변동률을 비교해 보면, '대림창고'가 문화 공간으로 리모델링되어 패션쇼, 모터쇼 등 각종 대형 행사가 개최되던 2011년에 성수동의 공시지가가 4.6%로 급등하고 있다. 신촌, 이대 앞, 종로 3가 등 기타 주요 상권에 비해서는 높은 수치이며, 젠트리피케이션 발생 지역과 비교하면 같거나 약간 낮은 정도다. 그 뒤로는 약 2%씩 꾸준한 상승세를 보인다. 성수동의 공시지가는 5년간 평균 12.3% 상승했다. 기타 주요 상권과 비슷한 수치이며 젠트리피케이션 발생 지역보다는 약 10% 낮다.

성수동이 준공업지대로서 다른 지역에 비해 땅값, 건물 매매가, 임대료가 현저히 낮은 지역이었음을 고려하면 상승 폭이 큰 편이다. 2010년대에 이르러 사회 혁신가들과 예술가들이 처음 입주했을 때는 권리금조차 없는 건물도 많았다고 한다. 낡고 허름한 성수동이 전성기만큼은 아니지만 여전히 주요 상권으로 손꼽히는 신촌, 이대 앞, 서래마을, 방배 카페 골목과 비슷한 공시지가 상승률을 보이고 있는 것은 결코 무시할 수 없는 신호였다. 성수동이 젠트리피케이션의 초기 단계로 접어들고 있음을 실증적으로 확인한 것이다. 그렇다면 이제 어떻게 대처할 것인가?

사람, 제도, 재원

성수동의 건물 매매가·임대료가 상승할 조짐을 보이고 있고, 자생적으로 자란 상생의 새싹이 꽃을 피우기 전에 시들 수도 있다는 이야기를 듣고 나서, 성동구청 직원들에게 "성수동의 임대료가 급등하고 있다는 소식이 들리니 그 실태를 정확히 파악하고, 임대료 안정화 방안을 마련해 보자"고 주문했다.

그러자 직원들이 당혹스러워했다. "〈상가건물 임대차보호법〉의 규정에 따라 행해진 건물주와 세입자 간의 임대차 계약에 구청이 어떻게 개입하느냐?", "취지는 공감하지만, 구청에서 할 수 있는 일이 없지 않느냐?"라는 반론이 이어졌다.

토론을 이어가면서 "임대료를 무조건 싸게 책정하게 하라는 것이 아니다. 〈상가건물 임대차보호법〉이 정한 임대료 상한선만큼만 올리게 유도하자는 것이다. 이는 주민들이 법을 지키게 하는 것이다. 행정기관이 아니면 어디서 이런 일을 하는가. 조사도 제대로 해보지 않고 할 수 있는 일이 없다고 단정하는 건 행정가로서 올바른 태도가 아니다. 이런 문제를 우리만 겪고 있는 것은 아닐 테니, 국내 다른 지방자치단체나 해외 사례를 일단 조사해 보자"고 힘주어 말했다.

그러면서 직원들에게 2014년 2월 28일 체결된 '신촌 상권 임대료 안정화를 위한 협약'에 대해 설명하며 서대문구가 침체에 빠진 신촌 상권을 살리기 위해 신촌 일대의 건물주와 상가 세입자 간 상생 협약을 추진했다는 내용을 전했다. 이 협약을 통해 신촌의 건물주들은 임대차 계약 기간(최대 5년) 동안 보증금과 임대료를 증액하지 않기로 하고, 상가 세입자들은 바가지 상술, 호객 행위처럼 상권 활성화를 저해하는 행위를 자제하기로 약속했다. 아홉 명의 건물주들(보유 건물 13채, 점포 50~60개)과 상가 세입자들이 참여했다고 한다.[192]

공무원은 새로운 사업을 추진하려 할 때 항상 두 가지를 고려한다. 현행법과 선례다. 이들은 현행법이 규정하지 않는 현실에는 개입하려 하지 않고, 선례가 없는 정책은 추진할 수 없다고 단정하는 경향이 있다. 어떤 사람들은 이런 모습을 보고 공무원들의 복지부동을 지적한다. 하지만 그렇게만 볼 수는 없다. 현행법과 선례에 대한, 공무원들의 꼬장꼬장한 고집 덕분에 국가 행정의 일관성이 유지되고 공공성이 실현된다.

변화하는 현실에 민첩하게 대처하고 상상력을 발휘해 창의적인 해결책을 모색하는 것은 주민의 선택을 받고 그들로부터 권력을 위임받은 선출직 공무원의 역할이라 생각한다. 하지만 역할과 본분의 차이를 고려한다 해도, 변화하는 현실을 아예 외면하려는 태도는 문제가 될 수 있다. 현행법과 선례를 중시하는 것과 이에 교조적으로 집착하는 것은 엄연히 다르다. 촌각을 다투며 변화하는 사회 현실의 역동성을 애써 외면하고 도리어 이를 현행법과 선례에 억지로 끼워 맞추려 한다면, 그때의 행정은 실효성뿐만 아니라 국민적 신뢰마저 상실하고 만다.

당시 직원들에게 '신촌 상권 임대료 안정화를 위한 협약' 사례를 통해 전달하고 싶었던 메시지는, 중앙정부 또는 지방자치단체가 사회 문제를 치유함에 있어 획일적인 해결책을 하부 행정기관이나 주민들에게 일방적으로 내려 보내는 것이 아니라, 주민들과 더불어 문제의식을 공유하고 주어진 현실에 적합한 맞춤형 해결책을 찾아보자는 것이었다. 선례에 구애받지 말고 새로운 정책과 행정을 창조해 보자는 의미였다.

20여 년간 공직에 있으면서 행정의 3요소는 사람, 제도, 예산이라 생각했다. '사람'은 문제의식을 공유하고 함께 해결책을 모색하며 추진하는 사람들, 곧 조직을 의미한다. '제도'는 조직 속에서 도출된 해결책이 단발성으로 그치지 않고 지속적으로 가동될 수 있게 하는 법적 틀을 말한다. '예산'은 다른 말로 살림살이다. 사회적 문제의 해결책에는 일정한 비용이 필요하다. 이 비용을 적정 수준에서 책정·조달·지출해 최적의 효과를 내도록 관리·운용하는 것을 말한다.

성수동이 젠트리피케이션 초기 단계에 진입하고 있다는 판단을 내리고, 이에 대해 정책적으로 개입해 예방해야겠다고 생각했을 때도 동일하게 사람, 제도, 예산을 고민했다. 직원들에게 우리와 비슷한 문제점에 직면했던 다른 지방자치단체나 해외 도시 사례를 조사해 보도록 주문한 뒤, 사람과 제도, 예산에 대한 구상을 시작했다.

지금까지 지방자치단체에서 집중적으로 다뤄 본 적이 없는 정책 의제인 만큼 전담 태스크 포스T/F를 꾸려야겠다고 생각했다. 또한 조례 제정을 통해 해당 사안을 정의하고 해결 방향을 제시하며, 새롭게 구상된 정책에 대한 법·제도적 근거를 부여할 필요성을 느꼈다. 예산의 조달 및 운영은 구체적인 정책이 수립되고 추진되는 동향을 보며 판단하면 될 일이었다. 그리고 며칠이 지나 성수동 보고서가 올라왔다.

젠트리피케이션에
대처하는 방법

모색과 계획

자치구 공무원들은 주민들과 직접 대면하며 문제를 해결해야 한다. 탁상행정의 타성에 빠질 겨를이 없다. 현장 행정의 특성상 지역 행정 전반에 대한 높은 이해도를 토대로 다양한 지역 현안을 직접 챙기고 있는 종합 행정가들이다. 정말 뛰어난 사람들이다.

특히 성동구는 연령, 계층, 출신 지역 등이 다양한 주민들이 공존하고 있으며, 소비도시이면서 제조업 도시이자, 관내에 종합대학이 있다는 걸 고려하면 교육도시이기도 하다. 서울의 여러 특징이 집약되어 있다. 그래서 다양한 행정 수요가 있고, 이에 대해 민첩하게 반응해야 하니 공무원들도 상대적으로 유연하고 스마트한 일솜씨를 자랑한다.

어느 구청장이 자기 직원들이 고맙고 자랑스럽지 않겠느냐만 그 중에서도 우리 성동구청 직원들이 가장 뛰어나고 훌륭한 공무원들이라고 자부하는 것도 그래서다. 특정 지역의 임대료 폭등 문제를 비롯해 국내의 다른 지방자치단체나 해외 도시의 대응 정책 및 전략에 관한 사례 조사 또한 그들이 그때껏 해오지 않은 일이었음에도 충실히 수행해 주었다. 신문 기사, 다른 지방자치단체의 정책 자료부터 학술 논문까지 다양한 자료를 분석했다.

직원들과 함께 시간을 쪼개어 가며 자료를 꼼꼼히 검토했다. 도시문제를 연구하는 학자들의 논문을 보며, 낙후한 도시의 재생 과정에서 부동산 가격이 폭등하고 그에 따라 주민과 상권 구성이 짧은 시간에 급격히 변화하는 현상이 전 세계 대도시에서 빈번하게 일어나고 있으며, 2010년대 들어 성수동에서 발생하고 있는 일도 이런 현상의 하나인 문화예술·상업 젠트리피케이션임을 알게 되었다.

이에 따라 자연스럽게 우리의 정책도 젠트리피케이션 방지 정책 또는 대응 전략이라고 부르게 되었다. 젠트리피케이션이라는 학술 용어가 우리나라 도시 행정 영역에 최초로 진입하는 순간이었다. 젠트리피케이션은 어느 한 부서만의 업무 영역으로 두기에는 지역 경제, 복지 정책, 도시계획, 토지관리, 건축 관리, 세무 행정 등 다양한 분야가 중첩되어 있는 정책 현안이었다. 그래서 부서 간 협업이 절대적으로 필요했다. 궁극적으로는 전담 태스크 포스를 꾸리고 이를 토대로 전담 부서까지 신설할 계획이었지만, 하나의 조직을 새로 만드는 데는 시간이 필요한 만큼, 일단 민간에서 영입한 정책 전문가를 중심으로 유관 부서의 담당자 간 협업을 통해 종합 계획을 짜고 대응 전략을 세웠다.

이런 과정이 6개월 남짓 걸렸다. 2015년 5월 19일 '성수동 젠트리피케이션 대응 전략'이 수립된다. 정책 목표는 젠트리피케이션 방지를 통해 성수동을 지속 가능한 상생 도시, 공존하는 창조 도시로 탈바꿈하는 것이었다. 구체적으로 살펴보면, 첫째, 지역의 상승된 가치를 건물주와 상가 세입자, 지역 주민이 공유할 수 있는 제도적 기반을 만들며, 둘째, 도시 재생 정책이 지역공동체 역량을 강화하고 문화적 다양성을 보존하는 결과로 이어지게 하고, 셋째, 사회 혁신가, 예술가, 지식 노동자 등 성수동에 새로 들어온 창조 인력과 토착 상인, 전통 제조업자 등 지역에서 오랫동안 활동해 온 주민의 상생 협력이 지역사회의 생활양식이자 문화로 정착되게 하는 것이었다.

이런 목표를 성취하기 위한 추진 방법 및 전략으로 제시된 것은, 첫째, 민관 협치에 기반을 둔 도시 재생이다. 뉴욕 시는 도시계획을 심의·자문하는 주민자치 기구인 '커뮤니티 보드'Community Board를 다섯 개 자치구 산하에 59개나 두고 운영 중이다. 우리도 이에 준하는 역할을 수행하는 주민자치 기구인 '상호협력주민협의체'를 성수동에서 운영하기로 계획했다. 또한 건물주와 상가 세입자 간 '상생 협약'을 추진하기로 했다. 건물주는 〈상가건물 임대차보호법〉이 정한 임대료 상승 가이드라인 9%를 준수하고 특별한 사정이 없는 한 재계약 의사를 피력한 상가 세입자에게 적극적으로 협력하며, 상가 세입자는 쾌적한 영업 환경과 거리 환경 조성 등 상권의 지속적 성장과 활성화를 위해 적극 노력하기로 상호 간에 맺는 협정이다.

둘째, 도시계획 수단을 활용해 지역 상권의 황폐화 및 문화 백화현상을 유발할 수 있는 업체의 진입을 규제할 수 있게 한다. 대형 마트, 대기업 프랜차이즈, 유흥업소 등이 성수동에서 영업하겠다고 구청에 허가 신청을 내면 구청은 상호협력주민협의체에 이에 대한 심의·

자문을 요청하고 상호협력주민협의체가 입점 불허를 결정하면, 구청장 권한으로 영업 허가 신청을 반려하는 것이다. 프랑스의 '보호 상업가'로 정책과 뉴욕 시 커뮤니티 보드의 발상을 접합해 기획한 정책이다.

셋째, 자산화 전략을 추진한다. 공공 임대 상가를 마련해 상가 세입자들이 저렴한 임대료를 내고 안심하며 장사할 수 있는 환경을 조성하고, 이를 지렛대 삼아 지역 내 건물들의 임대료가 폭등하지 못하게 막는다. 영국·미국·캐나다의 사회적 기업, 시민 단체 등이 추진하는 토지·건물의 공유 자산화 사업에 영감을 얻어 기획한 정책이다.

넷째, 이 모든 정책 구상을 조례로 규정한다. 이를 통해 젠트리피케이션 방지 정책의 법·제도적 근거를 제공하는 동시에 조례 제정 과정에서 진행되는, 지방자치 입법 기구(구의회)와 지역사회의 토론을 통해 젠트리피케이션 방지 정책에 대한 사회적 합의를 창출하고자 했다. 또한 성동구의 독자적인 도시계획 정책이 수립·집행되는 '지속가능발전구역'에 관한 조항을 포함함으로써 젠트리피케이션 정책이 구체적으로 적용되는 공간적 범위를 한정하고자 했다.

이런 대응 전략이 확립된 것이 2015년 5월 19일이었다. 대응 전략을 검토해 본 뒤, 조례 제정을 추진했고, 기획재정국장을 중심으로 '상호협력주민협의체', '상생 협약', '자산화 전략'을 기획·추진할 수 있는 전담 태스크 포스를 구성했다. 지역경제과, 세무과, 건축과, 토목과, 마을공동체 담당관 등 유관 부서 12명이 모여 8월 21일부터 활동에 들어갔다. 마침내 돛을 올린 것이다.

기초 공사, 조례 제정

지방자치 조례는 두 가지 기능을 해야 한다. 첫째, 법률 집행을 지역적 차원에서 뒷받침하는 기능이다. 일종의 법률 시행세칙에 해당한다. 둘째, 법률이 포괄하지 못하는 지역 문제를 자치적으로 해결할 법적 근거의 기능인데 이는 곧 지방정부 차원에서 제정되는 법령이라고도 말할 수 있다.

> 어느 곳, 누구에게나 적합한 보편적인 정책은 있을 수 없다. 나와 내 이웃이 안고 있는 문제는 나와 내 이웃이 가장 잘 해결할 수 있다. 함께 머리 맞대고 해결책을 찾는 것이 자치이다.[193]

민형배 광주광역시 광산구청장이 쓴 『자치가 진보다』에 나오는 한 구절이다. 예를 들어 같은 감기에 걸려도 사람마다 나타나는 양상이 다르다. 자라 온 환경과 생활 방식이 다르기 때문이다. 그래서 훌륭한 의사일수록 사람에 따라 처방을 달리한다. 사회문제도 비슷하다. 똑같은 문제라 해도 지역마다 다르게 나타난다. 사는 사람과 문화가 다르기 때문이다.

1991년에 지방의회가 부활했고, 1995년에 민선 지방자치단체장 선거가 최초로 시행되었다. 우리나라 지방자치 역사도 어느덧 20년을 넘어섰다. 그러나 우리나라의 지방자치 행정은 관치 시대의 관행에 머물러 있는 경우가 많다. 지역의 정책 의제를 스스로 설정하고 자치적으로 해결하는 모습을 찾아보기 힘들다.

그래서 지방자치 조례도 중앙정부가 집행하는 법률을 지역적 차원에서 뒷받침하는 시행세칙 수준에 머물러 있다. 현장은 항상 빠르게 변화한다. 그리고 이런 변화상을 직접 대면하는 것은 최일선에서 활동하는 기초 자치단체다. 그런데 치유가 필요한 문제가 발견되었을 때, 이를 기초 자치단체가 제기해 광역 자치단체를 거쳐 중앙정부에 도달하는 데는 상당한 시간이 걸린다. 게다가 현행법을 수정해야 하거나 새로운 법률이 필요해 국회 입법까지 거치려면 수년이 걸리는 터라 정책적 개입 시기를 놓쳐 치유 불가능한 수준에 이르기 쉽다.

그래서 현장 행정을 책임지는 기초 자치단체는 지역사회에서 현행법이 규정하고 있지 않은 사회문제가 발생했을 때, 중앙정부와 국회를 바라보며 손을 놓고 있기보다는, 지역 주민과 소통하며 자치적 해결책을 마련해 이를 반영한 조례를 제정함으로써 새로운 제도를 창조해야 한다.

광역 자치단체나 중앙정부, 국회는 이런 모습을 보며 현행법과 제도가 현실을 제대로 수렴하고 있지 않다는 신호로 받아들이고 현행법을 개정하거나 지역사회 차원에서 강구된 자치적 해결책을 뒷받침할 새로운 법을 만들어야 한다. 이런 프로세스가 끊임없이 반복될 때, 국가 행정은 빠른 속도로 변화하는 현대사회에서 발생하는 문제에 적절하게 대처할 수 있다.

젠트리피케이션 현상에 대한 해결책 모색도 이런 문제의식에서 출발했다. 처음부터 이 현상에 대응하려면 조례로 풀어야 한다고 생각했다. 2015년 5월 대응 전략이 마련된 다음, 정책보좌관에게 조례의 조문 작성에 착수할 것을 주문했다. 이미 대응 전략을 준비하는 과정에서 조례에 준용할 법률, 핵심 용어 및 내용은 나와 있는 상황이었기에 '조례(안)'이 만들어지는 데 그다지 오래 걸리지는 않았다. 6월 초순 "서울특별시 성동구 지역공동체 상호협력 및 지속가능발전 구역 지정에 관한 조례안" 초안이 만들어졌다.

조례(안)은 제1조에서 "지역공동체 상호협력을 증진하고 지속가능발전을 도모하기 위해 지역공동체 생태계 및 지역 상권 보호에 필요한 사항을 규정함"을 조례 제정의 목적으로 제시하고 있다. 제3조는 "지역공동체 상호협력 증진"과 "지역공동체 생태계 및 지역 상권 보호를 위한 기반 조성"을 "구청장의 책무"로 규정한다. 제4조는 주민들이 "지속가능발전을 위한 스스로의 책임과 역할을 인식하고 지역공동체 상호협력을 위하여 적극적으로 참여하고 추진시책에 협력"하기로 되어 있다.

제5조는 지속가능발전구역 지정의 기본 원칙에 관한 조항이다. 첫째, 지역공동체 생태계 및 지역 상권 보호, 둘째, 일자리 창출 및 도시 경쟁력 강화, 셋째, 지역 활동가 등의 활동 환경 조성 및 지원, 넷째, 지역의 문화가치 향상 및 주민 역량 강화와 같은 목표를 고려해 지속가능발전구역을 지정하게 했다.

제6조는 지속가능발전구역 지정 및 변경에 관한 조항이다. "구청장은 지역공동체 생태계 및 지역 상권 보호를 위하여 특별히 필요하다고 인정하는 경우에는 지속가능발전구역을 지정하거나 변경할 수 있다." 또한 "지속가능발전구역 지정 및 상호협력에 필요하다고 인정하는 경우에는 예산의 범위에서 행정적·재정적 지원을 할 수 있다."

제7조는 구청장이 "지속가능발전구역으로 지정된 지역 내에서 주민 간의 상호협력을 도모하고 지역공동체 생태계 파괴를 예방하기 위해 지역공동체 지속가능발전계획을 수립·시행"하게 했다. 제8조에서 제14조까지는 지속가능발전구역 지정 및 지원, 지속가능발전계획

을 심의·자문하는 '지역공동체 상호협력위원회'의 구성과 역할, 위원의 자격에 관한 내용을 규정하고 있다.

제15조에서 제17조까지는 '상호협력주민협의체'의 구성, 기능과 역할, 주민협의체 구성원의 자격 등에 관한 내용을 담고 있다. 지속가능발전구역의 주민자치위원 등 직능단체 대표, 거주자·건물주·세입자 등 이해 당사자, 사회적경제기업가·문화예술인 등 지역 활동가, 그 밖의 주민 자생 단체 등 주민 대표자로 주민협의체를 구성하고, 지속가능발전구역 내로 입주하려는 신규 업체 및 업소가 지역 경제에 미치는 영향을 분석하며 입점 여부를 심사하며, 지역공동체 생태계 및 지역 상권에 중대한 피해를 줄 우려가 있다고 판단되는 업체·업소는 주민협의체의 사업 개시 동의를 받은 뒤에 입주할 수 있게 했다.

이렇게 작성된 조례(안)은 2015년 6월 25일 입법 예고되었다. 그리고 8월 17일 조례규칙심의회의 심의를 거쳐 8월 29일 구의회에 제출되었고, 9월 3일 구의회 본회의에서 만장일치로 통과된다. 이는 젠트리피케이션 방지 정책의 의미를 주민들에게 알리고 동의를 구하는 과정이기도 했다. 이에 대한 사회적 합의를 공고히 하기 위해 9월 23일 성수 1가 제2동 주민센터에서 성수동의 지역 주민, 건물주, 상가 세입자 들과 함께 조례 선포식을 했다. 그 자리에서 다음과 같이 말했다.

전국 최초로 젠트리피케이션 방지를 위한 조례를 시행하게 되어 막중한 책임감을 느낍니다. 당장 눈앞의 이익보다는 지역 문화를 만들고 높아진 지역의 가치를 함께 공유하는 상생의 길을 걷게 되기를 기대하고 있습니다. 지역공동체 각 구성원들이 상호 신뢰와 연대 의식을 바탕으로 상호 협력을 증진하면 우리 구의 도시 경쟁력은 저절로 올라갈 것입니다. 아울러 이와 같은 상생을 위한 상호 협력 분위기가 전국 각지로 확산될 수 있는 하나의 전환점이 되기를 희망합니다.

1년간의 노력이 결실을 맺는 자리라 감동이 밀려왔다. 조례 제정 과정에서 이견이 없지는 않았다. 기존의 지역개발 패러다임에 맞게 성수동에도 고급 아파트, 고가의 상업용 빌딩이 들어오게 해야 한다는 이야기도 있었고, 주민협의체를 통해 지속가능발전구역에 입주하려는 업체·업소를 규제하려는 것이 개인의 재산권 침해라는 문제 제기도 있었다. 이런 이야기 하나하나를 허투루 넘기지 않았다. 관련 법규를 검토해 가며 정책의 정당성과 필요성을 성동구청 공무원, 구의회 의원, 지역 주민들에게 설명해 가며 이룬 성과였다. 물론 논의 과정은 쉽지 않았다.

헌법 제23조와 젠트리피케이션

젠트리피케이션 방지 조례를 만들면서 성동구청 직원, 구의회 의원, 지역 주민 들이 지적한 문제는 크게 두 가지로 요약된다. 첫째, 성수동처럼 낙후한 도시에 젠트리피케이션 방지 정책을 구사하는 것이 타당한가, 성수동이야말로 기존 도시 재개발 방식처럼 고급 아파트촌, 고가의 상업용 빌딩을 유치하는 방식으로 발전시켜야 하는 곳 아닌가?

우리나라는 얼마 전까지 요소 투입형 경제성장 모델로 발전해 왔다. 대부분의 저개발 국가들이 그러하듯, 유휴노동력이 풍부한 데 비해 사회 기반 시설과 생산 설비가 부족한 상태에서 자본과 노동의 투입량을 증대하는 것만으로도 경제성장이 가능했다. 외국에서 차관을 들여와 도로를 내고 공장을 지으면 사람들이 몰려와 일했고, 그러면 돈이 풀리며 경제가 발전했다.

이는 우리나라의 도시계획 정책에도 영향을 끼쳤다. 우리나라 도시계획 정책은 물적 인프라 구축에 치우쳐 있다. 사람 중심이 아니라 건물 중심의 도시계획이다. 이에 따라 지역의 경제 생태계와 문화, 사람들의 살림살이와 생활양식에 대한 정확한 조사와 진단, 평가 없이 도시계획이 수립되었다. 고도성장 시대의 관행이 지금까지 이어져 온 결과다.

우리나라의 국내총생산 규모는 세계 11위 수준이다. 이제 과거와 같은 고도성장을 기대하기 힘들다. 게다가 저출산 고령화로 생산 가능 인구가 줄어들고 있다. 구시대적 도시계획 정책으로는 한국 도시의 지속 가능한 성장을 담보할 수 없다. 이제 도시계획 정책 패러다임을 사람 중심으로 바꿔야 한다.

사람들이 낡은 고정관념에 빠져 변화를 받아들이지 않는 것은, 그런 생각을 신봉해서라기보다는 세상의 변화에 대한 정보, 새로운 지식과 아이디어를 접하지 못하기 때문인 경우가 많다. 젠트리피케이션 방지 정책에 대한 이견도 대부분 이런 원인에서 비롯되었다고 본다. 50여 년간 건물 중심 패러다임에 익숙해 있었기에 지역을 발전시킨다고 하면 으레 큰 도로와 고층 빌딩, 아파트를 떠올릴 수밖에 없다. 그런 분들을 볼 때마다 말했다.

뉴욕·런던·파리·베를린 같은 글로벌 도시들을 보면, 뜻밖에 고층 빌딩이 많지 않습니다. 뉴욕만 해도 맨해튼 남쪽에 1백 층 넘는 고층 빌딩이 몰려 있긴 하지만 뉴욕 총면적에서 극히 일부분에 불과합니다. 수십 년, 심지어 1백 년 전에 지은 낡은 건물들을 그대로 쓰고 있어요. 그럼에도 그 도시들이 글로벌 도시인 것은 창의적 인재들이 전 세계에서 많이 몰려오기 때문입니다. 실리콘밸리는 어떤가요? 전 세계 최고의 첨단 IT 기업들이 모여 있는 도시이지만 고층 빌딩은 별로 찾을 수 없고 아담한 단층 건물들이 더 많습니다. 도시의 품격은 건물이 아니라 사람이 결정하는 것입니다. 어떤 건물이 있느냐가 아니라 그곳에서 어떤 사람들이 어떤 활동을 하고 있는가, 그들이 어떤 삶을 살고 있는가에 따라 도시의 품격이 결정됩니다.

한때 젊음과 문화의 거리로 국내 최고의 상권이었던 신촌과 이대 앞, 그리고 그 바통을 이어받은 홍대·합정, 우리는 왜 그곳에 찾아가는가? 그곳에 있는 건물을 보러 가는 것일까? 그렇지 않다. 정작 이 동네들이 한창 떠오를 때는 10층 이상의 빌딩은 찾아보기 힘들었다. 높은 건물이 있어도 그곳에는 사람들이 많지 않았다. 사람들이 몰려든 곳은 젊은 예술가들이 모여 있던 뒷골목이었다. 신촌과 이대 앞의 몰락은 그런 뒷골목이 사라진 빈자리를 고층 빌딩이 차지하면서 시작되었다. 현재 홍대·합정은 그 전철을 무섭게 밟아 가고 있다.

한겨레신문 음성원 기자는 2016년 7월 27일 "'58년 개띠'의 상가 사냥, '94년 개띠'를 몰아내다"라는 기사를 게재했다. 그에 따르면 상수·연남동 상권 지역 등기부 331개를 분석해 보니, 이 지역 건물주의 절반 이상이 뜨는 동네임을 예상하고 대출금을 동원해 몇 채씩 건물을 매입·보유하고 있는 비거주 외부인 건물주였다. 상수 지역 상가 건물주들의 경우 66%가 외부인이다.[194]

이는 곧 젠트리피케이션에 따른 부동산 가격 폭등의 혜택이, 시세 차익을 노리고 온 외부인에게 편중되어 있으며, 지역에 거주하는 건물주들은 도리어 재산상 피해를 받을 수도 있음을 시사한다. 신촌과 이대 앞에서 볼 수 있듯이 지역 상권이 황폐화되어 공실률이 늘어날 즈음, 외부인 건물주는 다 떠나 버리고 지역에 거주하는 건물주들이 그 피해를 고스란히 감수하게 된다.

이견을 제시한 구의회 의원들, 지역 주민들께 이렇게 설명하니, 대부분이 생각을 바꾸고 젠트리피케이션 방지 정책의 의의와 필요성에 공감을 표시했다. 이런 교감을 통해 조례 제정에 성공했다. 이 과정에서 지역 발전의 새로운 비전, 사람 중심 패러다임을 확산시키고 이에 대한 사회적 합의를 이뤘다는 측면에서 기뻤다.

두 번째 문제 제기는 젠트리피케이션 방지 조례의 합법적 근거가 될 상위법이 부재하고 임대인의 재산권, 입점 희망 업체에 헌법이 보장한 영업의 자유 등을 침해할 우려가 있다는 것이었다. 조례 제정을 담당한 공무원들, 자문 변호사 그룹에서 제기된 의견이다.

이 경우 두 가지를 고려해야 한다. 첫째, 조례의 내용이 헌법에 부합하는가, 저촉되는가? 둘째, 법률의 기본 정신 및 목표와 충돌하는가, 아니면 일부 개별 조문과 충돌하는 것인가? 다시 말해, 헌법 정신을 구현하는 법률의 근본적 취지 및 내용적 체계와 전면적으로 충돌하는 것인가, 이를 제대로 구현하지 못하는 법률의 미비점, 즉 부적절한 개별 조문과 충돌하는 것인가?

조례 내용이 아무리 지역 주민의 긴요한 이해를 담고 있다 해도, 헌법에 저촉되고 법률과 체계적·전면적으로 충돌하면 조례의 효력은 정지된다. 그런데 이와 달리 조례가 헌법적 가치와 법률의 목표에 걸

맞지만, 헌법과 법률의 취지를 제대로 구현하지 못하고 있는 개별 조문 탓에 조례의 정당한 기능이 작동할 수 없는 상황이라면 도리어 해당 법률이 개정·보완되어야 한다.

대한민국 헌법은 제23조 1항에서 "모든 국민의 재산권은 보장"되며, "그 내용과 한계는 법률로 정한다"고 했다. 또한 2항은 "재산권의 행사는 공공복리에 적합하도록 하여야 한다"고 규정한다. 1항과 2항은 수미쌍관首尾雙關을 이루고 있다. 어떤 이유로도, 어떤 권위나 권력으로도 개인의 재산을 빼앗을 수 없다. 하지만 그 권리의 행사는 공공복리에 적합해야 한다. 특히 1항에서 말하는 재산권의 내용과 한계를 정하는 법률의 요건은 2항의 공공복리로 보인다. 대한민국 헌법 제23조는 1948년 7월 17일 대한민국 건국의 아버지들이 제헌 헌법을 제정·공포한 이래, 핵심 내용이 그대로 유지된 채 변함없이 존속해 온 조항이다.

'상가 사냥꾼' 등이 임대료를 갑자기 두세 배씩 올려 세입자들이 몇 년에 걸쳐 고생 끝에 일군 상권에서 그들을 쫓아내는 것, 재개발·재건축 등을 핑계로 아무 보상 없이 쫓아낼뿐더러 권리금마저 약탈하는 것, 그래서 지역의 상승된 가치를 부동산 투기자본이 독점하는 것이 과연 공공복리에 적합한 재산권 행사일까?

대한민국의 〈상가건물 임대차보호법〉은 상가 건물 소유권자의 재산권의 내용과 한계를 공공복리에 적합하도록 완벽하게 설계되어 있는가? 〈상가건물 임대차보호법〉 제1조에는 "상가임대차에 관하여 민법에 대한 특례를 규정하여 국민 경제생활의 안정을 보장함을 목적으로 한다"고 적혀 있다. 그런데 과연 〈상가건물 임대차보호법〉의 개별 조문들은 이 목적을 온전히 구현하고 있는가?

〈상가건물 임대차보호법〉의 가장 큰 문제점은 상가 세입자의 영업권 보호라는 개념이 존재하지 않는다는 점이다. 상가 건물의 재산 가치에서 상가 세입자의 영업 행위가 기여한 바를 전혀 고려하지 않고 있는 것이다. 예를 들어 10억 원이던 상가 건물이 20억 원으로 오르면, 그 상승분의 일정 부분은 상가 세입자의 영업 성과로 뒷받침되었다고 보는 것이 상식적이다.

그래서 선진국에서는 건물주가 재건축 등 자기의 필요 때문에 상가 세입자를 내보낼 때는 반드시 고액의 보상금을 지급하게 되어 있다. 이는 쫓겨나는 세입자가 불쌍해서 주는 것이 아니다. 그의 영업 행위가 건물의 가치를 유지하고 높인 기여도를 인정하는 것으로서, 유지·상승된 건물의 재산 가치에 대한 상가 세입자의 몫을 정당하게 보상하는 것이다.

그러나 〈상가건물 임대차보호법〉에는 이런 개념이 확립되어 있지 않다. 영업권에 대한 관행적 보상으로 볼 수 있는 권리금마저 건물주가 자의적으로 약탈하는 경우가 비일비재하다.[195] 이 같은 재산권 행사를 방임하고 있는 〈상가건물 임대차보호법〉의 법률적 미비함, 일부 독소 조항들 때문에 상가 세입자의 재산권이 침해되었고, 그 과정에서 젠트리피케이션이 유발되어 지역 상권을 황폐화하고 지역공동체가 붕괴하는 일이 벌어지고 있다.

이런 상황에서 자치구에서라도 지역사회의 공공복리와 지역 주민의 경제생활 안정을 보장하고자 제정한 것이 젠트리피케이션 방지 조례였다. 그리고 이 조례야말로 헌법 제23조의 정신 및 〈상가건물 임대차보호법〉의 근본 취지와 목표에 정확히 부합한다고 본다. 상위법과 조례는 충돌하지 않으며, 오히려 〈상가건물 임대차보호법〉의 일부 개별 조문이 헌법과 법률의 정신과 목표, 기능을 훼손하고 있기에 이를 손봐야 한다.

이처럼 젠트리피케이션 방지 조례는 현행법에서 규정하지 못한 법률적 공백을 치유하기 위해 제정된 것이다. 물론 국회와 정부 차원에서 제정되는 법률만큼 강력한 효력을 발휘하기는 힘들다. 최소한의 자구책이다. 따라서 젠트리피케이션을 근본적으로 방지하기 위해서는 결국 새로운 법이 필요하다. 성동구와 서울시는 홍익표 국회의원과 연대해 젠트리피케이션 방지를 위한 "지역상권 상생발전에 관한 법률"의 국회 입법을 추진하고 있다.

자율 상생의 길

우리 성동구, 우리 왕십리, 우리 성수동

2015년 정책에 대해 주민 평가 여론조사를 진행했다. 첫 번째 질문은 '향후 10년 뒤에도 성동구에서 계속 거주할 의향이 있는가'였다. 52.4%의 주민이 계속 거주하겠다고 답했다. 그다음 질문은 '계속 거주하고 싶다면 그 이유는 무엇인가'였다. 다섯 개의 보기가 있었고, 그중에 선택지가 없다면 주관식 답변을 쓰도록 했다.

다섯 개의 보기는 ① 출퇴근 교통 편리, ② 집값·전월세 가격이 맞아서, ③ 문화 및 여가 시설이 잘 갖춰져서, ④ 의료 및 복지시설이 잘 갖춰져서, ⑤ 교육 여건이 좋아서'였다. ① '출퇴근 교통 편리'라고 답한 주민이 56.1%였고 나머지 보기들은 대략 2~8% 정도였다. 그리고 20.7%의 주민들이 주관식으로 답변했는데, 9.7%가 '오래 살던 곳이라서', 4.9%가 '정이 들어서, 고향이라서'라고 답했다. 전자는 지역에 대한 소속감을, 후자는 애향심을 뜻한다. 객관식 보기에도 없는 소속감, 애향심을 계속 살고 싶은 이유라고 적은 주민의 비율이 '출퇴근 교통 편리'를 제외한 다른 응답보다 높은 것은 시사하는 바가 크다.

서울의 다른 자치구에 사는 지인들에게 종종 듣는 말이 있다. 성동구 주민들은 다른 서울 사람들과 다른 점이 하나 있는데, 동네 이야기를 할 때 '우리'라는 말을 많이 쓴다는 것이다. '우리 성동구' '우리 성수동' '우리 왕십리'처럼 말이다. 생활양식이 파편화되고 공간적 범위가 광역화되고 있는 현대사회에서, 보통의 도시인들은 자신을 서울 사람, 부산 사람, 광주 사람으로는 인식하지만, 성동구 사람, 수영구 사람, 광산구 사람으로 생각하지 않는 편이다. '우리 성동구'라는 말이 많이 들린다는 것은 성동구 주민들이 자신이 사는 지역에 대해 소속감, 애향심이 그만큼 높다는 뜻이다.

아마도 그것은 다른 지역에 비해 개발이 다소 늦게 진행되면서, 이 지역에 오랫동안 거주한 토박이들이 많아서일 것이다. 또한 다른 자치구에 비해 쾌적하고 편리한 생활환경도 큰 몫을 하는 것 같다. 이런 분위기는 성동구 도시 행정에 큰 힘이 된다.

모든 행정은 결국 입법에 기초한다. 지방자치 행정은 지방자치 조례에 의거한다. 그러나 우리나라 현실에서 조례는 상위법보다 강제성이 약하다. 특히 젠트리피케이션 방지 조례처럼 현행법의 공백에서 발생하는 문제를 치유하기 위해 제정되는 조례는 그 권위를 심각하게 위협받는다. 물론 관련 상위법을 준용해 법률적 근거를 만들어 놓기 위해 최선을 다했지만, 그럼에도 조례가 주민들의 삶을 이끄는 실질적 규범으로 작동하게 하기에는 법률적 권위가 많이 부족한 편이다.

결국, 지방자치 조례는 주민들의 지지와 동의, 협력이 있어야만 그 규범적 효력을 온전히 발휘할 수 있는 법이다. 그런데 이런 지지와 동의, 협력은 주민들이 자신이 사는 지역에 대한 소속감과 애정이 없다면 생성되기 힘들다. 자신이 사는 곳이 더 좋은 동네가 되길 바라는 마음이 있어야 지방의회에서 제정되는 조례에 관심을 두게 되고, 그래야 조례에 대한 지지, 준법 의사를 가질 수 있다.

만약 주민들이 지금 당장 내 집과 건물을 통해 일확천금을 거두고 다른 지역으로 떠날 수 있다고 생각한다면, 상위법이 제정되어 젠트리피케이션 방지 조례에 강제성이 부여된다고 해도, 금세 효력을 잃는다. 중앙정부에서 만들어진 법률조차 국민적 지지와 동의가 없으면 얼마 지나지 않아 사문화된다.

젠트리피케이션 방지 조례, 여기에 담긴 정책은 주민들이 자신이 사는 지역공동체에 대한 애정과 함께, 상생·공존의 의지를 분명히 가지고 있을 때에야 비로소 실효성을 발휘할 수 있다. 그러므로 이 정책에 관한 한 민관 협치는 선택이 아닌 필수였는데, 민관 협치의 두 기둥이 상생 협약체 체결과 주민협의체 구성이다.

대화로 일궈 낸 상생 협약

상생 협약은 성동구청과 성수동 건물주, 상가 세입자 3자 간에 맺어지는 자율 협약이다. 법적 구속력은 없으나 상호 간 신뢰로 맺어진 사회적 계약이다. 건물주는 지나친 임대료·보증금 인상을 자제하고,

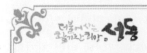

성수동 지역상권 활성화와
지역공동체 지속가능발전을 위한 상생협약서

성수동 지역의 건물주, 상가임차인, 성동구는 지역상권 활성화와 지역공동체 상호협력 증진 및 상생발전을 추진하기 위하여 다음과 같이 협약을 체결하고, 신의성실의 원칙에 입각하여 상호 협력한다.

1. 건물주는 「상가건물 임대차보호법」의 제반 규정을 준수하여 적정 임대료를 유지하고, 계약 기간 만료시 임차인이 재계약을 희망하는 경우 특별한 사정이 없는 한 적극 협력한다.

2. 상가임차인은 쾌적한 영업환경과 거리환경 조성 등 상권의 지속적인 성장과 활성화를 위해 적극 노력한다.

3. 성동구는 성수동 상권이 지속적으로 발전할 수 있도록 공공기반 시설 및 환경 개선사업 등을 적극 추진한다.

4. 건물주, 상가임차인, 성동구는 안정적인 지역경제의 상생발전을 도모하기 위하여 최선을 다해 적극 상호 협력한다.

2015년 12월 22일

 서울숲길 ◯ 건물주   성동구청장   서울숲길 ◯ 임차인

◯◯◯   정 원 오

상가 세입자는 지역 상권의 발전을 위해 노력하며, 성동구는 지역 경제 활성화를 위해 건물주와 상가 세입자에 대한 지원 정책을 적극 추진한다는 내용으로 구성되어 있다.

상생 협력 추진 대상 지역은 임대료 상승이 두드러지고 있던 성수1가 제2동 서울숲길, 상원길, 방송대길로 정했다. 그런데 이를 추진하면서 가장 큰 고민은 어떻게 단기간에 최대한 많은 건물주를 참여시키느냐였다. 십여 명의 건물주만 참여해서는 상생 협약이 실효성을 발휘할 수 없다. 할 수만 있다면 서울숲길의 모든 건물주를 참여시켜야 했다.

그래서 생각해 낸 방법이 성동구청 간부급 공무원과 건물주들을 1 대 1로 매칭하는 것이었다. 6급 이상 간부급 공무원을 건물주와 매칭해, 그들에게 젠트리피케이션 방지 정책의 필요성을 설명하고, 상생 협약 참여를 유도하는 것이다.

이에 참여할 간부급 공무원들을 공모하기로 했다. 2015년 10월 30일 '상생 협약 체결을 위한 간부진 매칭'에 관한 지침을 젠트리피케이션 태스크 포스 팀 전략 회의를 통해 직원들에게 전달했다. 얼마나 많은 간부급 공무원들이 호응해 줄까 걱정했다. 번거로운 일이었고 공모에 참여한다고 해서 승진이나 인센티브가 부여되는 것도 아니었기 때문이다. 그런데 의외로 많은 직원들이 지원해, 총 48명이 참여했다.

6급 이상 간부급 공무원이면 성동구에서 일한 기간만 해도 대부분 20년이 넘는다. 이곳에서 일하고 생활하며 가정까지 꾸린 사람들, 이들에게 성동은 제2의 고향이었다. 이것이 많은 간부들이 건물주 매칭 프로그램에 적극 참여한 이유일 것이다. 젠트리피케이션으로 우리 지역공동체와 상권이 황폐화될 수 있다는 염려가 누구보다 컸고, 그것을 효과적으로 예방해 지속 가능한 상생 도시로 발전하길 바라는 그들도 '우리 성동구' 사람들이었다.

같은 해 11월 25일, 48명의 간부 모두가 상생 협약 매칭 추진 교육을 받고, 성수동 주민들을 만나기 시작했다. 서울숲길, 상원길 그리고 방송대길 건물주 중 성수동에 주소를 둔 127명과 6급 이상 간부진 48명을 매칭했다. 구청 간부와 건물주인 성동구민이 통화하고, 대면하고, 대화하기 시작했다.

처음에는 건물주들의 반응이 호의적이지 않았다. 선뜻 상생 협약의 취지에 공감하고 협약서에 서명해 주는 건물주들도 있었지만, 많은 사람들이 반발했다. 그들은 "이미 우리가 잘 알아서 적정한 수준으로 임대료를 매기고 있다", "자본주의 국가에서 내 사유재산을 내 마음대로 하겠다는 것인데 왜 구청에서 간섭하는 것이냐", "이렇게 구청에서 들쑤시고 다니면 오히려 부동산 가격이 더 오른다. 성수동이 핫하다고 소문내고 다니는 것이냐"라고 말했다.

이런 반응에서 그분들의 마음속에 자리 잡고 있는 두려움이 느껴졌다. 건물주 대부분은 전반생이 관치행정 시대였던 노년층이었기에 구청 공무원들이 자신을 찾아왔다는 것 자체가 꺼림칙했을 것이고, 그러니 상생 협약이 무엇인지 들으려 하기보다는, 구청에서 강력한 규제를 하려나 보다 생각해 큰 소리가 먼저 나온 것이다.

공무원들은 인내심을 가지고 공손한 태도로 젠트리피케이션 방지 정책이 규제 정책이 아니라, 지역 주민 모두가 상생 발전하자는 정책임을 거듭 설명했다. 이렇게 계속 찾아가서 설득하니 반발했던 건물주 상당수가 마음을 돌렸다. 한 직원은 다음과 같은 에피소드를 전해 주기도 했다.

건물주 한 분을 만나려고 집에 찾아갔어요. 처음에는 문도 안 열어주는 거예요. 두 번째는 과일 꾸러미를 들고 찾아갔어요. 결국 만나 줬는데, 무척 완고하고 고집 센 인상이었어요. "구청에서 왜 괜한 짓 해서 동네 시끄럽게 하느냐"며 화부터 내시더군요. 그래서 제가 "어르신, 피렌체 아시죠. 거기가 왜 유명하겠어요. 예술가, 장인들이 거기서 살면서 좋은 작품, 물건을 만들었고 그게 이제는 문화가 되고 역사와 전통이 되었기 때문이잖아요? 제가 오늘 어르신 찾아뵌 거는 우리 성수동을 그렇게 발전시키자는 뜻이에요. 지금 당장 임대료 올려서 돈 벌면 뭐하나요. 그리되면 성수동에서 지금껏 역사를 만들어 온 전통 장인들, 새로운 역사를 만들려는 젊은 사람들이 다 밖으로 쫓겨나거든요. 그럼 역사와 문화도 사라지는 거예요. 성수동이 피렌체처럼 된다면 어르신도 좋지만 어르신 손자·손녀들은 더 좋을 거예요. 역사와 문화가 있는 도시에서 자랑스럽게 살아갈 거 아니겠어요?"라고 이야기했죠. 그랬더니 어르신 표정이 조금 바뀌면서 일단 그 협약서 놓고 가라고 하시는 거예요.

이런 과정 끝에 127명의 관내 건물주 중 91명과 상생 협약을 맺게 되었다. 2016년에는 젠트리피케이션 전담 태스크 포스$^{T/F}$ 팀을 상설 조직인 '지속 가능 도시 추진단'으로 발전시켜 국장급 직원이 책임을 맡도록 했다. 지속 가능 도시 추진단에는 지속발전과·마을공동체과·도시재생과를 두고 지속 가능 도시 정책을 추진하고 있다.

그리고 현재 지속 가능 도시 추진단 24명 직원이 관외 건물주 128명과도 상생 협약을 맺으려 대화를 지속하고 있다. 지금까지 협약에 서명한 관외 건물주는 51명이다. 그중에는 유명 가수 인순이 씨도

| 2015~16년 상생 협약 추진 현황 |

단위: 명, %

	합계		서울숲길		상원길		방송대길	
	협약	건물주	협약	건물주	협약	건물주	협약	건물주
합계	142	255	45	90	66	102	31	63
	55.7%		50%		64.7%		49.2%	
관내 건물주	91	127	28	39	44	57	19	31
	71.7%		71.8%		77.2%		61.3%	
관외 건물주	51	128	17	51	22	45	11	32
	39.8%		33.3%		48.8%		34.4%	

있다. 서울숲길에 작업실 공간을 만들었는데, 지속 가능 도시 추진단 직원이 매니저를 통해 상생 협약 체결을 부탁했더니 흔쾌히 승낙해 주었다고 한다. 그뿐만 아니라 무척 뜻 있는 일이라며 젠트리피케이션 방지 정책 홍보 영상의 내레이션을 담당해 주었다.

요새도 성수동에는 부동산 가격이 오르고 있다는 소문이 돌고 있다. 그런데 이에 대한 주민들, 특히 건물주들의 반응이 달라졌다고 한다. 상생 협약을 체결하는 과정에서 신촌과 이대 앞처럼 부동산 가격이 너무 빨리 오르면 지역 경제뿐 아니라, 자신들의 재산 가치에도 결국 손해가 된다는 사실을 알게 된 것이다. 더불어 상가 세입자들과 상생하며 아름다운 동네를 만드는 것이 훨씬 더 좋은 일이고, 긴 안목으로 봤을 때는 외려 이익이 된다는 생각이 동네에 퍼지고 있다. 예전 같으면 큰돈을 벌게 되었다며 좋아했을 사람들이 최근에는 동네의 빠른 변화를 도리어 걱정한다.

인식의 전환이 일어나기 시작했다. 아무리 좋은 제도를 만들어도 그 제도를 접하는 사람의 의식이 변하지 않으면 제도의 효과를 보기란 어려운 일이다. 행정은 그 의식의 변화를 유도하고 촉진하기 위해 작동한다. 젠트리피케이션 방지 정책이 실효성 있게 집행되는 데는 직원들의 열정이 중요한 역할을 했다. 그들은 한 정책을 실현하기 위해 지역

사회의 합의를 이뤄 내고 그 합의를 바탕으로 주민들의 의식 변화를 이끌었다.

한국판 '커뮤니티 보드'

2016년 2월 25일 성수1가 제2동 주민 20명을 상호협력주민협의체 위원으로 위촉하는 행사를 열었다. 주민협의체는 주민자치 위원장 등 지역 직능 단체장 5명, 지역 활동가 5명, 임대인 5명, 임차인 5명으로 구성했다. 위원들은 송규길 성수1가 제2동 주민자치 위원장을 위원장으로, 지역 활동가인 임주환 더페어스토리 대표를 부위원장으로 선출했다. 한국판 '커뮤니티 보드'인 '상호협력주민협의체'가 공식적인 주민자치 조직의 하나로 출범한 것이다.

주민협의체는 위원 구성이 다양한 만큼 논의 주제도 다양하다. 임대료 인상과 담합을 부추기는 부동산 중개업소에 대해 단속을 강화해 줄 것을 요청하기도 하고, 지역 특성을 살린 상권을 활성화하기 위한 방안도 제시한다. 임대인, 임차인 각각의 입장에서 상생 협약을 확대하기 위한 아이디어를 제시함은 물론이다.

성수1가 제2동 주민협의체는 주민 분과, 소상공인 분과, 문화예술인 분과를 운영 중이다. 분과별로 주민 편의 시설 확충, 임대료 안정화 및 영세 자영업자 지원, 지역 문화 진흥 방안 등 상생·공존을 위한 주민들의 다양한 아이디어가 모이고 있다.

주민협의체는 아직 첫 걸음마를 떼고 있는 수준이다. 도시 재생 사업이 본격적으로 시행될 때를 대비해 워밍업을 하는 단계임에도 현장의 생생한 정보와 생활 밀착형 아이디어를 제공해 주는, 정책 집행의 든든한 지원군이다.

2015년 11월부터는 성수동 관내 부동산 중개업자 교육을 정기적으로 실시하고 있다. 도시 재생 사업, 젠트리피케이션 방지 정책에 대한 안내와 협조 요청 그리고 임대료 인상 조장, 담합 등의 위법행위에 대한 즉각적인 제재 안내가 주된 교육 내용이다. 또한 불공정 계약서 작성으로 피해를 보는 세입자가 많다는 점을 고려해 만든 성동구의 "상생 표준 임대차 계약서"를 배포하고, 임대차 계약 체결 시 표본으로 삼아 중재하는 방법도 교육에 포함하고 있다.

부동산 중개업자라면 투기 열풍이 불기를 바랄 것이란 생각과 달리, 지역에 생활 근거를 둔 부동산 중개업자들은 지속 가능한 상권이 형성되어 거래 흐름이 끊기지 않고 안정적으로 이어지는 것을 원한다. 따라서 대다수 부동산 중개업자들은 협조적이다. 젠트리피케이션이 일어나 극심한 단계까지 진행되면 상권이 몰락해 결국은 부동산 중개업자도 피해를 볼 수밖에 없다는 인식이 이미 퍼져 있는 것 같다.

투기 바람에 기대어 단시간에 큰돈을 벌고 싶은 부동산 중개업자들이 극소수 활동하고 있지만, 주민협의체를 통해 그들의 활동을 구체적으로 파악하고 단속할 수 있었다.

공직에서 일하면서 구민들이 속내를 이야기하지 않아 안타까울 때가 많았다. 정당한 요구가 있어도 선뜻 이야기하지 않고 "수고한다", "고생이 많다", "덕분에 잘 살고 있다"며 덕담만 하는 주민이 많다. 고령의 주민일수록 이런 경향이 강하다. 관치행정 시대의 어두운 기억이 남아 있기 때문이다. 공무원을 자신들의 대리인이 아니라 백성 위에 군림하는 벼슬아치로 보고, 자칫 속내를 내비치면 손해를 볼 것 같은 두려움과 경계심이 아직도 남아 있는 것 같다.

하지만 이런 경계의 마음도 자주 만나면 완화된다. 안정적인 논의 구조에서 명확한 책임과 권한을 부여하고 구체적인 의제를 설정해서 만나면 기탄없는 대화가 가능하고, 그 속에서 지역의 실질적인 속사정을 들을 수 있다. 이 일련의 과정을 통해 정확한 실태를 파악하고 대처 방안을 수립할 수 있다.

앞으로 주민협의체는 성수동을 넘어, 성동구 전체로 확대될 예정이다. 주민과 힘을 합쳐 지속 가능한 상생 도시, 공존하는 창조 도시를 만드는 과정에서 핵심 조직으로 기능할 것이다. '민관 협치'라는 말이 학술적인 개념, 사업 계획서상의 구호로만 남아서는 안 된다. 21세기형 현대 행정의 필수 요건이며, 현장에서 실제로 만나고 소통함으로써 실현되어야 하는 중요한 가치다.

가장 강력한 대응 전략,
자산화

세마에스트와 해크니 협동조합

상평창^{常平倉}. 고려 시대로부터 조선 시대까지 1천 년간 존속했던 관청이다. 이 관청의 이름은 상시평준^{常時平準}의 준말이다. 언제 어느 때나 일정한 가치를 유지한다는 의미로 상평창이 물가 조정 기관이었다는 점을 고려하면 딱 어울리는 이름이다.

현대 국가에서도 국민 생활에 긴요한 재화를 공공 자산으로 확보해 두어 이에 대한 독과점을 방지하고 균형가격을 유지하는 정책을 구사하고 있다. 최근에는 국가를 넘어 사회적 기업이나 협동조합이 자산화 전략을 추진하고 있다. 이를 국가에 의한 공공 자산화와 구분하기 위해 시민 자산화라고 부른다.

토지는 노동, 자본과 더불어 경제의 3요소로 일컬어진다. 토지와 더불어 그 위에 지어지는 건축물 역시 공공적 성격이 강한 재화로 받아들여진다. 그래서 세계 각국에서는 토지와 건축물도 공공 또는 시민 자산화의 대상이 되고 있다. 우리나라도 예외는 아니다. 국민 임대주택, 보금자리 주택, 장기 전세 아파트 등이 국가에 의한 주택의 공공 자산화라고 볼 수 있다.

최근에는 상가 건물도 자산화의 대상이 되는 추세다. 프랑스 파리 시의 세마에스트SEMAEST(거리활성화정비국)는 민관 협치에 의한 공공 자산화의 대표 사례다. 세마에스트는 파리 시 산하의 민관 합동 출자 회사로 파리 시로부터 11개 사업 지구에 있는 건물 1층 상점과 토지를 우선 매입해 영세 자영업자에게 저렴한 가격으로 공간을 임대해 준다. 이는 앞에서 소개한 '보호 상업가로' 정책과 더불어 파리 시 상권의 젠트리피케이션을 방지하고 문화 다양성을 보호하는 정책으로 알려져 있다.[196]

영국의 해크니 개발 협동조합Hackney Co-operative Development은 시민 자산화의 대표 사례로 손꼽힌다. 본래 해크니 개발 협동조합은 주거 협동조합이었다. 이들은 런던 해크니 지방정부로부터 제2차 세계대전 때 폭격을 맞고 방치된 건물을 리모델링해 공공입대사업을 해달라는 제안을 받는다. 트리오도스 은행Triodos bank으로부터 융자를 받아 건물을 매입해 리모델링한 해크니 협동조합은 1층은 상가, 2~3층을 사무 공간으로 꾸미고, 영세 자영업자, 사회 혁신가, 예술가에게 시세의 70% 가격으로 임대하고 있다. 이 일을 계기로 해크니 협동조합은 주변 슬럼 지대의 낡은 건물을 시민 자산화해 공공 임대 공간으로 활용하고 있으며, 이를 통해 해크니 지역의 도시 재생에 크게 기여하고 있다.[197]

젠트리피케이션이 부동산 가격 변동에 따라 일어나는 현상임을 고려할 때, 자산화 전략은 젠트리피케이션을 예방할 수 있는 가장 강력한 수단이다. 공공 자산화 또는 시민 자산화를 통해 저렴한 가격으로 공간을 임대하면 이것이 결국 부동산 시세에 영향을 끼치기 때문이다. 하지만 아직 우리나라에서는 상가 건물에 대한 공공 자산화가 추진된 적이 없다. 또한 이제 걸음마를 떼고 있는 사회적 기업과 협동조합의 현실을 고려할 때, 영국의 해크니 개발 협동조합과 같은 시민 자산화를 기대하기는 조금 이른 감이 있다.

그래서 지방정부가 중심이 된 공공 자산화를 추진할 수 있는지 검토해 보았다. 쉽지는 않지만 불가능해 보이지도 않았다. 중앙정부나 서울시가 나서는 것만큼은 안 돼도, 규모가 작은 성수동에서는 유의미한 파문을 일으킬 수 있을 것 같았고, 무엇보다 성동구에서 모범 사례를 만든다면 중앙정부와 서울시를 자극해 정책 변화를 끌어낼 수 있다는 생각도 들었다. 그러던 중 부영 그룹의 관광호텔 인허가 문제와 마주하게 되었다.

기업의 지역사회 공헌

공공 자산화 전략을 고민하던 중, 2015년 연말에 부영 그룹이 서울숲 앞 1만9천m^2 대지에 지하 8층, 지상 47층, 총 1,107실 규모 5성급 호텔을 건축하고 싶다는 허가 신청을 냈다. 이 소식을 듣고 기대와 우려가 교차했다.

서울숲 앞에 거대한 관광호텔이 들어오면 그만큼 유동 인구가 많아질 것이니 지역 상권 활성화에 큰 도움이 될 것 같다는 기대와 더불어, 부영의 관광호텔이 들어서면 주변 땅값, 건물 값이 뛰어 젠트리피케이션이 가속화될 수 있다는 우려감이 동시에 생겨났다.

이미 부영은 부지를 매입해 놓은 상태였다. 지역 주민들도 크게 기대하는 분위기였다. 2012년 현대자동차 그룹의 글로벌 비즈니스 센터 건설 계획이 취소되면서 겪었던 실망감 때문에 오히려 기대는 더 커진 상태였고, 관광호텔 건설을 막을 이유도 근거도 없었다.

위기는 기회라는 말이 있다. 어떤 문제와 마주했을 때 뒤로 물러서기보다는 앞으로 나아가며 활로를 모색하면 다른 길이 있다는 의미다. 부영의 관광호텔 건설은 위기라기보다는 지역 발전을 촉진할 수 있는 기회였다. 그렇다면 고민해야 할 것은 이 기회로부터 또 다른 기회를 발견하는 것이었다.

부영이 관광호텔을 짓고자 하는 땅은 서울시가 수립한 '뚝섬 지구 단위 특별 계획'이라는 도시계획의 규정을 받고 있다. 이 점에 착안해 지구 단위 계획상 부영이 짓고자 하는 관광호텔의 용적률 상한선인 768%를 873%로 증가시킬 수 있도록 '뚝섬 지구 단위 계획' 변경에 협력하겠으니 증가된 용적률 105% 중 45.1%를 성동구에 '공공 기여' 하라고 부영 측에 제안했다.

부영 그룹은 흔쾌히 수락했다. 건축주 입장에서 용적률이 늘어나면 그만큼 이익이므로 거부할 이유가 없었다. 마침 12월 31일 제18차 서울시 도시건축공동위원회가 열리기로 예정되어 있었고, 서울시에 부영의 공공 기여 사실을 알리고, 공공 기여에 대한 인센티브로서 용적률 105%를 증가시켜 달라고 요청했다. 이에 서울시에서 〈관광 숙박 시설 확충을 위한 특별법〉에 따라 용적률 증가가 가능하다는 회신이 왔다.

12월 30일 성동구청과 ㈜부영주택 명의로 사회 공헌 양해 각서가 체결된다. 이에 따르면 부영은 용적률 45.1%에 해당하는 총 260억 원 상당의 토지와 건물을 성동구에 기부 채납하게 된다. 사업 인·허가를 취득한 이후 3개월 내에 50%를 제공하고 2019년 준공 이전까지 나머지 50%를 제공하게 되어 있다. 그리고 하루 뒤인 31일 성동구가 제안한 '뚝섬 지구 단위 특별 계획' 변경안이 서울시 도시건축공동위원회에서 승인된다.

이렇게 확보된 재원을 성동구는 앞으로 자산화 정책을 추진하는데 사용할 계획이다. 영세 자영업자들이 저렴한 가격으로 안심하고 장사할 수 있는 장기 안심 상가를 운영하는 것이다. 재정 자립도가 취약한 기초 자치단체로서는 토지와 건축물에 대한 자산화는 필요하지만 실천하기 어려운 정책이다. 이런 조건에서 성동구는 기업의 사회 공헌을 끌어내는 방식으로 자산화 정책을 추진하는 선례를 남겼다. 다른 기초 자치단체에서도 이를 잘 활용했으면 하는 마음이다.

맘 편히 장사하는 안심 상가

현재 성수동의 도시 공간은 '서울형 도시 재생 시범 사업 지구'와 '뚝섬 지구 단위 특별 계획'이라는 두 개의 도시계획이 중첩되어 있다. 이 중 도시 재생 시범 사업 지구에 대한 '도시 재생 활성화 계획'은 성동구청이 주도적으로 작성해 서울시의 승인을 얻어 추진하는 형태를 띠고 있다. 따라서 상대적으로 구청이 개입할 여지가 큰 편이다.

성동구는 서울시에 제출하는 '도시 재생 활성화 계획(안)'에 젠트리피케이션 방지 정책에 협조하는 개인이나 법인에 용적률·건폐율 인센티브를 부여하고 세금 감면 등의 혜택을 주겠다는 내용을 포함해 놓았다. 계획안이 확정되면 젠트리피케이션 정책에 동의하는 건물주에게 용적률·건폐율 인센티브를 부여하는 길이 열린다.

또한 성수동에 계속 지어지고 있는 지식산업센터를 통한 장기 안심 상가 공간 확보 방안도 추진되고 있다. 지식산업센터에 일정 부분 인센티브를 주고 그만큼의 공간을 구에서 기부 채납 받는 형태다. 2015년 하반기에만 확보된 장기 안심 상가 공간이 약 120평(397㎡)이다. 이런 방식으로 매년 5백 평(1,653㎡)을 확보한다면 일정 규모의 장기 안심 상가를 운영할 수 있다.

현재 서울시도 자산화 정책 추진을 준비하고 있다. 상가 세입자들에게 직접 상가를 소유할 수 있도록 금융 지원을 계획하고 있으며, 프랑스 세마에스트 사례를 본받아 상가 건물의 공공 자산화를 위한 민관 합작회사 설립을 검토 중이다. 성동구도 장기적 차원에서 세마에스트 같은 민관 합자회사 설립을 검토하고 있다.

하지만 우리나라의 취약한 지방재정 구조를 고려할 때, 자산화 정책이 실효성을 거두려면 중앙정부의 지원이 절실하다. 중앙정부가 나서서 성동구-부영 간 협력 사례처럼 기업이 사회 공헌에 나서도록 장려하고, 지방자치단체의 공공 임대 상가 조성 노력에 국비를 지원하는 방안도 검토해야 한다. 자산화 정책에 대한 중앙정부의 전향적 태도를 기대해 본다.

자치구의 도전,
지속 가능 발전 계획

도시 행정의 꽃, 도시계획

상생 협약을 체결하고 있으며 주민협의체를 만들고 있다. 부동산 중개업자들을 교육하고 있으며, 마을 변호사와 표준 임대차 계약서 보급을 통해 상가 세입자들의 권리를 보호하고자 노력 중이다. 하지만 아직은 시범 사업 단계다. 이런 정책들은 그것의 공간적 범위인 지속 가능 발전 구역이 지정되고, 여기에 적용되는 발전 계획이 시행될 때, 비로소 완성된다.

도시 행정의 꽃은 도시계획이다. 이에 따라 도로의 형태가 조성되고 도시 안에 어떤 건물들이 들어올지가 결정된다. 그리하여 궁극적으로 사람들의 생활양식을 만든다.

따라서 도시계획이 성공하려면 사람과 건물 사이의 조화와 균형을 유지해야 한다. 현재 그 도시에 어떤 사람이 살고 있는지, 그리고 미래에 어떤 사람을 살게 할 것인지, 그들이 어떤 일을 하고 어떤 문화를 누리며 살고자 하는지를 고려하면서 건물과 도로를 배치해야 한다. 이런 고려 없이 추진되는 도시계획은 반드시 실패한다.

그런데 지금까지 우리나라의 도시계획은 사람에 대해 고려하지 않았다. 건물과 도시만 지어 놓으면 사람들은 당연히 모여들게 되어 있다는 식이었다. 그 결과 2000년대 들어 우후죽순처럼 추진된 신도시 계획의 상당수가 실패했다.

대표적인 사례가 인천광역시의 송도·청라·영종도 국제도시다. 동북아 물류·금융·비즈니스 중심 도시를 표방하며 거창하게 삽을 떴지만, 지금은 사실상 베드타운화 되었으며, 그나마도 입주율이 높지 않아 빈집이 많고 부동산 가격은 떨어지고 있다.[198]

이제 도시계획의 패러다임을 건물 중심에서 사람 중심으로 바꿔야 한다. 이를 위해서는 두 가지가 필요하다. 첫째, 중앙정부 주도의 중앙집권적 도시계획을 탈피해 지방정부 주도의 자치 분권형 도시계획으로 전환해야 한다. 단순하고 획일적인 대량생산 체제가 이끌던 20세기 산업화 시대와 달리, 21세기 창조 경제 시대에는 다양성과 창의성, 혁신성이 중요하다. 도시계획에서도 지역의 특성을 잘 살리는 것이 무엇보다 중요하다.

중앙정부가 가지고 있는 도시계획에 대한 권한을 대폭 지방정부에 이전해 줘야 한다. 광역 자치단체도 도시계획을 입안·추진함에 있어 기초 자치단체와 충분한 협의를 가지게 하고, 기초 자치단체가 독자적으로 도시계획을 입안·추진하는 것도 가능하도록 제도를 정비해야 한다.

둘째, 도시계획의 입안·추진 과정에서 주민들의 의견을 수렴하는 절차를 마련해야 한다. 뉴욕시의 커뮤니티 보드가 바로 이런 사례다. 뉴욕시 59개 커뮤니티 보드는 뉴욕 각 지역의 도시계획 수요와 이에 대한 주민들의 의견을 시 당국에 상시적으로 전달하는 통로로 기능한다.

또한 영국은 "2004년 제정된 〈도시계획 및 강제 수용법〉Planning and Compulsory Purchase Act"에서 "지역계획 수립 시, '주민참여계획서'Statement of Community Involvement 작성을 의무화"하고 있다. "이는 지방정부가 지역 공간 전략이나 자치구 계획을 수립할 때 주민 참여를 언제, 어떻게, 어떤 절차를 거쳐 수행할 것인지를 제시하는 설명서다."[199]

우리나라도 충분한 논의를 통해 미국과 영국 사례를 도입해야 한다. 지방자치단체 산하에 뉴욕 시 커뮤니티 보드에 준하는 주민협의체를 상설 자문 기구로 운영하고, 광역 자치단체에서 도시계획을 수립하고 추진할 때에도, 영국의 '주민 참여 계획서'와 같이 주민 참여 계획을 구체적으로 기획할 수 있는 단계가 필요하다. 이와 관련된 사무는 정부와 광역에서 주도권을 쥐기보다 기초 자치단체가 위임받아 지역사회의 특성과 문화적 다양성을 반영할 필요가 있다. 나아가 광역 자치단체가 큰 틀에서 도시계획의 방향을 제시하고, 기초 자치단체가 자기 지역의 특색을 반영한 도시계획을 제출해 광역과 기초가 공동으로 추진하는 방법도 진지하게 검토해 볼 만 하다.

성동구와 같은 자치구가 독자적으로 도시계획을 수립해, 이를 토대로 젠트리피케이션을 방지하고, 지속 가능한 상생 도시·공존하는 창조 도시라는 비전을 실현하는 사례는 전례가 없는 일이다. 그 과정에서 부딪히는 가장 큰 어려움이 자치구에 도시계획 수립 권한이 없다는 구조적 한계다. 자치구가 이 어려움을 타개하기 위해서는 현행법의 테두리를 벗어나야 하기에 성급하게 추진할 수 있는 문제가 아니었다.

그러나 다행히도 2014년 12월 성수동이 '서울형 도시 재생 시범 사업 지구'로 지정되어, 성수동의 특성을 반영한 독자적인 '도시 재생 활성화 계획안'을 마련할 수 있게 되었다. 이 계획안에 젠트리피케이션을 방지하고 상생 발전을 위해 협력하는 건물주, 상가 세입자에 대한 지원책을 포함했다. 그리고 이 내용을 조례의 지속 가능 발전 계획에 중첩시키는 방식으로 정책의 실효성을 담보할 수 있도록 설계했다.

가령 지속 가능 발전 구역 안의 건물주 중 상생 협약의 정신을 잘 구현해 상가 세입자와 상생하는 건물주가 있다면, '도시 재생 활성화 계획안'에 들어 있는 용적률·건폐율 인센티브를 부여해 주는 식이다. 하지만 이런 방식은 젠트리피케이션의 영향이 도시 재생 시범 사업 지구를 넘어설 때는 근본적인 한계에 부딪힌다.

예를 들어, 대림 창고와 문화 카페들이 모여 있는 성동구 성수이로 주변과, 기존 상가가 밀집한 성수동 상원길 구역은 도시 재생 시범 사업 지구에 포함되어 있지 않아, 만약 이 구역에서 젠트리피케이션이 일어나면 정책적으로 저지할 방법이 없다.

따라서 궁극적 해결책을 위해서는 도시계획 관련 법·제도를 정비해 기초 자치단체도 독자적인 도시계획을 추진할 수 있게 해야 한다.

현재 서울시는 국회에 입법을 제안한 〈지역상권상생발전에 관한 법률〉에서 기초 자치 단체장이 관할 지역의 지역 상생 발전 구역 지정을 광역 자치 단체장에게 건의하고 그 기본 계획 및 시행 계획을 수립할 수 있게 하고 있다. 이 법이 국회에서 조속히 처리되기를 기대해 본다.

그렇다면 성동구는 구체적으로 지속 가능 발전 구역에 대한 계획을 어떻게 수립하고 운영하고자 하는가? 무엇을 판단 근거로 어떤 과정을 거쳐 지속 가능 발전 계획을 수립하고자 하는가? 이제 그 청사진을 풀어 본다.

지속 가능 발전 구역의 청사진 그리기

성동구가 지리 정보 빅데이터 분석 기관인 ㈜GIS United에 성수동 일대에 대한 실태 조사를 의뢰한 것은 젠트리피케이션의 현황을 알기 위해서이기도 하지만, 지속 가능 발전 구역을 지정하고 발전 계획을 세우기 위한 근거 자료를 확보하기 위해서였다.

지속 가능 발전 구역의 목적은 젠트리피케이션 방지와 지속 가능한 상생·창조 도시의 건설이다. 그렇기 때문에 여느 도시계획보다도 더욱 정확한 데이터에 기초해 지정하고 계획할 필요가 있다. 만일 상권이 충분히 성숙되어 있지 않은 지역에 과도한 규제가 가해지면 도리어 상권을 억제하고 쇠퇴시키는 부작용을 낳을 수 있으므로 초기 지정 단계에 심혈을 기울여야 했다.[200]

성동구는 지속 가능 발전 구역 지정 후보지의 ① 임대료 변동률, ② 거주자(세입자) 변동 현황, ③ 공시지가 변동률, ④ 부동산 매매/임대 변화, ⑤ 업종 변화, ⑥ 유동 인구 변화에 대한 시계열 데이터를 구축할 예정이다. 이로써 젠트리피케이션 발생 가능성에 대한 계량적 판단 기준을 세우고 이를 토대로 성동구 조례에 근거해 '지속 가능 발전 계획'을 수립할 계획이다.[201]

성동구 개별공시지가 변동(2012~2015년)

범 례
- ⊙ 성동구 인근 전철역
- ☐ 국가기초구역

개별 공시지가 증감율
(2012~2015년, %)
- ■ -11.1 - -1.6
- ■ -1.5 - 7.7
- ■ 7.8 - 11.2
- ■ 11.3 - 16.1
- ■ 16.2 - 23.6
- ■ 23.7 - 47.8

❶~❷ 사이 지역은 토지가가 -1% 하락했고 옥수역 북측지역은 -11%를 기록함. ❷ 지역 우측, 왕십리역 인접 기초구역은 대체로 약 18~20% 수준의 지가 상승률을 기록함

❸ 장한평역 인접 기초구역의 토지가는 10.9% 상승했고, ❹~❺ 지역은 15~23%의 상승률을 보임

❻ 지역의 2012~2015년 사이의 토지가 상승률은 뚝섬역 북단지역은 11%, 서울숲역 좌측은 11~15% 상승함

❼ 지역은 동일기간 성동구에서 가장 높은 공시지가 상승률을 기록한 지역으로 47.8%가 상승함

위의 그림은 ㈜GIS United 연구팀이 2012~15년 성동구 일대의 개별 공시지가 변동 상황을 맵핑mapping한 것이다.[202] 지도상으로 보면, 성수동 내에서 서울숲 인근 지역의 공시지가가 지난 3년간 약 11.7~47.8%까지 높은 인상률을 보인다. 오른쪽 219쪽의 그림은 2015년의 개별지 공시지가 분포 현황을 맵핑한 것이다.[203] 도로명 주소를 기준으로 하면 서울숲길과 방송대길 가로변의 개별지 공시지가가 1㎡당 1천2백만 원 수준으로 성수동 관내에서 최고가를 기록하고 있다.

개별지·표준지 공시지가는 젠트리피케이션 발생 가능성을 판단하는 여섯 개 지표 중 하나다. 성동구는 앞으로 가장 중요한 임대료 변동률 등 나머지 다섯 개 지표를 정리하고, 이를 근거로 성수동 서울숲길, 방송대길, 상원길을 지속 발전 구역으로 지정할 예정이다.

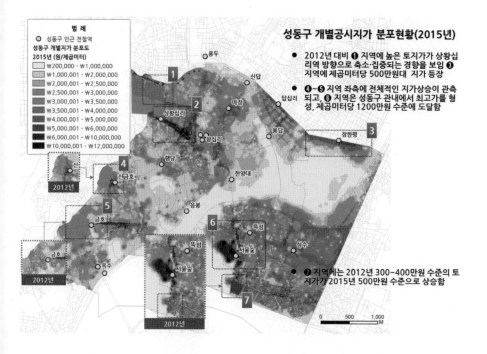

성동구 개별공시지가 분포현황(2015년)

- 2012년 대비 **1** 지역에 높은 토지가가 상왕십리역 방향으로 축소·집중되는 경향을 보임 **3** 지역에 제곱미터당 500만원대 지가 등장
- **4~5** 지역 좌측에 전체적인 지가상승이 관측되고, **6** 지역은 성동구 관내에서 최고가를 형성, 제곱미터당 1200만원 수준에 도달함
- **7** 지역에는 2012년 300~400만원 수준의 토지가가 2015년 500만원 수준으로 상승함

지속 발전 가능 구역을 지정한 이후에 서울숲길, 방송대길, 상원길에 대해 여섯 개 지표의 연차별 증감률을 검토해 10% 이상의 증감률이 나타나는 지역은 '대응 지역', 10% 미만의 증감률이 나타나는 지역은 '경계 지역', 서울시 및 성동구 전체 평균과 비슷한 지역은 '관심 지역'으로 분류해 지정한다.[204]

잠정적으로 분류하면 서울숲길이 대응 지역, 방송대길이 경계 지역, 상원길이 관심 지역으로 조닝zoning[205]될 가능성이 크다. 세 지역에 대해 여섯 개 지표를 구축하는 동시에 각각의 데이터를 분석하고 평가해 상황별 시나리오를 만들어 대응할 것이다.

예를 들어 젠트리피케이션 초기 단계에 진입한 대응 지역에는 '적극 대응 단계 시나리오'를 적용해 상시로 임대료 상승 동향을 관찰

	관심 지역	경계 지역	대응 지역
구역	• 유연한 구역 경계 설정	• 구역변동 사항 검토	• 구역 내 변동 제어 • 신규 추가 구역지정
모니터링	• 기초 데이터 구축 • 반기별 항목 모니터	• 상세 데이터 구축 • 분기별 항목 모니터 • 월별 항목 모니터	• 상세 데이터 구축 • 월별 항목 모니터 • 주간 항목 모니터
조례/협약	• 조례 적용 검토	• 조례 적용 범위 결정 • 상생협약 체결	• 조례 적용 • 상생협약 적용
주민협의체	• 협의체 정례회의	• 협의체 적극 가동 • 대응 방안 마련	• 협의체 적극 대응 • 각종 대응방안 결정 집행
주민활동	• 주민참여 기초교육	• 교육프로그램 가동 • 마을 활동가 모임 • 커뮤니터보드 조직	• 프랜즈 그룹 등 압력 단체 활동 • 임차인연합회 공동대응
도시계획	• 관련 계획 검토 • 도시계획 적용 검토	• 장기안심 상가 검토 • 공간 자산화 적용 검토 • 도시계획 시설 등 검토	• 대체상가 입점 • 상가 직접 구매 • 공간 자산화 • 도시계획 시설 등 적용
지원	• 지원 체계 구축	• 필요 시 지원방안 마련	• 임대인 세금/금융지원 • 소상공인 지원 • 사회적경제 기금지원
제어	• 업체 변동 사항 • 모니터링	• 입점 예정 업체 관리 • 업태별 주의 분류	• 입점 업체 필지별 분류 및 제어 • 업태별 영업허가 관리

출처: 신근창·김경배, "지속가능발전 정책제언", 2016년 성동구 학술연구용역 최종보고회 발표 자료, 105~106쪽.

하고, 부당한 임대료 상승·보상 없는 퇴거·비표준적 임대차 계약 행위를 단속하고 바로잡는다.[206]

    젠트리피케이션 직전 단계로 분류된 경계 지역은 '경계 단계 시나리오'를 적용해 임대료 상승 비율이 현 수준에서 유지되게 하고 젠트리피케이션을 유발할 수 있는 업체의 입점을 제한한다.[207]

    합정동이나 연남동처럼 풍선 효과에 의해 젠트리피케이션이 일어날 수 있으나 아직은 임대료나 지가 상승 비율이 우려한 만한 수준이 아닌 관심 지역은 '관찰 단계 시나리오'를 적용해 정기적으로 임대료를 비롯한 여섯 개 지표에 대한 조사를 진행하고 상생 협약을 추진해 지역공동체 및 지역 상권의 상생 발전을 지원한다.[208]

    아울러 지표의 구축과 평가를 위해 부문별(세무, 사업자 등록, 용도별 인허가, 부동산 계약 등) 공공 데이터의 연동이 필요하며 이들을 하나로 묶어서 관리하고 평가하는 시스템을 구축해야 한다.

나아가 지속 가능한 상생 발전을 위해 다양한 프로그램을 계획하고 있다. 첫째, 성동구 관내에서 도시 재생의 기본 철학과 목표를 공유한 주민과 각 분야별 전문가들과의 상호 교류를 위한 교육 프로그램을 시행한다.

둘째, 상호 이해와 목표의 공유를 통한 협력적 관계 구축을 위해 주민협의체를 상시적으로 운영하고 행정 주체와 주민들이 정기적으로 대화하고 교류하는 상호 협력 프로그램을 가동할 것이다.

셋째, 성동구에서 활동하고 있는 사회적 기업, 협동조합 등 비영리 공익 법인과의 협력을 확대하고, 이들과 더불어 목적성 프로그램을 가동하면서 젠트리피케이션 대응과 지속 가능한 도시 재생을 위한 활동 영역을 넓히는 사회 활동 프로그램을 시행한다.

정책의 일관성과 행정의 연속성을 확보하기 위해 정책 방안과 실행 계획의 구조화를 추진한다. 첫째, 공간 구조적 측면에서 지역공동체의 정체성과 매력을 살릴 수 있는 도시계획·건축·디자인 등 관련 분야의 정책을 다방면에서 기획하고 실행한다. 자산화 전략의 일환으로서 장기 안심 상가와 주민 친화적 도시 재생 정책, 문화예술과 연계한 디자인 프로젝트 등을 추진한다.

둘째, 사회구조적 측면에서 주민자치 역량 강화 및 협력적 지역공동체 문화를 구축하기 위해 기존의 주민협의체를 주축으로 주민자치 조직들을 지원하고 사회적 기업, 협동조합 등, 지역사회의 공익을 위해 헌신하며 지역 문화의 혁신을 담보하는 비영리 공익 법인을 적극 지원·육성한다. 이를 통해 지속 가능한 상생 도시의 비전에 대한 공감대를 확산시킨다.

셋째, 제도적 측면에서 법률적 기초를 만들고 이미 제정된 조례를 보완해 시나리오별 대응이 가능하도록 세부적 기준을 보강한다. 또한 주민들에게 실행력을 담보하기 위한 지원과 인센티브의 발굴, 상생 협약 등의 이행 여부와 이행에 따른 혜택 등도 함께 연구 되어야 할 것이다.

데이터, 진단과 평가

젠트리피케이션 방지 정책을 고민하고 실행에 옮기면서 많은 전문가들의 자문을 받았다. 그러던 중 도시공학을 전공하는 한 교수님으로부터 "성수동에서 젠트리피케이션 현상이 일어났다고 판단하는 근거는 무엇인가"라는 질문을 받았다. 사회 혁신가, 예술가들이 낮은 임대료 때문에 동네에 들어왔다가 임대료 인상 요구에 직면해 불안해하고 있는 현실, 특색 있는 카페·음식점이 새롭게 생기면서 늘어나고 있는 젊은 유동 인구, 건물주들이 부동산 중개업자에게 임대료 인상을 권유받는 전화를 자주 받고 강남권 기획 부동산이 성수동에 들어와 활동하고 있다는 이야기, 최근 유명 연예인이 성수동에 투자했고 이것이 언론에 보도되어 부동산 거래가 늘어나려는 조짐 등 그동안 성수동에 현장 조사를 나가서 보고 들은 이야기를 했다. 그러자 그 교수님이 다음과 같이 말했다.

물론 눈에 드러나는 그런 현상들, 조짐들을 가지고 젠트리피케이션이 일어나고 있다고 추정해 볼 수는 있겠죠. 그러나 어디까지나 추정 아닌가요? 정책을 추정에 근거해서 추진할 수는 없는 거죠. 우선 성수동 일대에 부동산 가격, 업종 구성, 유동 인구 현황 등에 대한 데이터 조사가 필요해 보입니다. 젠트리피케이션이 정말 일어났는지 실증적 데이터로 확인해야 하고, 그게 맞다면 어느 정도 수준으로 진행되었는지를 판단하고 그에 맞게 정책을 구사해야 합니다.

살다 보면 뭔가 크게 한 대 얻어맞은 느낌이 들 때가 있는데 그러고 나면 머리가 맑아진다. 그래서 직원들에게 전문 기관을 섭외해 성수동에 대한 젠트리피케이션 현황 조사를 추진하라고 지시했다. 그 결과 2016년 2월 지리 정보 빅 데이터 분석 기관인 ㈜GIS United와 연구를 시작했다. 그리고 성수동 일대의 임대료, 공시지가, 식음업종 구성 현황 등에 대한 데이터 조사를 진행했다. 이 과정에서 향후 젠트리피케이션 방지 정책을 추진하고 지속 가능 발전 구역을 지정하며 발전 계획을 수립하는 데 근거 자료로 활용될 소중한 데이터를 수집할 수 있었다.

모든 정책이 그렇지만, 특히 도시계획은 진단과 평가가 중요하다. 그리고 그 진단과 평가는 객관적인 데이터에 근거해야 한다. 잘못된 진단과 평가에 근거해 도시계획이 추진되면 아무도 찾지 않는 유령도시를 만들게 되고 막대한 예산을 낭비하는 치명적 결과를 낳는다.

개인은 저마다 의식하지 못하는 사이에 자기 나름의 판단 기준을 가지고 있다. 그래서 똑같은 사회현상이라도 조금씩 다르게 바라보며, 스스로의 편견 때문에 잘못 이해하고 있는 경우가 많다. 이처럼 저마다 다른 주관적 인식과 치명적인 오류를 바로잡아 주는 것이 수학적으로 정리된 데이터다. 이를 통해 우리는 현상에 대한 공통된 시각을 확보하게 되며, 이에 기반을 두어 합리적 해결 방안을 숙의할 수 있게 된다.

그런데 우리나라 도시 행정은 데이터 인프라가 취약하다. 일단 일

목요연하게 정리된 데이터의 수도 부족할뿐더러, 확보된 데이터도 잘 공개하지 않는다. 이를테면 얼마 전까지도 부동산 관련 통계 중 가장 중요한 실거래가 정보가 일반에 공개되지 않고 있다가 최근에 와서야 공개됐고, 그나마 상가 건물에 대한 실거래가는 지금까지도 공개되지 않고 있다. 이로 인해 부동산 시장가격이 얼마나 심하게 왜곡됐고 또 얼마나 많은 정책 실패가 야기되었을지 생각하면 참으로 아쉬운 일이다.

현재 서울시가 국회에 입법을 제안하고 있는 〈지역상생발전에 관한 법률〉 제6조는 "자치 단체장이 지역 상생 발전 계획의 수립을 위해 특정 지역의 상권 형성 실태, 임대차 현황에 대한 실태 조사를 할 수 있고, 이에 대해 관계 기관과 주민은 협조해야 한다"고 규정하고 있다. 이는 성동구가 법안을 준비하는 과정에서 반드시 포함되어야 한다고 서울시에 건의했던 내용이다. 법안이란 것이 국회 입법을 거치면서 조금씩 수정되기 마련이지만 이 조항만큼은 원안 그대로 통과되어야 한다고 생각한다.

우리 도시의 지속 가능한 발전을 위해 다른 무엇보다 중요한 것이 데이터의 체계적 수집과 통합·관리다. 데이터를 정리하는 과정의 지루함을 견디지 못하는 게으름과, 정보를 독점하고자 하는 그릇된 욕망을 경계해야 한다. 만일 이를 반대하는 사람이 있다면 그가 어떤 미사여구로 도시의 미래 비전과 발전 방향을 외친다고 해도, 우리는 그의 말을 신뢰할 수 없다.

데이터에 근거하지 않은 진단과 평가는 무용하다. 진단과 평가 없는 도시계획은 치명적인 부작용을 낳을 수 있다. 데이터는 도시 행정의 기초다. 우리 자치구부터 데이터의 체계적 수집·관리·통합·투명한 공개에 앞장서야겠다.

젠트리피케이션 없는
도시 재생을 위하여

도시는 도시 거주자들이 참여해
공동으로 만들어 온 것이다.
따라서 도시에 거주하는 모든 시민은
도시 공간을 사용할 권리와 더불어
도시 관리 및 행정에 참여할 권리를 지닌다.

연대와 협업의 시작

도시 재생과 마을 만들기의 역설

종로구 무악동 골목에는 옛날 서대문 형무소에 수감된 독립투사, 민주화 운동가, 일반 사범 등을 면회 온 사람들이 묵었던 여관과 여인숙이 몰려 있다. 이를 옥바라지 골목이라 부른다. 2000년대 초반, 이 골목이 포함된 무악동 46번지 일대가 재개발 대상 지구로 선정된다. 재개발 조합이 결성되었고 롯데건설과 제휴해 이 일대 1만1,058㎡에 지상 16층, 195가구 규모의 아파트 단지를 지을 계획이다.[209]

그런데 여관 구본장 주인을 중심으로 몇 명의 주민들이 재개발을 반대했다. 이들은 자신들이 생계를 영위하고 주거하던 곳에서 그대로 살기를 원했다. 반대 측 주민들과 재개발 조합 측은 지루한 소송전을 이어갔다. 결국 재개발 조합 측이 승소했고 반대 측 주민들은 퇴거 명령을 받았다.

그러나 반대 측 주민들은 끝까지 이주를 거부하고 버텼다. 2016년 5월 17일 건장한 철거 용역 직원들이 오전 6시 40분에 옥바라지 골목에 들이닥쳤다. 이들은 소화기를 뿌리며 구본장으로 진입했고 난폭하게 주민들을 끌어냈다. 11시 30분경 철거 소식을 들은 박원순 시장이 급히 달려왔다. 그는 재개발 조합, 철거 용역들에게 강력히 항의하며 다음과 같이 말했다.[210]

> 공사가 너무 많이 진행돼 상황이 어려운 건 알고 있다. 그러나 내가 오늘 대책위와 만나기로 돼 있었는데 아침에 이렇게 하면 예의도 아니다. 설득과 함께 다른 길이 없는지 알아보자 했는데 만나는 걸 알면서도 이렇게 한 것 아니냐? 서울시가 가능한 모든 수단을 동원해, 이 공사는 없다. 내가 손해배상을 당해도 좋다.[211]

당시 상황을 중계한 화면을 보면 박원순 시장은 평소와 달리 매우 격앙된 표정이었다. 시장에 취임하면서 폭력 철거를 통한 재개발은 없게 하겠다고 시민들에게 약속했음에도 이에 아랑곳 하지 않고 펼쳐진 백주 대낮의 폭력 철거에 적지 않게 분노했던 것 같다. 아직도 많은 곳에서 재개발을 위한 폭력 철거가 벌어지고 있다. 21세기 도시에 어울리지 않는 퇴행적이고 슬픈 20세기적 풍경이다.

그러나 예전보다 조금씩 나아지고 있다는 점에서 희망을 찾는다. 그래도 서울 시장이 달려와서 시민을 지켜 주지 않던가? 불과 7년 전 용산 사태가 일어났던 곳이 서울이다. 특히 박원순 시장 취임 이후 본격화된 도시 재생 사업, 마을 만들기 사업은 그동안 무수히 나타났던 재개발 사업의 부작용을 치유하는 것을 넘어, 도시 재활성화 정책의 패러다임을 근본적으로 바꾸고 있다.

그런데 모든 정책이 그렇듯이 예상치 못했던 부작용이 발생했다. 재개발을 하지 않고 주민자치 역량을 강화하면서 기존 건물을 리모델링하고 거리 풍경을 정감 있으면서도 산뜻하게 바꾸면 원주민들이 쫓겨나지 않고 자신들이 살던 곳에서 행복하게 살 수 있을 거라고 생각했건만, 현실에서는 부동산 가격이 오르면서 젠트리피케이션이 일어나 버렸다.

리모델링한 주택이 풍기는 미묘하고도 따듯한 매력, 낙후했던 거리가 산뜻하게 변하면서 느껴지는 신선함 때문에 많은 외부인들이 재생된 구도심과 마을로 몰려왔고, 그 결과 원주민들이 살기 버거울 정도로 지역의 집값, 건물 값, 임대료가 오르기 시작한 것이다. 도시 재생, 마을 만들기 사업의 의도하지 않은 역설이었다.

협업, 지속 가능 발전의 미래

2015년 9월 성동구 젠트리피케이션 방지 조례가 공포되고 나서 얼마 지나지 않아 서울시로부터 연락이 왔다. 성동구에서 추진하고 있는 젠트리피케이션 자료를 서울시에 넘겨 달라고 했다. 도시 재생 사업의 역설적 결과에 직면한 서울시도 젠트리피케이션 방지 정책을 추진하게 된 것이다.

마다할 이유가 없었다. 서울 전체가 젠트리피케이션 폭풍에 휩싸

이게 되면 성동구 혼자서 아무리 막으려 해도 소용없다는 것은 불 보듯 뻔하다. 또한 광역 자치단체인 서울시가 기초 자치단체인 성동구보다 더 많은 권한을 가지고 있기 때문에 서울시가 이 문제에 관심을 두고 움직이면, 성동구의 정책도 탄력을 받게 되어 있다.

그동안 우리가 준비하고 정리했던 자료를 서울시에 보내 주었고, 함께 회의도 여러 번 했다. 2015년 11월 23일 '서울시 젠트리피케이션 종합 대책'이 발표된다. 그 안에 수록된 정책의 상당수가 성동구에서 기획된 것을 토대로, 그것을 보강하고 발전시킨 것이었다. 서울시 젠트리피케이션 방지 정책에 자치구가 한몫했다는 자부심과 함께, 서울시 버전의 정책을 보면서 우리의 정책도 발전시킬 수 있는 기회였다.

서울시는 성동구에서 제정된 조례와 여러 자치구의 의견을 참조해 〈지역상권상생발전을 위한 법률안〉을 마련하고 국회 입법을 추진하고 있다. 이 법은 기초 자치단체가 광역 자치단체의 감독하에 독자적인 도시계획으로서 젠트리피케이션을 방지할 수 있게 한 법이다. 특히 젠트리피케이션 발생 구역 내의 임대료 데이터 등 실태 조사를 가능하게 하는 조항이 포함되어 있다(제6조). 성동구뿐만 아니라 젠트리피케이션 현상에 직면한 많은 지방자치단체들이 국회와 정부가 이 법에 관심을 기울여 주기를 바라고 있다.

젠트리피케이션 지방정부 협의회

2016년 5월 29일 서울 프레스센터에 서울 자치구 21개를 포함해 성남시, 전주시, 춘천시 등 전국 39개 기초 자치단체 대표들이 모였다. 이들이 모인 이유는 '젠트리피케이션 방지를 위한 양해 각서 체결'을 위해서였다.

젠트리피케이션은 서울에서만 일어나는 현상이 아니다. 전국 각지의 주요 상권에서 일어나고 있다. 도시를 재생하고 부흥시키려는 노력이 역설적으로 원주민과 상권 활성화에 기여한 상인들을 밖으로 내모는 것에 많은 지방자치 단체장들이 골머리를 썩고 있었다.

일례로 전주시 한옥 마을이 있다. 우리나라 최초의 천주교 순교자인 윤지충이 하늘나라로 떠난 곳에 지어진 전동 성당이 있는 곳, 이 성당은 우리나라에서도 아름답기로 소문난 근대 건축물이다. 또한 태조 이성계의 영전이 봉안된 경기전과 조선왕조실록 사고史庫도 있다. 느티나무가 드리워진 이곳의 정원은 담백한 정취로 오가는 사람들의 마음을 훈훈하게 한다. 더불어『혼불』의 작가 최명희 선생의 생가와 문학관도 있다. 10평(33㎡) 남짓한 문학관에는 그녀의 작가 혼이 응축되어 있어 그곳을 다녀온 이들에게 예술적 감동을 안겨 준다.

이처럼 소중한 문화 공간에 언제부터인가 젠트리피케이션 바람이 불었다. 소담하고 정갈한 전주 지역 문화예술인들의 멋스런 가게들이 하나둘씩 떠나가고 대기업 프랜차이즈가 들어서고 있다. 전주 한옥 마을은 고유의 정취를 잃어 가고 있다. 양해 각서 체결에 참여한 전주시장의 고민이 깊었다.

지방자치단체 간의 양해 각서 체결은 젠트리피케이션이 일어나고 있는 전국의 지방자치 단체장이 모여 각 지역의 고민과 대책을 공유하는 계기가 되었다. 그리고 함께 공동 대응하기로 결의하는 자리이기도 했다. 뜻깊은 자리였지만 여기서 만족하면 안 되겠다는 생각이 들었다.

젠트리피케이션의 근본적 치유와 지속적인 예방을 위해서는 서울시에서 추진하고 있는 〈지역상권상생발전을 위한 법률〉안이 제정되어야 하고, 〈상가건물 임대차보호법〉이 선진국 수준으로 개정되어야 했다. 그리고 이를 위해서는 전국의 지방자치 단체장들이 힘을 합칠 필요가 있었다.

6월 29일 오후 4시 KTX 천안·아산역에 양해 각서 체결식에 참여했던 39개 지방자치단체 대표들이 다시 한 번 모였다. '젠트리피케이션 방지와 지속 가능한 공동체를 위한 지방정부 협의회' 창립총회를 개최하고 협의회장을 선출했다. 향후 부회장 3인과 분과위원회, 자문단을 두고 젠트리피케이션 방지를 위해 지방정부 간 연대를 강화하고 〈지역상권상생발전을 위한 법률〉과 〈상가건물 임대차보호법〉 개정을 위해 힘쓰자고 다짐했다.

이런 과정을 거치며 젠트리피케이션 문제가 성수동만의 고민이 아니었음을 다시 한 번 확인할 수 있었다. 서울시와 더불어 많은 지방자치단체가 뜻을 같이하고 있다. 하지만 가장 중요한 것은 중앙정부다. '창조 경제'가 겉으로만 외치는 구호가 아니라면 정부는 젠트리피케이션 방지에 앞장서야 하며, 이를 위해 노력하고 있는 지방자치단체를 힘껏 지원해야 한다.

창조 경제와
젠트리피케이션

창조 경제는 창조적인가?

2013년 박근혜 정부가 출범하면서 창조 경제를 정부 경제정책의 캐치프레이즈로 삼았다. 그런데 대통령을 포함해 정부는 물론 여당 주요 인사 중에서 창조 경제가 무엇인지 제대로 설명하는 사람이 없다는 비난을 받았다.

창조 도시론의 선구자들인 찰스 랜드리Charles Landry, 리처드 플로리다Richard Florida의 책에서 보이는 창조 도시, 창조 산업, 창조 계급과 같은 개념을 볼 때, 탈산업 시대의 산업 트렌드를 '창조적'creative이라는 수식어를 통해 규정하는 것이 낯선 일만은 아닌 듯하다. 또한 비슷한 개념으로 지식 기반 경제, 혁신 경제 같은 개념들도 과거에 널리 쓰였다.

그럼에도 왜 박근혜 정부는 다른 누구도 아닌 자신들이 경제정책의 캐치프레이즈로 내건 '창조 경제'라는 개념을 잘 설명하지 못하는 것일까? 그것은 아마도 머리로 생각하는 것과 실제 현실 사이의 괴리가 너무 크기 때문일 수 있다.

본디 개념이란 것은 말로만 이해할 수 있는 것이 아니다. 개념을 반영한 현실의 변화가 수반될 때, 비로소 새로운 개념에 대한 대중적 이해가 가능하다. 우리 경제정책·산업정책은 여전히 20세기 산업화 시대의 패러다임에 머물러 있다. 그래서 '창조 경제', '창조 산업'과 같은 새로운 개념을 구현하고 있는 획기적 정책이 눈에 잘 띄지 않는다.

최근 들어 창조성이 강조되는 것은 4차 산업혁명이라는 시대적 흐름과 무관치 않다. 인공지능, 사물 인터넷, 3D 프린터로 대표되는 4차 산업혁명의 트렌드는 그동안 인간이 담당해 오던 단순노동, 계산, 직관적 추론을 기계의 일로 대체하고 있다.

국회에서 보좌관으로 일할 때, 의원실 인턴으로 근무했던 젊은 후배가 있었다. 그는 2000년대 후반 미국으로 유학을 떠나 경제학 박사과정을 밟고 있다. 얼마 전 그와 점심 식사를 하며 4차 산업혁명에 대해 토론했다. 후배의 말이다.

요새는 자동차 한 대를 만드는 데 인간의 노동력이 거의 필요 없다고 합니다. 미국 자동차 기업의 경우 그나마 고용을 유지하는 게 정치권의 압력 때문이에요. 그런데 언제까지 이런 식으로 고용을 유지할 수는 없잖아요? 결국 자본은 이익을 쫓아가니까요. 그래서 생각해 봤는데, 제가 볼 때, 자동차 산업에 한정해서 보면, 앞으로 육성해야 할 산업은 자동차 리폼 산업이에요. 각자의 취향을 자동차에 반영하는 것이기 때문에 이건 기계가 할 수 없는 일이죠. 3D 프린터의 출현에서 볼 수 있듯이 생산 체계가 점점 자동화·경량화되고 있기 때문에, 이젠 제품 하나 하나에 고객의 문화적·기술적 선호를 반영하는 게 가능해진 상태거든요. 그런 점에서 4차 산업혁명이 도래했다고 해서 인간의 역할이 줄어들거나 능력이 퇴화된다고는 볼 수 없어요. 역할이 달라지고 발휘하는 능력도 달라지는 것일 뿐이죠.

결국 창의성, 상상력, 커뮤니케이션 능력이 중요해진다는 것이다. 20세기적 대량생산 체제가 대규모 공장 설비를 통해 규격화된 제품을 마구 찍어내는 것이었다면, 이제는 고객 한 사람 한 사람의 요구를 반영한 맞춤형 생산이 중요해졌다. 융·복합 능력이 강조되는 것도 이런 트렌드 때문이다. 스티브 잡스의 아이폰이 성공할 수 있었던 것은 사람들이 가지고 있던 전화기와 컴퓨터의 경계를 허물고 양자를 융·복합해 새로운 가치를 창출했기 때문이다.

천재 시인 이상은 "19세기는 될 수 있거든 봉쇄하여 버리오."라고 했다. 아마도 그가 살던 시대가 20세기임에도 불구하고 여전히 19세기에 머물러 있다고 생각했던 것 같다. 우리 시대도 그런 것은 아닐까? 21세기를 살고 있음에도 20세기에 발목을 잡힌 것은 아닐까?

'창조 경제'라는 국정 과제가 시대의 흐름과 요구를 비교적 적절하게 반영하는 것인데도 국민들이 크게 공감하지 않는 것은 20세기의 유산으로부터 아직 자유롭지 못한 우리 사회가 이 개념을 받아들일 준비가 안 되어 있기 때문이다. 그래서 개념을 말하기 전에 우선해야 할 것은 우리 사회가 창조적 미래로 전진하는 것을 가로막는 20세기의 유산을 청산하는 것이다. 이런 과정을 밟으면서 창조 경제라는 말이

거론될 때 진정성 있게 받아들여진다. 그리고 청산되어야 할 것 가운데 하나가 다름 아닌 젠트리피케이션을 둘러싼 20세기적 관점이다.

상생·공유·협업

윤은기 한국협업진흥협회장은 세계가 신자유주의 시대에서 신인본주의 시대로 넘어가고 있다고 주장한다. 신자유주의 시대는 무한경쟁·승자독식·독점·수직적 분업 사회였다면 신인본주의는 상생·공유·수평적 협업 사회다. 또한 세계 경제의 트렌드가 두뇌 경제에서 마음 경제로 변화하고 있다고 했다.[212]

그런데 이와 같은 변화가 정치권이나 시민사회 단체가 아니라 글로벌 기업에 의해서 선도되고 있다는 점에 주목해야 한다. 이는 곧 무한경쟁·승자독식·독점보다 상생·협업·공유가 기업의 이윤 추구와 효율성 제고에 도움이 되고 있다는 말이다.

제너럴 일렉트릭스, 구글, 마이크로소프트와 같은 글로벌 기업들은 인사 상대 평가제를 폐지하고 수평적 협업을 통해 기업과 직원의 업무 역량 혁신을 도모하고 있다. 지나친 경쟁이 회사 조직 내부의 정보 소통과 단합을 해쳐 도리어 기업 경쟁력을 갉아먹고 있다는 판단을 내렸기 때문이다.[213]

경쟁 기업을 인수 합병하던 과거의 관행과 달리, 상생 협력을 통해 동반 성장하려는 분위기가 퍼지고 있다. 자동차 기업 포드와 BMW가 각각 무인 자동차 개발을 위해 IT 기업 아마존, 바이두와 협업하고 있다.[214] 또한 앙숙이라 불리는 애플과 IBM이 2014년 7월부터 협업을 선언해 각각 장점을 가진 일반 모바일 기기 소프트웨어와 기업용 소프트웨어 기술을 상호 공유하고 있다.[215]

이와 함께 글로벌 기업들은 사회 공헌 활동에 예전보다 더 많은 힘을 쏟고 있다. 과거의 사회 공헌이 기업의 이윤 일부를 공유하는 것이었다면, 최근의 사회 공헌은 기업의 경영과 생산 및 판매 활동 자체를 사회적 가치와 일치시키는 모습을 보이고 있다.

가령 P&G는 2020년까지 공장 내 30% 에너지 원료 대체, 트럭 운송량 20% 감축 등 환경보호 목표를 세우고 '지속 가능 혁신 제품'을 개발하고 있으며, 네슬레는 회사 차원의 경영 혁신 전략으로 '좋은 음식, 좋은 삶'이라는 슬로건을 내걸고 '사회 공동 가치 개발'을 위한 다양한 활동을 전개했고, 제너럴 일렉트릭스는 2005년부터 친환경 제품과 서비스로 수익을 올리는 동시에 환경문제 해결에 도움을 주는 '에코메지네이션'ecomagination 전략을 추진해 2010년에 180억 달러의 매출을 달성하기도 했다.[216]

이는 과학기술의 질적 혁신과 발전에 따라 나타나는 현상이다. 정보 통신 기술의 발전은 천재 1~2인이 아닌 집단 지성에 기반한 창조 경제 패러다임을 가능하게 하고 있다. 과거에 이른바 천재들이 담당했던 빠른 계산과 직관은 컴퓨터에 의해 대체되고 있다. 이제는 정보 통신 네트워크를 통해 사람들이 가지고 있는 다양한 경험·지식·노하우를 빠르게 공유하고 창의적으로 융합하는 것이 더 중요해졌다. 상생·공유·협업으로부터 얻는 이익이 무한경쟁·독점·분업으로 얻는 이익보다 더 커진 것이다.

또한 2011년 월가 점령 시위와 런던 폭동은 사회의 붕괴가 시장 질서의 마비로 이어질 수 있다는 우려를 서구 사회에 확산시켰다. 더불어 경제 양극화로 인한 소비자의 구매력 약화가 글로벌 기업에게 부메랑이 되어 돌아올 수 있으며, 오랜 시간 누적된 환경문제도 20세기형 자본주의에 대한 문제의식을 널리 퍼지게 했다.

이처럼 글로벌 기업이 상생·공유·협업에 나선 것은 그것이 윤리적으로 올바르기 때문이기도 하지만, 무엇보다 기업의 지속 가능한 성장과 발전에 도움이 되기 때문이다. 그런데 우리 사회는 어떠한가? 무한경쟁·승자독식·독점이라는 20세기형 자본주의의 낡은 잔재가 아직도 맹위를 떨치고 있지는 않은가?

이런 문제가 우리들의 삶, 가장 가까운 곳에서 나타나는 것이 젠트리피케이션 현상이다. 현재 우리 사회에서는 공공적 성격이 강한 자산인 토지와 건축물에 일체의 공유적 가치가 배제되고 소유권자의 배타적 권리만 강조되고 있다.

침체되어 있던 상권을 뜨는 상권으로 바꿔 낸 사회 혁신가, 예술가, 창의적인 소상공인의 경제적 성과가 사회 전반적으로 공유되기보다는 부동산 투기 세력과 일부 대기업에 의해 독점되고 있다. 더 안타까운 것은 상권을 되살리는 과정에서 창출된 창조적 지식과 노하우마저 함께 버려진다는 점이다.

글로벌 기업들이 경영을 혁신하고 새로운 기술을 개발하면서 부가가치를 창출하는 데 힘쓰고 있는 이 시대에 우리 기업들은 소상공인들이 창의와 혁신으로 되살린 골목 상권에 들어와 그들의 성과를 침해하고 있다. 대한민국 경제의 지속 가능한 미래를 위해 결코 좋은 모습이 아니다.

창조 경제라는 개념을 우리 사회에 널리 공유시키고, 더 나아가 그 정신을 우리 경제 구조 속에서 꽃피우려면 우선 20세기의 낡은 마인

드와 습속으로부터 자유로워져야 한다. 더구나 토지와 건축물의 가치를 독점하는 것은 산업화 시대도 아닌 봉건적인 농업 사회의 구습이다.

젠트리피케이션을 방지하는 것은 단지 영세 자영업자를 보호하기 위한 것만은 아니다. 이는 우리 사회의 밑바탕으로부터 창의와 혁신의 기업가 정신을 선양하기 위함이며, 우리 사회에 상상·공유·협업하는 21세기형 창조 경제 패러다임을 뿌리내리기 위한 기초 작업 중 하나다.

21세기형 도시 정책

어린 시절을 떠올려 본다. 그때의 도시는 가난했다. 골목길 구석은 어둡고 음습하기조차 했다. 낡은 건물과 굽이굽이 펼쳐진 골목길의 연쇄. 그러나 그곳에는 다양한 사람들과 그들의 이야기가 있었고, 이는 우리들의 창의성과 상상력을 자극하는 요소로 작용했다.

오늘의 도시는 어떠한가? 하늘을 찌를 듯이 솟아오른 네모반듯한 첨탑들이 빽빽하게 들어섰다. 그 장대한 모습은 황홀하기조차 하다. 또한 청결하고 깨끗하다. 그러나 사람을 만나기 쉽지 않다. 아이들이 무리 지어 놀던 놀이터는 텅 비어 있고, 아이들은 학교나 학원에 갈 때도 차를 타고 이동한다. 아파트 출입구는 지문이나 비밀번호를 눌러야 출입할 수 있는 벽으로 가로 막혀 있다.

이처럼 지금 우리들의 도시 공간은 상생·공유·협업의 기초가 되는 커뮤니케이션을 차단하는 형태로 구성되어 있다. 이런 도시에서는 동료들과 협업하며 기업과 사회의 발전을 이끄는 창의적이고 혁신적인 인재가 나오기 힘들다.

2016년 6월 29일 기획재정부가 '2016년 하반기 경제정책 방향'을 발표하면서 〈자율상권법〉 제정 의사를 밝혔다. 〈자율상권법〉은 "법으로 자율 상권을 정한 뒤, 이 지역의 과도한 임대료 상승을 건물주와 상인의 자율 협약으로 막고, 상가 임대차 계약 갱신 요구권 행사기간을 5년에서 10년으로 늘리는 것을 골자로 한다."[217]

의미 있는 시도다. 그러나 자율 협약이라는 한 가지 수단만으로 젠트리피케이션을 방지하겠다는 구상의 이면에는 도시의 공간적·경제적·사회문화적 모순이 복합적으로 융합되어 나타나는 젠트리피케이션 현상의 특성을 총체적으로 조망하지 않고, 오로지 건물주-세입자 양자 간의 경제적 분쟁으로만 파악하고 있는 정부의 협소한 시각이 깔려 있다.

젠트리피케이션은 기초 자치단체나 광역 자치단체 차원에서 막을 수 있는 현상이 아니다. 게다가 2할 자치라는 소리를 들을 만큼 지방정부의 권한이 없고, 중앙정부에 과도한 권력이 집중된 우리나라 행정 구조상 중앙정부가 나서지 않는 한 젠트리피케이션 문제는 근본적으로 해결할 수 없다.

정부가 올바른 관점을 가지고 나서야 한다. 첫째, 도시 정책의 기조를 20세기형 건물 중심 패러다임에서 사람 중심 패러다임으로 수정해야 한다. 둘째, 현장 행정을 담당하고 있는 지방자치단체에게 중앙정부가 쥐고 있는 도시계획 및 행정에 관한 권한을 대폭 이양해 줘야 한다. 셋째, 최근 빈발하고 있는 상업 젠트리피케이션의 직접적 원인인 〈상가건물 임대차보호법〉을 선진국 수준에 맞게 개정해야 한다. 이 가운데 세 번째인 〈상가건물 임대차보호법〉 개정이 가장 시급하다.

근본적 해결책,
법과 제도 고치기

〈상가건물 임대차보호법〉의 한계

2015년 개정 이전까지 〈상가건물 임대차보호법〉은 환산 보증금 4억 원 이상의 임차인을 보호 대상에서 제외하고 있었다. 상가의 환산 보증금이 4억 원 이상이면 해당 상가 건물 소유권자는 마음대로 월세를 올릴 수 있고, 원할 때마다 세입자를 쫓아낼 수 있었던 것이다.

2015년 서울시가 한국감정원에 의뢰해 서울 지역 33개 상권, 5,035개 매장의 '상가 임대 정보 및 권리금 실태'에 대한 조사 결과에 따르면, 1,255개 매장의 환산 보증금이 4억 이상인 것으로 집계됐다. 특히 명동, 강남대로 등 유동 인구가 많은 주요 5대 상권의 환산 보증금은 평균 7억9,738만 원이다.[218]

환산 보증금이 4억이 넘는다는 것은 유동 인구가 많은 주요 상권이라는 뜻이다. 땅값과 건물 매매가가 매우 높은 지역이다. 그래서 이곳에 진입하기 위해 소상공인 세입자들은 자신이 가진 모든 자산을 끌어 모으고 대출금까지 얻는 경우가 허다하다. 반면, 이런 곳에 건물을 가진 건물주들은 그만큼 풍부한 자산을 가진 사람들일 가능성이 크다. 그런 점에서 환산 보증금 제도는 소상공인 세입자들을 보호하는 것이 아니라 역설적으로 부자 건물주들을 과보호하는 법이란 비판을 면하기 힘들어 보인다.

또한 세입자가 근로 행위로 창출한 유·무형의 영업가치를 화폐로 환산한 권리금에 대한 조항이 없어 권리금을 양도받지 못하는 상황에 처해도 세입자들은 속수무책이었다. 이에 따라 국민의 재산권을 보장하기로 한 헌법 제23조 1항이 무력화되는 위헌적 상황이 수없이 연출되고 있었다.

2015년 5월 13일 개정된 〈상가건물 임대차보호법〉은 환산 보증금에 상관없이 모든 세입자들에게 5년간의 임대 기간을 보장하고 있다. 또한 사각지대에 방치되어 있던 권리금 문제를 법에 반영하게 했다.

그러나 개정안이 안고 있는 문제를 비롯해 다양한 방법으로 세입자의 권리가 무력화되고 있다. 먼저 환산 보증금 4억이 넘게 되면 임대료 인상 상한선(9%) 조항의 혜택을 받지 못한다. 또한 5년이라는 임대 기간도 너무 짧아 사업 초기 투자금을 회수하기도 힘들다는 것이 소상공인들의 중론이다. 재개발·재건축 구역으로 지정되면 어떤 보상도 받지 못하고 쫓겨나는 문제도 시정되지 않았다. 이때는 권리금도 돌려받지 못한다. 2015년 개정된 〈상가건물 임대차보호법〉의 가장 큰 성과인 권리금 보호 조항도 부동산 임대차 계약서를 작성하는 과정에서 건물주의 요구에 의해 '제소 전 화해조서' 작성 의무를 특약 사항으로 명기하면 간단히 무력화된다. 그래서 1년이 조금 넘은 법을 또 개정해야 한다는 목소리가 높아지고 있는 것이다.

프랑스, 일본, 영국은?

외국은 어떠할까? 프랑스의 경우 임대 기간을 최소 9년까지 보장받는다. 세입자에게 심각하고 중대한 결격 사유[219] 또는 건물의 안전·위생상의 이유가 있지 않는 한 재계약을 거절하거나 세입자를 내보낼 수 없고, 만약 그렇게 할 경우에는 고액의 퇴거 보상금을 지불해야 한다. 그리고 재건축에 의해 퇴거될 경우, 건물주는 세입자에게 유사한 지역에 위치해 수요와 영업 가능성에 부응하는 대체 상가를 제공하거나 연간 매출액 최대 90%에 해당하는 보상금을 지불해야 하며, 세입자는 새로 지어진 건물에 우선 입주할 권리를 가진다.[220]

일본은 건물주가 재계약을 거절할 경우, 그 사유의 정당성을 재판을 통해 심사받게 하고 있다. 재계약 거절에 대한 정당성 심사에서는 건물주가 세입자에게 퇴거 보상금을 지불할 것인지 여부와 그 액수가 주된 쟁점이며 고액의 보상금이 지불될 경우에는 재계약 거절의 정당성이 인정된다.[221]

영국은 세입자의 과실이 있을 경우 보상금 없는 퇴거가 가능하다. 그러나 세입자 과실의 입증 책임은 건물주에게 부여되어 있다. 건물주의 필요에 의해 세입자를 퇴거시킬 경우에는 프랑스, 일본과 마찬가지로 퇴거 보상금을 지불해야 한다.[222]

해외 선진국이 이처럼 세입자를 법률적으로 보호하는 것은 상가 건물 소유권자의 유형 자산뿐만 아니라, 근로 행위를 통해 세입자가 창출한 유·무형 자산도 헌법상 보장된 국민의 기본권인 재산권의 범주에서 보호받아야 하는 것으로 인식하고 있기 때문이다.

또한 프랑스의 철학자이자 도시학자인 앙리 르페브르Henry Lefevere 가 주창한 '도시권'right to the city 개념에 영향을 받은 것일 수도 있다. 이에 따르면 도시는 도시 거주자들이 참여해 공동으로 만들어 온 것이다. 따라서 도시에 거주하는 모든 시민은 도시 공간을 사용할 권리와 더불어 도시 관리 및 행정에 참여할 권리를 지닌다.[223]

이와 달리, 우리나라 〈상가건물 임대차보호법〉의 개별 조문들에는 이런 인식이 부족하다. 그래서 〈상가건물 임대차보호법〉의 근본 취지와 목적에 부합하지 않는 비현실적 환산 보증금 제도, 재계약 거절 및 퇴거에 대한 보상 규정의 미비, 재개발·재건축에 의한 보상 없는 퇴거 등의 문제로 상가 건물 소유권자의 재산권이 과보호되고, 그 결과 근로 소득인 세입자의 재산권 침해가 지속적으로 묵인되고 있다.

우리나라는 제조업 강국 중에서 자영업자 비율이 높은 편에 속한다. 2013년 전체 취업자 대비 자영업자 비율이 27.4%로 OECD 4위다. 이처럼 자영업자가 많은 것은 우리나라의 불안정한 고용 환경과 취약한 사회 안전망 때문이다. 소상공인 중 다수가 정년퇴직 혹은 조기 퇴직 이후 생계를 연명하기 위해 불가피하게 자영업에 뛰어든 사람들이다.[224]

그런데 '상가 사냥꾼'의 투기 행위를 용인하는 불완전한 법·제도 때문에 맘 편히 장사조차 할 수 없다면, 중앙정부와 지방정부가 이런 현실을 방관하고 있다면, 그것이 과연 올바른가? 『맹자』에 나오는 망민罔民이 바로 이런 현실을 비판하면서 나온 표현이 아닐까?[225]

모두를 위한 〈상가건물 임대차보호법〉

작년 5월 13일 〈상가건물 임대차보호법〉 개정안이 통과되었을 때, 언론과 시민사회는 일제히 환영의 뜻을 나타내면서도 아쉬움을 드러냈다. 그런 이유로 개정안이 통과되자마자 재개정을 요구하는 목소리가 이곳저곳에서 제기되었다.

더불어민주당 홍익표 국회의원이 이와 같은 시민사회의 요구를 앞장서 받아들여 지난 6월 9일 〈상가건물 임대차보호법〉 일부 개정안을 대표 발의했다. 시민사회의 요구에 더불어민주당 박주민 의원과 새누리당 곽상도 의원도 법률 개정안을 제출해 조만간 국회에서 본격적인 논의가 시작될 것으로 보인다. 20대 국회에서 소상공인 보호를 위해 가장 먼저 깃발을 든 홍 의원의 법안을 중심으로 다른 의원들의 안을 보충해 진정으로 자영업자와 소상공인을 살리는 개정안이 무엇인지 자세히 논의해 보자.

홍 의원의 법안은 첫째, 제2조의 단서 조항을 삭제해 상가 건물의 임대차 적용 범위를 모든 소상공인으로 했다. 또한 현실에 맞지 않은 환산 보증금제를 폐지했다. 이로써 대다수의 소상공인을 보호 대상에서 제외하고 건물주의 소유권을 과잉보호했던 문제를 해결할 수 있게 되었다.

둘째, 임대 기간을 5년에서 10년으로 연장했다. 주요 대도시의 부동산 가격을 고려할 때, 5년의 임대 기간으로는 초기 투자금도 회수하지 못한다는 것은 누구나 예측할 수 있다. 따라서 장사가 잘되는 가게라도 5년이 지나면 쫓겨날까 봐 2~3년 안에 가게를 처분하는 경우도 있다고 한다. 세입자의 대항력이 실질적 의미를 가지려면 10년 정도의 기간이 필요하다. 이는 박주민 의원의 개정안에도 포함되어 있어 개정안에 힘이 실릴 것으로 보인다.

셋째, 개정안 제10조 제6항 "임대인이 계약 갱신을 거절하는 경우에는 임차인은 자기의 영업을 위해 설치한 시설·설비 등 임차인 소유의 영업 시설물 이전 비용의 보상을 임대인에게 청구할 수 있다"에 의해 재건축으로 건물주가 세입자의 재계약 요구를 거절할 경우, 세입자는 '영업 시설 이전 보상'을 청구할 수 있게 되었다.

2015년 개정안에서도 재개발·재건축의 경우, 퇴거당하는 세입자에 대한 보상 조항이 마련되어 있지 않아 재개발·재건축으로 무조건 퇴거당하는 상인들을 보호할 수 없었지만 이제 그들이 저항할 수 있는 최소한의 합법적 수단이 확보될 것으로 보인다.

넷째, 권리금 보호 제외 대상에 전통 시장 및 '구분 소유' 형태의 대규모 점포,[226] 준대규모 점포의 일부인 경우는 포함되지 않게 하여 전통 시장 또는 백화점 내에서 일정 공간을 임대해 장사하는 영세 상인들의 권리금이 보호받을 수 있게 했다.

박주민 의원 안과 곽상도 의원 안에서도 전통 시장의 경우 권리금을 보장할 수 있도록 개정안을 발의했기 때문에 적어도 전통 시장의 소상공인들도 권리금을 보호받을 수 있을 것으로 보인다.

다섯째, 월세 및 보증금 등 임대료 인상 상한선을 전국 소비자물가 변동률의 두 배를 곱한 범위 내에서 광역 자치단체장이 기초 자치단체장의 의견을 들어 정하게 했다. 동일 지역 내에서도 상권마다 부동산 가격이 다르다는 점에서 임대료 인상 상한선을 정부가 일률적으로 정하지 않고 지역적 특성을 고려해 지방자치단체에서 정하게 한 것이다. 현실을 제대로 반영한 매우 유효적절한 조치로 평가할 수 있다.

홍익표 국회의원의 〈상가건물 임대차보호법〉 일부 개정안은 가장 진일보한 안으로 소상공인 세입자들의 권익 향상에 크게 기여할 것이다.

다만 다른 의원들과 홍 의원의 안을 비교해 한 가지 채워 넣어야 할 퍼즐 조각이 있다. 2015년 '맘 편히 장사하고 싶은 상인들의 모임'을 통해 개정안이 국회에서 논의되는 과정에서 중요한 쟁점이 하나 있었다. 그것은 '상가 건물 임대차 조정 위원회'였다.

임대 관련 분쟁은 시일에 따라 피해액의 규모가 수억 원을 오르내린다. 임차인이 임대 관련 분쟁을 시작하면 현 법원 시스템상 1년은 족히 걸리며 사안에 따라서는 그 이상이 소요된다. 이 때문에 재정적 여건이 열악한 임차인 입장에선 섣불리 법적 분쟁을 시작하기 어렵다.

그래서 시민사회를 중심으로 임대 관련 분쟁에 대해 별도의 조정 위원회를 두어 법적 판결을 받을 수 있는 문턱을 낮춰야 한다는 의견이 나왔다. 그러나 어떤 이유에서인지 이 조항은 삭제되었다.

다행히 20대 국회에서 본 법안의 개정안을 발의한 곽상도 의원과 박주민 의원의 법안에는 '상가 건물 임대차 분쟁 조정 위원회' 설치 조항이 포함되어 있다. 해당 상임위원회 논의 과정에서 홍익표 의원의 안과 함께 병합 심사해 통과되면 퍼즐 조각이 잘 맞춰진 멋진 그림을 볼 수 있을 것이다.

〈지역상권상생발전법〉, 또 하나의 길

지금까지 우리나라에서 젠트리피케이션 방지 대책은 〈상가건물 임대차보호법〉 개정을 통해 상가 세입자의 영업권을 보장하고 건물주의 재산권이 공공복리에 적합하게 행사되도록 하는 방향으로 논의가 전개되어 왔다. 상가 세입자의 내몰림이 대체로 부실한 〈상가건물 임대차보호법〉에서 비롯되었다는 점을 고려하면 반드시 필요한 조치다. 그리고 젠트리피케이션을 억제·예방하는 데도 큰 도움이 될 것이다.

그런데 이와 별도로 또 다른 측면에서의 대책이 필요하다. 젠트리피케이션은 궁극적으로 도시의 공간 구조와 지역공동체의 변화를 초래한다. 이 때문에 이에 대처하는 과정에서 필연적으로 도시계획에 대한 논의가 전개된다.

도시계획은 도시의 미래를 결정하는 일이다. 이는 도시에 사는 모든 사람들의 운명에 큰 영향을 미친다. 따라서 도시 공간에서 더불어 살며 지역공동체를 이루고 있는 건물주, 상가 세입자, 지역 주민 등 다양한 구성원의 이해와 바람이 수렴되어야 한다.

다시 말해, 한편으로는 〈상가건물 임대차보호법〉 개정을 추진하고 또 다른 차원에서는 협치를 통한 도시계획을 추진함으로써 젠트리피케이션을 막고 지속 가능한 상생 도시, 공존하는 창조 도시를 만들어 가는 것이다. 일종의 투트랙two-track 전략이라고 할 수 있다.

이런 문제의식에 입각해 서울시, 홍익표 국회의원과 더불어 찾은 해법이 "지역상권 상생발전에 관한 법" 제정이다. 일명 "젠트리피케이션 방지법"이다. 이는 서울시가 성동구의 젠트리피케이션 방지 조례를 원안으로 재구성한 법률안이다.

작년 11월 서울시는 "젠트리피케이션 대책의 일환으로 지역 상생 발전 구역의 지정, 지역 상생 협의체 구성, 지역 상생 발전 구역 내 특정 영업의 금지·제한 등을 주요 내용으로 하는 젠트리피케이션 특별 법안(지역 상권 상생 발전에 관한 법)을 마련"했고,[227] 홍익표 국회의

원과 "젠트리피케이션 방지와 지속가능한 공동체를 위한 지방정부 협의회"와의 실무 협의를 거쳐 최종안 마련에 박차를 가하고 있다.

법안의 주요 내용을 살펴보면 첫째, 산업통상자원부 장관 또는 중소기업청장으로 하여금 "지역 상생 발전을 위한 기본 계획을 수립·시행하게 하고, 지방자치단체의 장은 기본 계획을 반영하여 지방자치단체의 실정에 맞는 수립·시행·평가"하게 했다(안 4조).[228]

둘째, "시·도지사는 지역 상생 발전을 위하여 필요하다고 인정되는 경우에는 〈국토 계획 및 이용에 관한 법률〉에 따라 해당 지방자치단체의 조례를 제정하여 관할구역 내 지역 상생 발전 구역을 지정하거나 변경"할 수 있게 했다(안 5조).[229]

셋째, "주민의 자발적인 참여와 책임에 바탕을 둔 지역 상생 발전 구역 사업 추진 및 지역공동체 활성화를 위하여 지역 상생 발전 구역별로 지역 상생 협의체"를 두게 했다(안 제7조).[230]

넷째, "지역 상생 발전 구역 내 상가 건물의 임차인인 상인의 계약 갱신 요구권은 자율 상권 구역의 지정을 받은 날부터 10년 이내의 범위에서 행사할 수 있도록 하는 등 〈상가건물 임대차보호법〉 적용 특례를 규정"했다(안 제8조).[231]

다섯째, "시·도지사는 지역 상생 발전 구역 내 지역 상생 발전을 위하여 필요하다고 인정하는 경우에는 특정 영업 또는 시설의 설치 등을 금지하거나 조건을 붙이는 등 제한"할 수 있게 했다(안 제9조).[232]

여섯째, "국가와 지방자치단체는 지역 상생 발전의 성과를 공유하고 영업 및 행위 제한에 따른 지역공동체 참가자 손실의 보전 등을 위하여 각종 지원"을 할 수 있으며, "법 위반 행위에 대한 과태료 규정"을 두었다(안 제12조, 안 제14조).[233]

〈상가건물 임대차보호법〉이 전국의 모든 건물주와 임차인을 대상으로 적용하는 보편적 성격을 가졌다면, 이 법안은 지역에서 다양한 형태로 발생하는 젠트리피케이션 현상에 대해 지방자치단체 차원에서 독자적으로 대응할 수 있게 해주고 있다.

가령 임대료 인상률 가이드라인을 5%로 규제한다고 했을 때, 도시 재생이 필요한 낙후 지역에서는 민간 투자를 억제하는 요인으로 작용할 수 있고, 역으로 젠트리피케이션이 한창 진행 중인 지역에서는 5% 가이드라인은 너무 높은 인상률일 수 있다. 인상률만 해도 도시냐 농·어촌이냐에 따라 결정해야 하는 수준이 다르며, 같은 도시에서도 그 발전 속도와 진행 양태에 따라 나름대로의 독자적인 계획이 필요하다.

〈지역상권상생발전에 관한 법〉안은 일정한 구역을 지정하고 그 구역의 상생 발전 계획을 수립하게 하고 있다. 구역이 지정되면 해당 주민을 중심으로 주민협의체를 만들어야 하며, 이들은 지속가능한 지역공동체를 위해 활동할 수 있도록 보장받는다.

무엇보다 〈지역상권상생발전에 관한 법〉안은 기초 자치단체로 하여금 광역 자치단체의 협의 하에 독자적으로 도시계획을 추진할 수 있는 권한을 준다는 점에서 큰 의미를 갖는다. 이로써 기초 자치단체는 도시 계획적 수단을 활용해 젠트리피케이션을 방지할 뿐만 아니라 주민들과 함께 지속가능한 상생 도시를 실현할 수 있는 법률적 근거와 동력을 확보할 수 있게 된다.

우리의 기대와 바람에 힘입어 하루빨리 국회에서 〈지역상권상생발전에 관한 법〉안이 통과되길 기대해 본다.

상생을 생각할 수 있는 용기

나무는 초봄에 새싹을 틔운다. 늦봄에 꽃이 핀다. 한 여름에 무성한 잎을 이루고 가을이면 낙엽으로 진다. 겨울나무는 앙상한 가지로 남아 봄날의 재생을 기다린다.

사람들이 모여 사는 도시도 나무와 같다. 탄생, 성장, 노화, 재생을 반복한다. 지난 50여 년간 숨 가쁘게 성장해 온 우리들의 도시. 어느 덧 나이 들어 재생의 손길이 미쳐야 할 곳이 하나 둘 늘어나고 있다. 때가 되면 저절로 다시 살아나는 나무와 달리, 도시의 재생은 조금 더 복잡한 사연을 만들어 낸다.

많은 사람들의 아이디어와 에너지가 투입되고 그에 따라 도시 공간의 숨겨진 장점과 매력이 드러나게 되면서 지역의 가치가 상승한다.

도시 재생으로 인한 부동산 가격의 상승이 합리적인 시장 메커니즘에 따라 점진적으로 상승한다면 아무 문제가 없다. 도시의 공간적 수요와 공급은 스스로 균형점을 찾고 그 가격은 합리적으로 책정될 것이며, 이에 따라 상승된 지역의 가치는 도시 재생에 기여한 사람들과 주민들에게 공정하게 분배될 것이다.

문제는 이른바 '상가 사냥꾼'이라고 불리는 투기 세력에게서 발생한다. 이들은 한 편으로는 재생되고 있는 도시의 땅과 건물을 미리 매점매석하고 또 다른 한 편으로는 사람들의 탐욕을 선동하고 촉발시켜 폭리를 취하려 한다.

그 결과는 공멸이다. 허구적으로 조작된 수요와 공급은 시장 가격을 한없이 부풀린다. 도시 재생에 앞장섰던 사람들과 주민들은 그들의 노력에 상응하는 합당한 보상을 받지 못한 채 일터와 삶터에서 내몰림 당한다. 오랜 시간 지역에 거주했고, 본래는 상가 세입자·지역 주민과 상생했던 건물주들도 '갑질'이란 오명만 뒤집어 쓴 채 재산상의 큰 피해를 맞봐야 한다. 그때쯤 '상가 사냥꾼'들은 홀연히 지역을 떠나 또 다른 곳에서 탐욕과 공멸의 불씨를 떨어트리고 있을 것이다.

자본주의 역사에서 주기적으로 찾아왔던 공황, 어떤 이유에서건 이는 수요와 공급의 자연스런 균형점을 형성하게 해줬던 합리적인 시장 메커니즘이 왜곡·붕괴됨으로써 발생해 왔다. 그리고 언제나 공황은 공멸로 끝맺음되었다.

젠트리피케이션은 도시 공간의 부동산 시장 메커니즘이 왜곡됨으로써 발생하는 지역 공동체 차원의 '공황'이다. 또한 이것은 시장의 실패다. 문제는 그 공항의 파장이 소규모 지역에만 국한되어 발생하지 않고, 광역을 넘어 중앙까지 삼켜 버릴 가능성이 크다는 것이다. 중앙정부와 지방정부는 이 사태를 방관해서는 안 된다.

젠트리피케이션으로부터 지역공동체 생태계와 지역 상권을 지키기 위해 노력해야 한다. 탐욕과 공멸의 악순환을 멈추고 우리들의 도시를 지속가능한 상생 도시·공존하는 창조 도시로 만들어 가야 한다.

법과 제도를 바꿔야 한다. '상가 사냥꾼'들의 투기를 방지하고 건물주와 상가 세입자·지역 주민이 상생할 수 있게 〈상가건물 임대차보호법〉이 개정되어야 한다. 창조 인력과 지역 주민이 공존하는 도시를 만들 수 있게 '지역 상권 상생 발전에 관한 법률'이 하루 속히 발의되고 통과되어야 한다.

하지만 이 모든 것에 앞서 변해야 할 것은 우리들의 마음이다. 상생이 우리 모두의 삶을 풍요롭게 만드는 길이라 깨달을 때, 우리는 더 이상 탐욕의 선동에 흔들리지 않고 비로소 우리들의 일터와 삶터를 아름답게 가꿔 갈 수 있다. 1970년 폴란드를 방문한 서독 수상 빌리 브란트Willy Brandt; Herbert Ernst Karl Frahm. 바르샤바 게토 유태인 희생자 추모비에 참배하러 간다. 추모비 앞에 선 순간, 그는 모두의 예상을 깬 행동을 한다. 진심 어린 참회의 뜻을 전달하기 위해 무릎을 꿇은 것이다. 그 장면은 전파를 타고 전 세계에 타전된다. 나치 독일의 만행으로 상처받았던 수많은 피해자들은 그 모습을 보고 마음속 응어리를 풀 수 있었다. 역사적 장면이 연출된 것이다.

지금에 와서는 동서 화해의 선두 주자이며 독일을 전범 국가에서 국제사회의 당당한 일원으로 복귀시킨 위대한 정치인으로 평가받고 있으나, 당대의 평가는 조금 달랐다. 특히 독일판 햇볕정책이라고 말할 수 있는 동방 정책 때문에 빌리 브란트는 집권 기간 내내 서독 보수 세력의 신랄한 공격에 시달려야 했다.

이 시기 빌리 브란트의 정치 역정을 다루고 있는 〈데모크라시〉라는 연극이 있다. 1969년 빌리 브란트가 서독 수상에 취임하는 것으로부터 시작되는 연극은 1970년대 빌리 브란트의 동방 정책을 둘러싼 독일 정치권 내부의 갈등을 실감나게 그려 내고 있다. 결국 1972년 야당과의 갈등이 극에 달해 의회가 해산되고 총선이 열리게 된다.

화해 협력을 추구하는 동방 정책을 계속 밀고 나가기 위해서는 총선에서 반드시 이겨 재집권을 해야 했다. 총선 승리를 위해 전국 유세를 다니는 연극 속 빌리 브란트가 독일 국민들에게 외친다. "위대한 벗들이여! 연민을! 연민을 생각할 수 있는 용기를 가집시다!"

멋있는 말이었다. 그런데 조금 의아스럽기도 했다. 연민은 인간이라면 누구나 가질 수 있는 감정인데, 왜 용기가 필요하다는 것일까? 빌리 브란트는 연민과 용기, 이 두 감정 사이에 어떤 관계가 있다고 생각한 것일까? 독일의 역사를 곰곰이 따져 보니 그 이유를 알 것 같았다.

제2차 세계대전, 동·서독 분단, 동서 냉전으로 이어지는 전쟁과 대결의 시대를 살아온 당시 독일인들에게 연민은 무척이나 낯설고 두려운 감정이었을 것이다. 그들에게 익숙한 것은 연민에서 비롯되는 우정, 신뢰, 연대감 같은 감정이 아니라 불신에서 비롯되는 의심, 경계, 질투 같은 감정이었을 것이다.

이와 같은 마음의 습관이 바뀌지 않는 한 빌리 브란트의 화해협력 정책은 추진될 수 없었다. 그래서 외쳤던 것이다. '독일인들이여 연민을 생각할 수 있는 용기를 가지자. 그런 용기로 우리가 지난 전쟁에서 상처 입힌 약소 민족들에게 먼저 용서를 청하자. 대결 상태에 놓인 동독인들에게 화해협력의 손길을 내밀자. 평화의 새 시대를 열자'.

미국의 저명한 정치학자인 프랜시스 후쿠야마Francis Fukuyama는 『트러스트』라는 책에서 한 국가가 경제적으로 발전하는데 있어 가장 중요한 사회적 자본이 '신뢰'라고 말한다. 그는 고高신뢰 사회일수록 경제가 지속적으로 발전하고 번영한다고 분석한다. 그의 기준에 따르면 우리나라는 중국, 이탈리아와 함께 대표적인 저底신뢰 사회로 분류된다. 프랜시스 후쿠야마의 통찰은 인류의 기술과 경제 패러다임이 무한 경쟁과 독점에서 상생·공유·협업으로 전환되고 있는 시대이기에 더욱 소중하게 다가온다. 혹시, 저底신뢰 사회의 토양 위에서 형성된 마음의 습관 때문에 우리는 새로운 시대의 기술과 경제 패러다임에 적응하고 있지 못한 것은 아닐까?

젠트리피케이션은 이처럼 미래를 향한 우리의 전진을 가로막고 있는 낡은 마음의 습관이 도시 재생이란 한 분야에서 구체적으로 응집되어 표출된 현상이다.

아무리 좋은 법과 제도를 만든다고 해도 지역의 상승된 가치를 합리적으로 공유하지 못하게 만드는 우리들 자신의 낡은 마음의 습관을 고치지 않는 이상, 젠트리피케이션은 막을 수 없다. 그에 따라 우리들의 도시는 변화하지 못한 채, 황폐화될 것이다.

이제는 과거에 품어 왔던 마음의 습관을 버릴 때다. 상생하는 마음으로 우리들의 삶과 그것이 펼쳐지는 무대인 도시 공간을 아름답게 만들어 가야 한다. 상생을! 상생을 생각할 수 있는 용기를!

1 조성찬, "모든 세입자를 약자로서 보호하려는 일본의 차지차가법이 주는 시사점", 『토지+자유 리포트』 6호, 2013, 8쪽.

2 F. Bianchini & M. Parkinson eds, Cultural policy and urban regeneration: The West Eiropean Experience, Manchester: Manchester University Press, 1993, p. 102.

3 DW 깁슨, 『뜨는 동네의 딜레마, 젠트리피케이션』, 눌와, 2016, 144쪽.

4 DW 깁슨, 같은 책, 147-148쪽.

5 DW 깁슨, 같은 책, 298-305쪽.

6 DW 깁슨, 같은 책, 306-307쪽.

7 Ruth Glass, London: aspect of change, London: Mac Gibbon & Kee, 1964, p. xviii; 크리스 햄넷, "젠트리피케이션의 원인과 결과: 그것은 언제나 저소득계층을 몰아 내는가", 『제7회 서울시 창작 공간 국제 심포지엄 예술가, 젠트리피케이션 그리고 도시 재생』, 서울문화재단, 2015, 8쪽에서 재인용[번역은 일부 수정했다].

8 이와 같은 개념 정의는 UCLA 박사과정에 재학 중이며 한국의 젠트리피케이션 현상으로 논문을 준비 중인 이예원 선생의 견해에 기초한 것임을 밝힌다.

9 Mary Apisakkul & Joanna Lee & Daniel Huynh & Grant Sunoo, Gentrification and Equitable Development in Los Angeles'Asian Pacific American Ethnic Enclaves, Asian Pacific Policy and Planning Council, 2006, p. 18.

10 일부 도시학자들은 정보 통신 기술의 발달로 장소의 의미가 약화되어 도시의 해체가 초래될 것으로 예측하고 있다(유환종, "사스키아 사센의 세계도시론", 『국토』 224호, 2000, 118쪽).

11 P. D. 스미스, 『도시의 탄생』, 엄성수 옮김, 옥당, 2015, 221쪽.

12 파리나 로스앤젤레스의 도시 역사에서는 뉴욕이나 런던에서처럼 도심에 살던 중산층이 교외로 이동하는 현상이 발견되지 않는다. 다만 도심 내의 특정 지역이 슬럼화되었다가 재생되는 과정에서 젠트리피케이션이 발생하고 있다.

13 David Ley, "Liberal ideology and the postindustrial city", *Annals of the Association of American Geograpers* 70-2, 1980, pp. 238-258.

14 김걸·남영우, "젠트리피케이션의 쟁점과 연구 방향", 『국토계획』 33-5호, 1998, 86쪽.

15 김걸·남영우, 같은 책, 87쪽.

16 크리스 햄넷, 앞의 책, 12쪽.

17 김걸·남영우, 앞의 책, 88쪽.

18 크리스 햄넷, 앞의 책, 12쪽.

19 여기서 주의할 것은 이들의 움직임이 의식적 행위가 아니란 점이다. 대도시 부동산 시장구조에서 이윤을 남기려면 이렇게 행위하게 되어 있다는 것, 즉 구조의 산물이란 것이 닐 스미스의 견해다. 이 점이 신흥 중산층이 집합적으로 표출하는 개인적 선호가 젠트리피케이션을 유발한다는 데이비드 레이의 견해와 가장 큰 차이일 것이다.

20 Jason Hackworth & Neil Smith, "Changing State of Gentrification", *The Royal Dutch Geographical Society KNAG* 92-4, 2001, pp. 464-477.

21 낙후 지역의 개발을 위해 각종 행정 규제를 폐지하고 지방세를 면제하는 등 도시 개발을 촉진하기 위해 설정된 도시 계획 지구.

22 맹다미, 『해외 젠트리피케이션 사례와 대응』, 서울연구원, 2015, 2쪽.

23 Maureen Kennedy & Paul Leonard, *Dealing With Neighborhood Change: A Primer on Gentrification and Policy Choices*, Brookings Institution Center on Urban and Metropolitan Policy, 2001, p. 1.

24 크리스 햄넷(런던 킹스칼리지 지리학과 교수)은 제7회 서울시 창작 공간 국제 심포지엄에서 런던 템스 강변의 옛 창고가 고급 아파트로 변모한 것, 한 미국인 개발업자가 시티 오브 런던의 "인쇄 공장을 사들여 이것을 '쉘(shell)' 아파트로 쪼개는 아이디어"를 냈고, 이런 시도가 성공하자 런던에서 유사 사례가 속출했던 일 등을 소개하고 있다(크리스 햄넷, 앞의 책, 10쪽.)

25 Katharine N. Rankin, *Commercial Change in Toronto's West-Central Neighbourhoods*, Cities Centre, University of Toronto, 2008, pp 7-20.

26 반정화 외, 『세계 주요 도시 혁신 사례 연구: 파리』, 서울연구원, 2013, 42쪽.

27 문화예술 젠트리피케이션에 대해서는 아래 두 논문을 참조. Sharon Zukin, "Gentrification: Culture and Capital in the Urban Core", *Annual Review of Sociology* 13, 1987, pp. 129-147; 김규원, "도시의 바이러스로서 예술가: 도시 젠트리피케이션 과정에 있어 예술가의 존재와 현상에 대한 검토", 『문화예술논총』 28-1호, 2014, 112-135쪽.

28 이기웅, "영국·미국 젠트리피케이션의 명암", 『주간동아』 989호, 2015, 22-23쪽.

29 이기웅, 같은 책, 22-23쪽.

30 이기웅, 같은 책, 22-23쪽.

31 유환종, 앞의 책, 118쪽

32 남기범, "사스키아 사센의 도시 연구-지리학 연구의 유산과 과제", 『대한지리학회 학술대회 논문집』, 2012, 281-283쪽.

33 글로컬은 "글로벌(global)과 로컬(local)에서 유래하는 조어(造語). 교통, 통신수단 등의 발달로 사람들의 생활권이 국가의 틀을 넘어서 지구 규모가 되고, 동시에 경제문제를 비롯한 환경문제, 평화 문제 등에서 국익을 초월한 이익 실현이 요구되고 있다(글로벌리즘). 한편, 국가에 대해서 지역성의 회복, 지역의 독자성의 요구에 대한 움직임이 강해졌으며 또한 국가를 대신하는 단위로서의 지역에 관심이 기울여지고 있다(로컬리즘, 리저널리즘). 상호 의존이 높아지는 와중에 지역의 역할 확대가 기대되고 있다. 이런 움직임을 글로벌 지역주의라고 한다"(〈네이버 지식백과〉).

34 정문수 외, "함부르크 골목 구역의 철거와 보전: 젠트리피케이션에서 도시에 대한 권리로", 『한국항해항만학회지』 36-6호, 2012, 465쪽.

35 정문수 외, 같은 책, 467-471쪽.

36 지리학자 임동근에 따르면 "외국자본의 경우에는 해당 지역의 이야깃거리가 풍부한 역사 중심지 쪽에 들어가려는 성향"이 강한 편이다. 그는 "외국자본이 봤을 때 강남은 정말 매력이 없는 곳"이라고 한다. 국내의 "굵직굵직한 기업들의 본사"도 "다 광화문에" 있다(임동근·김종배, 『메트로폴리스 서울이 탄생』, 반비, 2015, 367-372쪽).

37 민유기, "파리의 세입자 운동과 주거권의 요구 1880~1914", 『프랑스사 연구』 16호, 2007, 67-98쪽.

38 국회입법조사처, 『해외 세입자 보호 협회에 관한 사례 조사』, 국회입법조사처, 2011, 1쪽.

39 고려대학교 산학협력단, 『상가 건물 임대차 분쟁 사례와 분쟁 해결방 안 연구: 상가 건물 임대차 보호 국내외 사례 조사』, 고려대학교 법학연구원, 2015, 25-26쪽을 참조하라.

40 윤승민, "[대한민국은 '건물주 천국'] 외국에선 세입자가 '슈퍼갑'", 『경향신문』, 2015/08/19. 이 내용은 주로 〈상가임대차보호법〉에 대한 부분이다. 그러나 〈주택임대차보호법〉도 대동소이한 내용을 담고 있다. 임대료 상한제와 더불어 건물 소유권자 자의에 의한 재계약 거부를 금지하는 내용이 주된 골자를 이루고 있다.

41 맹다미, 앞의 책, 4-5쪽.

42 배웅규, "도시계획·개발 과정에서 주민 참여 시스템으로서 뉴욕시 커뮤니티 보드의 운영 특성 및 시사점 연구", 『서울도시연구』 8-2호, 2007, 1-18쪽.

43 "영국 도시 재생을 이해하는 세 가지 키워드", 〈희망제작소〉(www.makehope.org), 2015.

44 "동네 서점을 지키기 위해 다각적인 방안 강구(파리市)", 〈서울연구원〉(www.si.re.kr), 2013.

45 이영창, "서울 인구, 28년 만에 1000만 붕괴 눈앞", 『한국일보』, 2016/04/26.

46 손정목, 『손정목이 쓴 한국 근대화 100년: 풍속의 형성, 도시의 탄생, 정치의 작동』, 한울, 2015, 113쪽.

47 김문정, "1960~70년대 서울과 '무작정 상경 소년/소녀'의 서사", 『상허학보』 41호, 2014, 467-500쪽.

48 『서울은 만원이다』는 시사평론가 김종배와 지리학자 임동근이 진행하는 팟캐스트 라디오 〈시사통〉의 "지리통" 코너에서였다. 또한 손정목 교수의 저서에서도 여러 번 언급되고 있다. 이 소설은 기본적으로는 통속소설이나 배고픔의 시대에서 이제 막 경제개발 시대로 돌입한 서울의 풍경을 실감나게 묘사하고 있다.

49 이호철, 『서울은 만원이다』, 이소북, 2003.

50 손정목 교수는 1970~77년 서울시 기획관리관, 도시계획국장, 내무국장을 역임하며 서울 도시계획의 기틀을 다진 분이다. 1977년 서울시립대학교 교수로 부임하신 이후로는 자신의 행정 경험을 토대로 도시학 연구에 매진하셨다. 손 교수께서 쓰신 『서울 도시계획 이야기』 시리즈는 서울의 도시계획 및 행정의 역사를 기록으로 남긴 매우 중요한 사료집이다. 이 책에 서술된 서울의 도시 역사에 대한 부분 상당수가 손 교수의 기록과 통찰에 의지하고 있다. 이 책을 준비하며 손 교수의 경륜을 존중하게 되었고, 한번 만나 뵙고 싶다는 생각을 했었다. 그러나 2016년 5월 9일 향년 87세의 나이로 세상을 떠나셨다는 이야기를 들었다. 안타까운 마음이다. 도시 행정 분야의 후배로서 손 교수가 기틀을 잡은 서울이란 도시를 더욱 발전시키겠다는 다짐을 하늘나라에 계실 손 교수께 바친다.

51 손정목, 『서울 도시계획 이야기 2』, 한울, 2003, 99-101쪽.

52 손정목, 『서울 도시계획 이야기 1』, 한울, 2003, 244-247쪽.

53 손정목, 『서울 도시계획 이야기 2』, 101쪽.

54 손정목, 『서울 도시계획 이야기 2』, 122-127쪽.

55 손정목, 『서울 도시계획 이야기 2』, 125쪽.

56 약 1만5천 명의 주민들이 아무런 생계 대책 없이 광주 대단지로 강제 이주되었다. 당시 서울시는 이들에게 집을 짓고 살 땅과 자금 지원을 약속했다. 그러나 잘 지켜지지 않고 오랫동안 생계 곤란에 시달리던 주민들이 급기야 폭력을 수반한 저항 행동에 나서게 되니, 이것이 곧 광주 대단지 사건이다(손정목, 『한국 도시 60년의 이야기 2』, 한울, 2005, 88-91쪽).

57 김동춘, "성남대단지 사건의 재조명: 1971년 8·10 광주대단지 주민항거의 배경과 성격", 『공간과 사회』 38호, 2011, 9쪽.

58 손정목, 『한국 도시 60년의 이야기 2』, 85-87쪽.

59 유하룡, "서울시 강남구 땅값, 부산시 전체와 비슷", 『조선일보』, 2011/09/19.

60 손정목, 『서울 도시계획 이야기 3』, 한울, 2003, 86쪽.

61 손정목, 『서울 도시계획 이야기 4』, 한울, 2003, 66쪽.

62 서울시는 1971년 10월 11일 중구·종로구·성북구·용산구·마포구 일대를 특정 시설 제한 구역으로 묶어서 백화점, 도매시장, 공장 등의 신규 시설 건축을 제한했다. 또한 서울 인구 집중 완화에 큰 관심을 가지고 있던 박정희 전 대통령이 "강북 도심 인구라도 강남으로 분산시키라"는 엄명에 따라 1975년 4월 4일 '한강 이북 지역 택지 개발 금지 조치'를 발표한다. 한강 이북의 전답, 임야의 택지 전용을 금지시킨 조치

였다. 자세한 내용은 손정목, 『서울 도시계획 이야기 3』, 169-171쪽 참조.

63 도시계획 시행자가 개발 사업의 재원 마련을 위해 매각할 수 있는 땅.

64 임동근·김종배, 앞의 책, 116-118쪽.

65 손정목, 『서울 도시계획 이야기 3』, 348-349쪽.

66 체비지 매각을 위해서 강남 등 개발 예정 지역에 돈이 몰리게 해야 했다. 때문에 기존 도심의 녹지를 그린 벨트로 묶은 것이다(임동근·김종배, 앞의 책, 122-126쪽).

67 손정목, 『서울 도시계획 이야기 3』, 107-116쪽.

68 손정목, 『서울 도시계획 이야기 2』, 64-80쪽.

69 1970년대 한국 경제는 고속 성장의 부작용으로 극심한 인플레에 시달리고 있었다. 전두환 대통령으로부터 경제에 관한 전권을 보장받은 김재익 청와대 전 경제수석은 저금리·저물가를 경제정책의 최우선 기조로 삼았다. 그 결과 10% 이상의 물가상승률이 한 자릿수 이하로 떨어지게 된다.

70 1985년 미국·서독·일본의 재무장관들이 뉴욕 플라자 호텔에서 진행한 합의. 미국과 기타 선진국 사이의 무역 불균형 문제를 해결하고자 인위적으로 달러화를 평가절하하고 마르크화, 엔화를 평가절상했다. 이로 인해 미국 시장에서 한국산 제품이 일본산 제품에 비해 가격경쟁력에서 우위를 점하게 된다. 3저 호황 시대는 1986~89년 동안 저달러·저금리·저유가 추세가 유지되면서 국제경기가 활성화됐던 것을 의미한다. 저달러는 플라자 합의의 결과이며, 저유가는 이란-이라크 전쟁 여파로 두 산유국이 국제시장에 석유를 다량으로 공급했기 때문이다. 같은 기간 국제금리도 낮은 수준을 유지했다.

71 이재열, "한국 사회, 중산층이 사라지고 있다: 중산층이 사라진 서민 사회의 등장", 『제2차 민주정책포럼 시즌 2: 당신은 중산층입니까』, 민주정책연구원, 2014, 4쪽.

72 "전국, 수도권 및 지방 자가 점유율", 〈국가지표체계〉(www.index.go.kr), 통계청.

73 손정목, 『서울 도시계획 이야기 4』, 270쪽.

74 국정브리핑팀, 『대한민국 부동산 40년』(서울: 한스미디어, 2007), pp. 127-129.

75 손정목, 『서울 도시계획 이야기 4』, 270쪽.

76 1973년 서울시가 제정한 '무허가 건물 정비 사업 보조금 지급 조례'는 가옥주에 한해 1동당 이주 보조금 10만 원을 지급하기로 규정되어 있었다. 물가상승률을 반영해 1980년대에는 50만 원으로 인상되어 있었다. 또한 국민 임대 아파트 입주권이 발급되었다. 그러나 대부분의 가옥주들이 아파트에 입주할 수 있는 형편이 아니었다. 서울시는 1984년 조례를 개정해 감정가액으로 보상금을 지급하기로 한다. 하지만 언제나 감정가액은 최소 수준으로 책정되었다. 그나마 가옥주들은 입주권을 팔아 상당액의 현금을 확보할 수 있었지만, 세입자들은 서울시에서 지급하기로 한 30~50만 원 수준의 이주 보조금 외에는 그 어떤 보상도 받을 수 없었다. 손정목은 『서울 도시계획 이야기』에서 목동 재개발 당시 주민들의 반발로 서울시의 보상 방안이 어떻게 변해 갔는지를 상세하게 해설하고 있다. 목동 재개발 과정에서 주민 반발에 대응하는 서울시의 모습을 보면 애초에 안양천 뚝방 동네 주민들의 이주 및 보상 문제를 심각하게 고려하지 않은 것으로 보인다. 사업 추진 이전에 주민 이주 및 보상 대책이 구체적으로 제시되었어야 했는데, 그와 같은 노력의

흔적이 보이지 않으며 이후에 제출되는 대책도 주민 반발이 장기화되자 임기응변적으로 내놓은 것처럼 보인다. 자세한 내용은 손정목, 『서울 도시계획 이야기 4』, 312-333쪽 참조.

77 주민들의 요구는 선입주 후철거, 영세 주민들이 입주할 수 있는 저렴한 임대주택 공급, 기존 무허가 건물에 대한 재산권 인정, 현 지역에서 계속 살게 해줄 것으로 요약될 수 있다(손정목, 『서울 도시계획 이야기 4』, 318쪽).

78 1985년 3월 19일 세입자 이주 및 보상 대책을 설명하려고 목동을 방문한 서울시 주택과장이 폭행을 당하고 강서구 부구청장이 16시간 동안 강제로 감금당한다. 21일에는 대학생들까지 합세해 1천여 명의 군중이 한국건업㈜ 목동 현장 사무소를 방화한다. 이에 언론의 태도가 급변하면서 공권력 투입의 명분이 마련된다(손정목, 『서울 도시계획 이야기 4』, 330-333쪽).

79 정부 대응의 밑바탕에는 철거민들의 집이 무허가 건물이기 때문에 그에 대한 재산권을 일반적인 경우와 똑같이 인정할 수 없다는 인식이 깔려 있었다. 특히 세입자 문제의 경우, 집주인과 계약해 살게 된 것을 왜 정부가 보상해야 하느냐는 주장을 펼치고 있었다. 주민들은 주거권은 국민의 기본권 중 하나이며 애초에 철거 대상이 된 지역들이 1960~70년대 강제 이주 정책의 산물로 형성된 것이기에 정부에 보상책임이 있다는 주장을 전개하고 있었다.

80 조성찬, 『상생 도시: 토지 가치 공유와 도시 재생』, 알트, 2015, 21쪽.

81 이봉현·이강혁, "금융시장 이모저모, '이러다가 파국……' 불안 소용돌이", 『한겨레』, 1997/12/24.

82 서울시, 『알기 쉬운 시민백서 청계천』, 서울특별시 청계천복원추진본부, 2005, 10쪽.

83 임동근·김종배, 앞의 책, 367쪽.

84 경복궁, 창덕궁, 창경궁, 경희궁, 덕수궁.

85 복원 이전, 청계천 지역에는 서울 중심가를 관통하는 청계 고가도로가 있었다. 고가도로 상·하부에서 엄청나게 많은 차량이 이동하고 있었고 도로 양편에는 영세 상점과 소규모 공장이 늘어서 있었다.

86 버스 중앙 차선 전면 실시, 환승 체계 정비를 통해 버스·지하철 이용을 장려하고 승용차 이용을 억제해 교통 혼잡과 자동차 매연 문제를 완화함으로써 강북 도심의 도시 기능을 재활성화하고 생활환경을 개선하는 것이 이 사업의 목표였다.

87 1980년 제정된 〈택지개발촉진법〉에 따른 개발 방식.

88 장남종·양재섭, 『서울시 뉴타운 사업의 추진 실태와 개선 과제』, 서울시정개발연구원, 2008, 21-45쪽.

89 "청계천상인연합회에 따르면 청계천 상가들은 90% 이상이 평균적으로 보증금 3천~4천만 원, 월세 1백만~2백만 원을 내고 23㎡(7평) 내외의 점포를 운영하는 영세 상인들이다. SH공사가 건설 조성 원가 수준에서 상가를 공급했다 하더라도 분양이 쉽지 않은 상황이란 얘기다. 청계천 상인 연합회 관계자는 "처음 시에서 말하기로는 분양가가 7천~천만 원이었다. 평균 2억 원에 달하고 1층 분양가는 4억 원을 넘기 때문에 상인들이 쉽게 입주할 수 없다"고 전했다"(김경민, "동양 최대 상가 가든파이브, 왜 삐걱대나", 『매일경제』, 2010/01/23).

90 이득수, "이슈 진단 '뜨거운 감자 가든파이브' 어디로: 분양률 85%라지만 실제론 40%대", 『위클리 뉴시

스』, 2012/05/21.

91 이창무·김미경, "뉴타운 사업에 대한 재진단", 『주택연구』 17-2, 2009, 291쪽.

92 변창흠 외, 『뉴타운·재개발·재건축 사업의 현주소와 대안』, 민주정책연구원, 2011, 31쪽.

93 대개의 경우, 주민들은 착공 직전에 진행되는 관리 처분 계획 인가 시점에 와서야 추가 분담금 문제를 알게 되었다(허환주, "황금알을 낳는 거위라던 뉴타운", 『프레시안』, 2011/12/21).

94 정병기, "주민 위한 뉴타운을", 『한겨레』, 2005/07/26.

95 "제22회 국회(임시회) 국회본회의회의록 제6호", 〈국회회의록〉. likms.assembly.go.kr/record/mhs -40-010.do#none.

96 박철응, "오세훈 '4차 뉴타운, 올해 지정 안한다'", 『이데일리』, 2010/01/08.

97 황정일, "서울 뉴타운 10년 …… 황금알을 낳는 거위에서 계륵으로", 『중앙일보』, 2012/12/24.

98 양모듬, "작년 자영업자 556만명 …… 20년 전 수준으로 회귀", 『조선비즈』, 2016/02/22.

99 OECD Date, "Self-employment rate"(https://data.oecd.org/emp/self-employment-rate.htm).

100 그리스에서 공공 부문은 신(神)의 직장이다. 공공 부문 근로자는 퇴직 후 퇴직 시 근로소득의 100~110%를 연금으로 받는다. 연금제도는 일반적으로 민간 근로자보다는 공공 부문 근로자에게 유리하게 돼 있다. 그래서 열심히 일하는 민간 부문 근로자와 한가하게 시간을 보내며 지내는 공공 부문 근로자 간에는 보이지 않는 시기와 질투가 존재한다(안재욱, "정권 유지 위한 무분별한 '복지 확대' …… '빚 폭탄' 키운 그리스, 국가 부도 위기", 『한국경제신문』, 2015/03/14).

101 "KORTA-3장 주요 산업 동향"(http://www.industrykorea.net/BCS_Com/Project/Data/KOTRA /131118-Turkey-%EC%82%B0%EC%97%85.pdf.

102 OECD, *Society at a Glance 2014: OECD Social Indicators*, OECD Publishing, 2014, p.117.

103 안효균, "[비정규직 현황] 한국 비정규직 비율 OECD 2배 수준", 『뉴시스』, 2015/05/28.

104 "30대 그룹 중 24곳 1년 새 직원 근속 연수↑ …… 평균 10.9년"(http://www.ceoscore.co.kr/bbs/ board.php?bo_table=S00L04&wr_id=198).

105 조돈문, "스웨덴 노동시장의 유연성-안정성 균형 실험: 황금 삼각형과 이중 보호 체계", 『산업노동연구』 21-2호, 2015, 99-137쪽.

106 최근 자영업 진입-퇴출 현황에서 특기할 만한 사실은 첫째, 청년층에서 '자영업 高진입 高퇴출' 현상이 나타난다는 점이다. 2013년 현재 "전체 자영업자에서 청년층이 차지하는 비중이 3.8%에 불과하고, 청년 자영업자 수(26만5천 명)가 매우 작기 때문에 10만2천 명 진입, 11만8천 명 퇴출은 매우 높은 수준"이다. 또한 연령대별 인구 비중을 고려하면 다른 세대에 비해서도 20대 진입자 수가 결코 적다고 할 수 없다. 우리나라 20대 인구는 670만 명, 30대 인구는 750만 명, 40대 인구가 880만 명이다. 둘째, 30~40대 임금 근로자의 자영업 전환율이 높아지고 있다. 2013년 자영업 진입자(58만2천 명) 중 임금 근로자 출신의 비율이 22.7%(28만4천 명)다. 이 중 30~40대의 비율은 61%(17만2천 명)이다. 이런

데이터들은 불안정한 고용 환경과 취약한 복지 여건 때문에 청년층과 30~40대들이 임금 근로자로의 취업을 포기하거나 조기 퇴직하고 자영업 창업에 나서다가 치열한 내부 경쟁을 견디지 못하고 퇴출되고 있음을 보여 준다(김광석, "자영업자 진입-퇴출 추계와 특징", 『현안과 과제』 15-4호, 현대경제연구원 2015, 2-6쪽).

107 Simon C. Parker & Martin T. Robson, "Explaining International Variations in Self-Employment: Evidence from a Panel of OECD Countries", *Southern Economic Journal* 71-2, Southern Economic Association, 2014, pp. 287-301.

108 김경락, "GDP 대비 소득세 비중, OECD 중 '최하위'", 『한겨레』, 2015/01/25.

109 "OECD Home Directorate for Employment-Labour and Social Affairs-Benefits and Wages: Statistics"(http://www.oecd.org/els/benefits-and-wages-statistics.htm).

110 조현아, "금리 사상 최저라는데 '가계저축' 왜 증가하나?", 『뉴시스』, 2015/06/21.

111 이상원, "WSJ, 한국 치킨집 거품' 경제에 부담", 『연합뉴스』, 2013/09/16.

112 류덕현 외, 『국제 비교를 통한 우리나라 자영업 규모에 대한 연구』, 국회예산정책처, 2015, 1쪽.

113 『금융 버블의 역사』, KB금융지주경영연구소, 2011, 24쪽.

114 "매장용 빌딩 임대료·공실률 및 수익률"(http://stat.seoul.go.kr/octagonweb/jsp/WWS7/WWSDS7100.jsp).

115 허자연·정연주·정창무, "상업공간의 젠트리피케이션 과정 및 사업자 변화에 관한 연구: 경리단길 사례", 『서울도시연구』 16-2호, 2015, 25쪽.

116 임대료 등 수입에서 영업 경비를 뺀 순영업소득을 기초자산가액으로 나눈 비율이다(김범수, "지난해 상업용 부동산 수익률 연 5%대로 낮아져 …… 공실률은 상승", 『조선비즈』, 2016/08/01.

117 "국가지표체계-시장금리 추이"(http://www.index.go.kr/potal/main/EachDtlPageDetail.do?idx_cd=1073).

118 임차인이 주선한 신규 임차인이 보증금이나 차임을 지급할 지력이 없는 경우, 임차인이 주선한 신규 임차인이 임차인으로서의 의무를 위반하거나 임대차를 유지하기 어려운 상당한 사유가 있는 경우, 재개발·재건축을 추진하는 경우, 1년 6개월간 영리 목적으로 점포를 이용하지 않는 경우에 건물주는 임차인의 권리금 회수에 협력하지 않아도 된다("상가건물 임대차보호법", www.law.go.kr/IsInfoP.do?IsiSeq=170926&efYd=20151114#0000).

119 음성원, "서촌'에 사람과 돈이 몰려오자 …… 꽃가게 송씨·세탁소 김씨가 사라졌다", 『한겨레』, 2014/11/23.

120 장하나, "세입자 서윤수와 맘상모, 상가임대차보호법을 두 번 바꾸다", 『미디어오늘』, 2016/06/19.

121 장하나, 같은 글.

122 임영희, "우장창창-리쌍 사건의 진실", 『오마이뉴스』, 2016/07/08..

123 임영희, 같은 글.

124 최유진, "리쌍은 왜 우장창창 주차장 증축을 거부했나", 『오마이뉴스』, 2016/07/14.

125 황예랑, "이것은 을과 을의 이야기", 『한겨레 21』 1055호, 2015/04/01.

126 라제기·고경석·강은영, "관객 많고 말도 많은 어벤져스 2", 『한국일보』, 2015/05/14.

127 "성동구 역사"(https://www.sd.go.kr/sd/main.do?op=mainSub&mCode=13G010000000).

128 왕십리지부, "성동구의 심장, 왕십리를 아시나요", 『tong』(http://tong.joins.com), 2015/10/28 .

129 왕십리지부, 같은 글.

130 강원도는 물론 영남 지방의 물류가 문경새재를 넘어 충주에서 남한강을 통해 서울로 들어왔다. 대개의 경우, 광나루나 뚝섬 나루에서 하역되어 왕십리를 통해 서울로 운송되었다.

131 김범식·김묵한, 『서울시 창조 계층 특성과 정책 방향』, 서울연구원, 2015, 12쪽.

132 리처드 플로리다는 창조적 인재들을 유인하는 요소로 기술(Technology), 인재(Talent), 관용(Tolerance)을 들고 있다. 김범식·김묵한, 앞의 책, 7쪽.

133 박진빈, "동네 예찬: 제인 제이콥스, 『미국 대도시의 죽음과 삶』", 『도시 연구: 역사·사회·문화』 4호, 2010, 213-220쪽.

134 김범식·김묵한, 앞의 책, 15쪽.

135 김범식·김묵한, 같은 책, 15쪽.

136 고학력자 비율, 대학의 교육 여건, 교육비용 지출, 창조 계층의 활동 등을 기준으로 평가하는 지표다.

137 특허제도, 고용률, 하이테크 기술 집적도, 지속 가능성과 녹생 경제, 기업가 정신 등을 기준으로 평가하는 지표다.

138 김범식·김묵한, 앞의 책, 15쪽.

139 김범식·김묵한, 같은 책, 17쪽.

140 김범식·김묵한, 같은 책, 17쪽.

141 애덤 스미스의 『국부론』을 토대로 젠트리피케이션 현상을 살펴보는 6장은 김근배 숭실대학교 교수의 『애덤 스미스의 따뜻한 손』에서 얻은 통찰을 중심으로 쓰였다. 애덤 스미스 경제 사상에 대해 새로운 깨달음을 주신 김근배 교수님께 감사드린다.

142 김근배, 『애덤 스미스의 따뜻한 손』, 중앙일보플러스㈜, 2016, 79-80쪽에서 재인용.

143 김근배, 같은 책, 84쪽에서 재인용.

144 김근배, 같은 책, 108-109쪽.

145 박홍규, "아담 스미스의 로드맵", 『경향신문』, 2008/09/11.

146 김근배, 앞의 책, 109쪽에서 재인용.

147 이무경, "튤립, 그 아름다움과 토기의 역사", 『경향신문』, 2002/03/29.

148 김효진, "강달러 현상 곧 종말, 전형적 거품 꺼질 것", 『브릿지경제』, 2015/04/13.

149 방현철, "17세기 튤립 투기가 버블의 시초", 『주간조선』, 2006/05/24.

150 강호병, "닷컴 버블과 '튤립 매니아'는 닮은 꼴?", 『머니투데이』, 2001/04/05.

151 방현철, 앞의 글.

152 김주환, "금융 버블의 역사", 『KB daily 지식비타민』 11-176호, KB금융지주경영연구소, 2011, 2쪽.

153 기존 주택 보급률 기준이다. 1인 가구가 증가하는 현실을 감안할 때, 오피스텔이나 원룸 등을 주택에 포함하는 기존 주택 보급률이 좀 더 합리적인 기준으로 판단된다.

154 http://stat.seoul.go.kr/octagonweb/jsp/WWS7/WWSDS7100.jsp

155 "매장용 빌딩 임대료·공실률 및 수익률"(http://stat.seoul.go.kr/octagonweb/jsp/WWS7/WWSD
S7100.jsp); 권두현, "자영업자의 끝없는 추락", 『서울경제』, 2016/01/22.

156 서미숙, "〈위기의 상업용 부동산〉 ③ 전문가 '급락 없지만 조정 대비'", 『연합뉴스』, 2016/04/27.

157 "2015년 4/4분기 중 예금 취급 기관 산업별 대출금"(http://eiec.kdi.re.kr/infor/ep_view.jsp?num
=151717).

158 권경원, "중개서 컨설팅·법무까지 …… '부동산종합서비스회사' 나온다", 『서울경제』, 2016/02/03.

159 『목민심서』 공전 6조.

160 마이클 샌델, 『정의란 무엇인가』, 이창신 옮김, 김영사, 2014, 40-41쪽.

161 마이클 샌델, 같은 책, 63쪽.

162 마이클 샌델, 같은 책, 59-60쪽.

163 마이클 샌델, 같은 책, 60-61쪽.

164 마이클 샌델, 같은 책, 66쪽.

165 마이클 샌델, 같은 책, 72-73쪽.

166 하라다 히데오, 『정의란 무엇인가』, 김영기 외 옮김, 한울아카데미, 2013. 287-338쪽.

167 부경대학교 산학협력단, 『대규모 점포 입점에 따른 상권 영향 분석과 유통업 상생 협력 방안 연구』, 2012.

168 『오마이뉴스』가 보도한 바에 따르면 2013년 상반기 동안 서울의 5대 범죄의 10만 명당 발생 건수는 평균 691.5건인 데 반해 강남구는 848.5건이었다. 서울의 자치구 가운데 중구(1위), 종로구(2위), 영등포구(3위)에 이어 4위다. 강남구보다 상대적으로 소득수준이 떨어지는 강서구가 497.1건(20위), 도봉구 438.8건(22위), 양천구 430.4건(24위)으로 집계되었다. 즉 범죄율은 소득수준이 아니라 유동 인구와 밀접한 상관관계가 있다(『오마이뉴스』, 2013/09/20).

169 마이클 샌델, 앞의 책, 41쪽.

170 마이클 샌델, 같은 책, 42쪽.

171 마이클 샌델, 같은 책, 42쪽.

172 마이클 샌델, 같은 책, 99쪽.

173 마이클 샌델, 같은 책, 99-102쪽.

174 마이클 샌델, 같은 책, 103쪽.

175 마이클 샌델, 같은 책, 104쪽.

176 마이클 샌델, 같은 책, 42쪽.

177 마이클 샌델, 같은 책, 228쪽.

178 마이클 샌델, 같은 책, 228-229쪽.

179 마이클 샌델, 같은 책, 231쪽.

180 마이클 샌델, 같은 책, 232쪽.

181 마이클 샌델, 같은 책, 42쪽.

182 마이클 샌델, 같은 책, 278쪽.

183 마이클 샌델, 같은 책, 385쪽.

184 김보람, "공장 지대 성수동, '소셜 허브'로 변신", 『한경비즈니스』, 2015/05/19.

185 김보람, 같은 글.

186 윤정일, "[인터뷰] 정강화 건국대 교수(디지털 라이팅 랩(자그마치) 마련)", 『전기신문』, 2014/04/03.

187 윤정일, 같은 글.

188 이지민, "성수동이 서울의 브루클린? 아직 시간 더 필요해요", 『오마이뉴스』, 2016/01/28.

189 이지민, 같은 글.

190 "여러 분야의 사람들과 다양한 형태로 협업의 장 '레 필로소피'"(http://www.designspot.co.kr/%E
B%A0%88%ED%95%84%EB%A1%9C%EC%86%8C%ED%94%BC).

191 윤정일, 앞의 글.

192 배문규, "신촌 건물주들 임대료 안 올린다", 『경향신문』, 2014/03/02.

193 김형배, 『자치가 진보다』, 메디치미디어, 2013, 43쪽.

194 음성원, "'58년 개띠'의 상가 사냥, '94년 개띠'를 몰아내다", 『한겨레』, 2016/07/27.

195 권리금은 세입자들 간에 주고받는 영업권 보상금이다. 이전 세입자가 다른 세입자에게 가게를 양도하면
서, 자신이 형성한 가게의 영업 가치를 화폐단위로 환산해 가게를 양도받는 세입자에게서 보상받는 것이
다. 그런데 〈상가건물 임대차보호법〉에는 권리금 조항이 존재하지 않았다. 그래서 건물주 자의로 이전

세입자의 권리금 보상을 저지하고, 그 액수만큼의 금액을 새로 들어오는 세입자의 임대료에 전가해 약탈하는 일이 많았다. 2015년 5월 13일 개정된 〈상가건물 임대차보호법〉에 권리금 조항이 명문화되어 건물주가 세입자 간 권리금 양도·양수 시도를 방해하지 못하게 했지만 여전히 다양한 방법으로 권리금 약탈이 이뤄지고 있다. 이에 대해서는 〈상가건물 임대차보호법〉의 개정 필요성을 논하는 장에서 자세하게 다룰 것이다.

196 "서울시 젠트리피케이션 종합 대책"(http://opengov.seoul.go.kr/sanction/6878659).

197 권보람, "런던 대표 슬럼가였던 '해크니' …… 10년간 가장 낮은 범죄율 유지한 비결은?", 『조선일보』, 2016/01/26.

198 김유경, "희망 옅어진 송도 …… 기대감 남은 청라 …… 답이 없는 영종도", 『중앙시사매거진』, 2015/11/16.

199 양재섭·김태현, 『서울시 도시계획 수립과정에서 시민참여 실태와 개선방향』, 서울시정개발연구원, 2011, 71쪽.

200 이하의 지속가능발전구역 지정 및 발전계획의 실행에 관한 내용은 ㈜GIS United 연구팀의 연구용역 결과에 대한 신근창(서경대, 도시공학), 김경배(인하대, 건축학) 교수의 분석 보고서의 내용에 의거하여 작성된 것임을 밝힌다.

201 신근창·김경배, "지속가능발전 정책제언", 2016년 성동구 학술연구용역 최종보고회 발표 자료, 95쪽.

202 GIS United, "성수지역 빅데이터 구축과 GIS 분석을 통한 젠트리피케이션 방지방안 학술연구용역", 2016년 성동구 학술연구용역 최종보고회 발표 자료, 29쪽.

203 GIS United, 같은 자료, 28쪽.

204 신근창·김경배, 같은 자료, 96쪽.

205 도시계획상 구획별 건축물 용도, 용적률, 건폐율 등을 획정하는 것.

206 신근창·김경배, 같은 자료, 105-106쪽.

207 신근창·김경배, 같은 자료, 105-106쪽.

208 신근창·김경배, 같은 자료, 105-106쪽.

209 정대연, "재개발 '옥바라지 골목' 용역-주민 물리적 충돌 …… 박원순 시장 '공사 중단하겠다'", 『경향신문』, 2016/05/17.

210 원낙연·임인택, "옥바라지 골목 강제퇴거로 주민과 충돌 …… 원순 '철거 중단' 강경대응", 『한겨레』, 2016/05/17.

211 원낙연·임인택, 같은 글.

212 윤은기, 『협업으로 창조하라』, 울림, 2015, 25-47쪽.

213 윤동영, "맥킨지 '직원 상대평가제는 엉터리' 사망선고 …… '기업 대안모색'", 『연합뉴스』, 2016/05/17.

214 최진홍, "자율주행차, 정말 기로에 섰나?", 『이코노믹리뷰』, 2016/07/05.

215 이형근, "IBM-애플 '30년 숙적'도 손잡게 만든 내막이 ……", 『디지털타임스』, 2014/07/16.

216 김주환, "공요가치창출(CSV)의 개념과 사례", 『KB daily 비타민』 142호, 2012, 3-4쪽.

217 윤승민, "'젠트리피케이션' 방지 …… 뜨는 상권 '임대료 급등' 막는다", 『경향신문』, 2016/06/28.

218 김수현, "명동·강남대로 등 서울 5대 상권 평균 보증금 7억9738만원", 『조선일보』, 2015/12/02.

219 임대료의 연체나 미지급, 임대물 훼손, 폭력·상해·절도 등의 계약 외 불법행위 등. 이 경우에도 세입자를 바로 퇴거시키는 것이 아니라 경고를 하고 1개월이 지난 후에도 시정되지 않으면 보상 없이 퇴거된다.

220 고려대학교 산학협력단, 『상가 건물 임대차 분쟁 사례와 분쟁 해결방안 연구: 상가 건물 임대차 보호 국내외 사례 조사』, 고려대학교 법학연구원, 2015, 135-136쪽.

221 맘상모, 『서울시와 함께하는 상가임대차 피해예방교육 "권리금 약탈없는 서울시 만들기"』, 2015, 16쪽.

222 고려대학교 산학협력단, 앞의 책, 23-25쪽.

223 강현수, "'도시에 대한 권리 개념' 및 관련 실천 운동의 흐름", 『공간과 사회』 32호, 2009, 48-53쪽.

224 파커와 롭슨에 따르면 개인소득세율이 오를수록, 실업급여 대체율이 낮을수록 전체 취업자 대비 자영업자의 비율이 높아진다. 전자가 국민의 소비 여력과 경기(景氣)를 의미한다면 후자는 복지 여건을 의미한다(Simon C. Parker & Martin T. Robson, "Explaining International Variations in Self-Employment: Evidence from a Panel of OECD Countries", *Southern Economic Journal* 71-2, Southern Economic Association, 2014, pp. 287-301.

225 '백성을 그물질한다'는 뜻으로 『맹자』 「양혜왕편」 7장에 나오는 말이다. 이 장에서 맹자는 항산(恒産)이 없으면 항심(恒心)이 없으니 통치자는 백성에게 마땅히 위로는 부모님을 모시고 아래로는 처자를 건사할 수 있을 정도의 생업을 보장해야 하며, 그렇지 않은 상태에서 백성에게 의무를 부과하고 그에 대한 책임을 묻는 것은 '백성을 그물질'(罔民)하는 것과 다름없다고 말했다.

226 구분 소유 형태의 대규모 점포는 상가 건물 1동의 소유권이 여러 사람들에게 분할되어 있는 경우를 말한다. 각 점포의 소유권을 점포 주인들이 보유하고 있는 경우다.

227 김용복, "지역 상권 상생 발전에 관한 법률 제정 필요성", 『젠트리피케이션 폐해 예방을 위한 법제화 마련 토론회』, 서울시·홍익표 의원실, 2016, 15쪽.

228 김용복, 같은 책, 15쪽.

229 김용복, 같은 책, 16쪽.

230 김용복, 같은 책, 15쪽.

231 김용복, 같은 책, 15쪽.

232 김용복, 같은 책, 15쪽.

233 김용복, 은 책, 15쪽.